麦肯锡
高效工作法

The
McKinsey
Productivity
Method

成伟◎著

中华工商联合出版社

图书在版编目（CIP）数据

麦肯锡高效工作法 / 成伟著 . -- 北京：中华工商联合出版社，2021.12
　　ISBN 978-7-5158-3197-8

Ⅰ.①麦… Ⅱ.①成… Ⅲ.①工作方法－通俗读物 Ⅳ.① B026-49

中国版本图书馆 CIP 数据核字（2021）第 210534 号

麦肯锡高效工作法

作　　　者：	成　伟
出　品　人：	李　梁
图 书 策 划：	蓝色畅想
责 任 编 辑：	吴建新　林　立
装 帧 设 计：	胡椒书衣
责 任 审 读：	郭敬梅
责 任 印 制：	迈致红
出 版 发 行：	中华工商联合出版社有限责任公司
印　　　刷：	唐山楠萍印务有限公司
版　　　次：	2022年1月第1版
印　　　次：	2022年1月第1次印刷
开　　　本：	710mm×1000mm　1/16
字　　　数：	220千字
印　　　张：	18
书　　　号：	ISBN 978-7-5158-3197-8
定　　　价：	58.00元

服务热线：010-58301130-0（前台）

销售热线：010-58302977（网店部）
　　　　　010-58302166（门店部）
　　　　　010-58302837（馆配部、新媒体部）
　　　　　010-58302813（团购部）

地址邮编：北京市西城区西环广场A座
　　　　　19-20层，100044

http://www.chgscbs.cn

投稿热线：010-58302907（总编室）

投稿邮箱：1621239583@qq.com

工商联版图书
版权所有　盗版必究

凡本社图书出现印装质量问题，请与印务部联系。

联系电话：010-58302915

自序

由于工作的需要，我经常会翻阅大量管理相关的书籍，同时，我也在管理咨询的一线摸爬滚打了13个春夏秋冬，主要从事持续改进"精益六西格玛"的管理咨询及培训。简单来说，就是使用精益六西格玛方法论和工具来帮助企业解决业务中的问题。在这个过程中，我也收获良多，有过解决问题后的喜悦、学员成为黑带（六西格玛黑带）后的开心，还有企业通过精益六西格玛解决问题后的认可……当然，很多时候，我们的努力也"付诸东流"。

在经历了挫折之后，我开始思考这个问题：是因为我们不够优秀，方法论不够好，还是大家不愿意去学习？这个问题一直困扰着我。在和大多数企业负责运营改善（有的公司是质量管理）的领导以及公司负责人的接触过程中，我发现他们都是能力很强的优秀管理者，热爱学习、努力进取；而那些直接参与项目改进的负责人以及员工想把事情做好的欲望和激情非常强烈。所有人都想把事情做好，为什么结果却不尽如人意呢？

通过大量地学习先进的管理方法以及现场的实践，我发现有些管理方法我们学到的可能只是表面的"工具"和"方法论"。从麦肯锡的很多管理理念中，我总结出了一些方法，并且通过实践确认这些方法在实际工作中行之有效。在本书中，我列举了大量的问题解决方法和思维，使用生活中的案例冲击我们的传统思维模式，进而找到解决问题的"套路"。我也希望通过这本书能帮助到那些希望能在职场中提升问题解决能力的领导和员工。在本书中，仍然有一些观点不够全面，欢迎您的批评和指正。感谢您的阅读。

2021年8月24日

前言

脱离原生场景，重塑通用效能模式

为什么麦肯锡敢于霸气地宣称"我们不属于任何行业，我们自成行业"？

为什么麦肯锡能时时刻刻保持战斗意识，不断创造"从0到1"的奇迹？

为什么麦肯锡做到了用管理咨询的思想改变商业模式，甚至改变世界？

为什么麦肯锡能最大化解决世界上各行各业"无人知晓如何解决"的问题？

为什么"金字塔原理"能风靡全球，渗透到每个人工作的方方面面？

为什么麦肯锡提倡要如修道士般严谨，又要有艺术家一样的想象力？

为什么被无数企业推崇的"麦肯锡新人内训课"可以让职场新人在短短几年内变为职场精英？

为什么"麦肯锡毕业生"那么抢手，在各行各业都能大显身手？

作为管理咨询行业的鼻祖，麦肯锡以专业、负责任的态度为企业及个人的发展提供极为高效的解决方案，领导方式、商业经营模式、解决问题的能力等多种先进且极具借鉴价值的智慧体系。这一智慧体系不仅拥有独特的思维方式与工作方法，还能极大地提高工作效率，其本质是一套规范的、以批判性思考和创造性思考为基础，逻辑自洽、行之有效地帮助用户解决问题的效能法则。

麦肯锡曾服务过一家保险公司，为此组建了一个五人项目小组，这五人都各有所长，被称为"领域专家"，但是由于严格的时间要求和巨大的工作量，项目开展一段时间以后，他们有些应接不暇。成员们意识到需要寻求一切能得到的帮助来使项目顺利进行。于是他们思索如何寻找可利用的资源，让更多人参与到项目中来。为此他们邀请了20位助理加入，组成他们五人各自领导的五个新五人小组。五位"领域专家"根据任务期限制订了合理的时间计划表和任务分配表，并向组员解释项目的期望与目标。这样做一方面帮助五个人分担了压力，给他们留出足够的精力去解决那些关键任务。另一方面对工作进行了合理分工，统一了大家的步调，减少了因重复工作带来的时间成本，大大提升了工作效率，最终在规定时间内为客户呈现出了完美的解决方案。

再厉害的"专家"，一个人的精力和时间也是有限的，懂得创造性地利用和整合资源、寻求他人帮助，才能使工作事半功倍。很多人容易陷入具体的工作情境中难以摆脱，或被一个问题拖住而走入思维的死胡同，这无疑会拖垮工作的进度和效率。这些现象大多源于思维的局限性，见木不见林，缺乏对工作整体把握的系统思维，更别说形成一套高效能的通用体系。与原生场景脱钩，塑造出一套高效、便捷的通用效能模式（即高效工作法）正是本书致力于为大家呈现的重点。

麦肯锡目前在全球44个国家开设有80多家分公司，拥有7000多名咨询顾问，公司的客户遍布世界各个角落，大多为世界五百强企业、各国政府及知名国际团队，涉及金融、能源、制造、零售、电信等各行各业，世界排名前100位的公司中有70%聘用麦肯锡，其中包括AT&T公司、花旗银行、壳牌公司、西门子公司、雀巢公司、奔驰汽车公司、中国平安保险集团，等等。一流的员工团队、专业的服务体系，以及强大的客户群使得麦肯锡成为世界范围内"效能管理"的代名词。

无论企业还是个人，总是习惯于注重结果而忽略方法，当然注重结果并没有什么不对，甚至非常重要，但实现最终结果的方法也要重视。为了完成目标，并不是所有的方法都能采用。使用最简单快捷并科学合理的方法高效地完成工作目标，才是工作的真正意义。这要求我们在森林探险之前先了解森林的全貌，才不至于迷失其中。同理，先用系统思维理解工作，掌握其通用结构，在此基础上再沉浸到原生场景中"精耕细作",才能更快速地品尝到胜利的果实。

有些人非常努力地工作,甚至生活都被工作占据,但最终的结果并不让人满意,反而陷入了只肯卖力气的错误循环中。这源于对努力的误解,我们通常认为只要付出了努力,就能得到好的结果。但事实并不是这样,努力也分"正确的努力"和"错误的努力"。如果我们单纯认为"只要付出了努力,就能得到好的结果",就会不自觉忽略工作中的某些要点,还会不自觉沉迷于自身努力,且深受感动,进而陶醉于原生场景无法形成思维的跃迁。

问题的核心并不在于我们付出的精力和花费的时间,不是付出努力就可以了,还要看我们的努力是否有价值,是否洞悉效能的通用模式,任何无效劳动都不值得称赞。如果说"努力努力再努力"是对人力资源最大限度的使用,那"正确的努力"就是对技术资源最为合理的选择与配置。任何一家企业或个人,都不能忽视对效率的追求。这里所说的"效率"并不局限于工作中完成一项任务的执行效率,还包括整个企业管理与经营的效率。企业想创造更大的价值,个人想更快、更出色地完成工作任务,都需要掌握和选择更为科学、合理以及高效的管理模式和工作方法。运用更为先进、高效的方法开展工作,更快、更好地完成工作目标,这正是每家企业和个人的追求。

我们常看到大多数人囿于原生场景不愿突破限制,在固守成规中安于现状,在等待安排中敷衍工作,却在毫无意义的结果中懊悔:我是不是错失了成长的机会?那件事我是不是应该那样做?我是不是只能这样了?

本书以麦肯锡智慧为原点,从11个方面进行阐述:效能、发现问题的能力、数商、逻辑思考力、解决问题的能力、执行力、团队管理策略、客户关系管理、精准表达的艺术、领导能力以及如何完成自我进化。

效能之尺——帮助我们勾勒努力的形状,解锁正确的努力,以实现高效工作;

发现问题的能力——带我们潜入问题的深海,找寻病症之因,揭秘问题的本质；

数商——为我们解析数据的内涵，探索数据的奥秘，直达分析的本质；

逻辑思考力——协助我们升级思维的尺度，向未知的无限逼近，拉开与普通人的距离；

解决问题的能力——为我们轻松锁定问题类型，七步绘制解决问题的跃迁地图；

执行力——完美打破弱势壁垒、营造成功路径，成就麦肯锡式精英；

团队管理策略——打破个人的限制与框架，打造高段位的团队；

客户关系管理——占领用户心智，冲破其心理防线，客户自然纷至沓来；

精准表达——造就独特的优势，带领我们走得更高、更远；

领导能力——任何人都可以掌舵，但唯有领导者才能设定航线、赋能管理、在混乱中建立秩序；

圈层突破——最高层次的成功，是完成自我进化，你的价值决定你盈利的能力。

这11个方面涉及不同领域、不同工作以及不同方面可能面临的不同问题，并对这些问题进行深入研究，最后提出大量解决问题的方法和技巧，完美塑造了跃迁成功的通用效能模式。这绝不是告诉你"只要坚持，就一定能成功"，而是真真切切地向你介绍了成功的路径，旨在培养你的智识和能力，助你洞悉和掌握工作的本质，懂得去观察和反思自己工作中被局限的思维、被错误的方法拖累的工作进度等，实现花费最少的精力和时间、占用最少的资源，最快地完成你的工作，让工作的质量以及效率发生质的变化。

目录

第一章 效能之尺——努力可以有自己的形状

第1节 努力不是意志力的较量 /002

第2节 用层次思维理解工作 /004

第3节 "重要但不紧急"VS"紧急但不重要",到底先做哪个? /007

第4节 将精力分配到高杠杆率的工作上 /008

第5节 敏锐的触觉:先知先觉成功者,后知后觉淘汰者 /011

第6节 把握工作节奏:由当下向过去和未来延伸 /013

第7节 微习惯:简单到不可能失败的时间管理法则 /016

第二章 错觉诱惑——直达问题本质

第1节 看不见的大猩猩 /024

第2节 建立你的"假设列表" /028

第3节 用事实弥补直觉的缺陷 /032

第4节 巧借"SCQA分析法"帮你设置课题 /034

第5节 问题的本质,到底是什么? /036

第三章 数商套利——数据的深度内涵

第1节　大数据：创新、竞争力和生产力的下一个前沿 /040

第2节　实现信息价值的最大化 /043

第3节　锁定数据的"高频模块" /045

第4节　联想法：从现有的信息中，解读对未来的影响 /048

第5节　情景分析！预想最可能发生的事情 /051

第6节　分析工具篇：活用现成的架构，直达"分析"的本质 /054

第四章 思维为锚——迈向未知的无限

第1节　有效升级你的思维尺度 /066

第2节　直觉的陷阱 /074

第3节　普通人看见树木，高手看见整片森林 /078

第4节　如果 A=B，B=C，那么 A=C /080

第5节　"设计"你的理性接受度 /085

第6节　按照这"五个工作原则"进行逻辑思考 /091

第7节　逻辑树：一叶障目的时候，为什么不退回来？ /094

第8节　拓展思维框架：打破思考的限制 /103

第五章 借势破局——解决问题的效能法则

第1节　问题的三种类型 /106

第2节　如何解决恢复原状型问题？现象和原因不可混为一谈 /109

第3节　用"空·雨·伞"模型，看防范潜在型问题 /112

第4节　盘点资本，以设定理想状态 /115

第5节　解决问题之"七步成诗法" /117

第 6 节　Plan B：单一选择等于没有选择 /120

第 7 节　麦肯锡图表工作法：将问题可视化 /125

第六章　路径营造——打破弱势的壁垒

第 1 节　专家与专业主义 /140

第 2 节　没有执行力就没有竞争力 /143

第 3 节　在擅长的领域"精耕细作"更容易取得成绩 /146

第 4 节　成就麦肯锡式精英的七要素 /148

第 5 节　构建人际网络，拓展工作机会 /155

第 6 节　用笔记找出"行动的死角" /158

第七章　超越框架——锻造高段位团队

第 1 节　在麦肯锡，没有真正的等级 /170

第 2 节　努力≠一个人独自完成所有工作 /172

第 3 节　整合现有资源，建立最佳的人员组合 /173

第 4 节　落地：团队的四条关键性执行规则 /175

第 5 节　最大限度激发每位成员的能力 /178

第 6 节　保证每一名成员得到发展 /179

第八章　心智占领——冲破用户心理防线

第 1 节　等着生意自己找上门 /184

第 2 节　确保最终的项目建议书适合你的客户 /186

第 3 节　项目的成功往往取决于客户关系 /188

第 4 节　如何应对访谈中一些棘手的问题 /191

第 5 节　谈判：如何在博弈中获利？ /194

第九章 沉默螺旋——磨炼精准表达的艺术

第 1 节　回避争论、不习惯争论，是致命的弱点 /212

第 2 节　别让你说话的方式，毁掉你的优势 /215

第 3 节　表达模式："知、感、行" + "30 秒电梯理论" /218

第 4 节　结构化表达：金字塔原理在汇报中的应用 /221

第 5 节　明明报告写得很详尽，为什么上司还是不认可？/227

第 6 节　怎样把 PPT 做得像麦肯锡一样专业？/238

第十章 管理赋能——建立混乱中的秩序

第 1 节　在混乱中建立秩序 /246

第 2 节　领导能力，与职位无关 /248

第 3 节　领导者注重的不是维持和谐的人，而是创造成果的人 /249

第 4 节　领导者的"四大使命" /251

第 5 节　具备领导能力的人，拥有自己人生的控制权 /253

第十一章 圈层突破——全新蜕变的自我进化论

第 1 节　被误解的"麦肯锡用人标准" /256

第 2 节　不可替代性，决定一个人的价值 /259

第 3 节　寻找自己的职场"生态位" /262

第 4 节　工作的现实，重复是本质 /264

第 5 节　1.01^{365} VS 0.99^{365}：从差一点到多一点是质的飞跃 /265

第 6 节　优秀的员工懂得如何与上司相处 /266

第 7 节　比能力更重要的，是正确的思维方式 /268

第 8 节　看似突然出现的问题，事实上早就有迹可循 /271

第 9 节　工作永远做不完，别忽略生活的精彩 /273

第一章　效能之尺

——努力可以有自己的形状

意志力是一种可耗尽的资源，努力不是一场意志力的较量，而是一种需要学习的策略。要更聪明地工作，而不是更辛苦地工作。

实际上，我们每天花费在劳动中的大量时间，本质上都耗费在并不重要的细节上，或者浪费在对最后提交的企划书毫无作用的信息收集和资料制作上。

——原麦肯锡资深合伙人　山梨广一

第1节　努力不是意志力的较量

很多人认为"完成一项任务，不工作到最后一刻，就是不够努力！""不加班，就是不够努力。"这是一种典型的自我感动行为，勤奋、努力，不意味着工作就能做好。忙碌，不代表有效率。处理一件事所花的时间，不能超过事情本身的价值。

在麦肯锡，努力也分"正确的努力"和"错误的努力"。所谓错误的努力，就是指辛苦的无效劳动。麦肯锡反对一切无效的劳动，你再辛苦、再努力，但工作效率低、创造不出成果，也毫无意义。在错误的道路上越努力前行，离最终的目标只会越来越远。

努力，不是一场意志力的较量，而是一种需要学习的策略。它看似无形，实则体现在最终的成果中，有属于自己的形状。那些辛苦的无效努力，体现出的形状线条是混乱、纠缠不清的；而当你改变构思和视角，采取了正确的努力，努力也会勾勒出清晰的形状，最终在成果中展现，让工作的质量以及效率发生质的变化。

根据麦肯锡的经验，当努力与以下这五个方面产生联系时，便形成一个闭环，构建出"正确的努力"，此时努力的形状是一个圆形。

一、与"成果"相联系

所谓正确的努力，就是有所产出。以种植苹果树为例，正确的努力就是辛辛苦苦种下的苹果树能结出果实。如果耗费几年的时间勤勤恳恳地培育苹果树，手被磨出了厚厚的老茧，但是一个苹果都没结出来，这就不是"正确的努力"。几年时间，即使结出了几个苹果，但是与前期花费的时间和劳动力相比，这也是一种辛苦的无效劳动。

二、目标明确

在做一件事情之前，首先要确定自己要达到的工作目标。急功近利是人的天性，很多人往往会落入"只顾眼前利益""杀鸡取卵"之类的陷阱。所以了解工作目标的重要程度至关重要，这样可以避免自己的努力变成只追求短期目标的短视行为。

三、注意"工作时限"

如果目标清晰但没有时间观念，超过"工作时限"，这样的努力也是毫无意义的。在制订目标的时候，也需要制订你的"工作时限"，根据不同的工作时限进行有区别的努力。比如，"明年让果树结出100个苹果""五年后要成为全县第一的农户"，这两个目标要付出的努力是不同的。

四、生产效率高

如果确实做出了一定的成果，但是付出了远超成本的大量时间与劳动力，也根本算不上是"正确的努力"。针对相同的劳动成果，最理想的状态是花费的时间和成本越少越好。

五、干劲十足

如果你的努力是"正确的努力"，一般很少会感到沮丧或者挫折。相反，如果是"错误的努力"，往往会为了应付那些根本不重要的阻碍而花费过多的时间和精力，进而导致进展停滞，甚至回归起点。在这种情况下，哪怕是那些精力充沛的人也难免会产生消极的情绪。

"正确的努力"，是抛弃那些多余的事务，不被那些不重要的事务牵制，即使暂时看不到劳动成果，也仍然充满昂扬的斗志，越工作干劲越足。

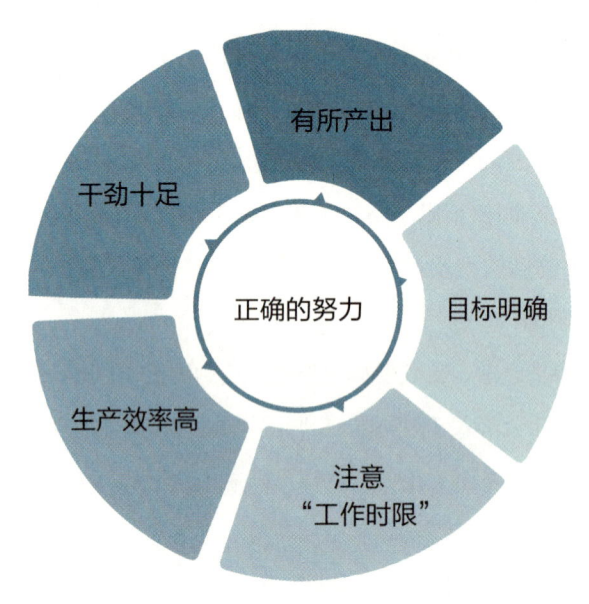

图 1-1　构建正确的努力

只有正确的努力才能快速提升我们的工作效率。

你的付出是"正确的努力"还是"错误的努力"呢？

第2节　用层次思维理解工作

我们都知道"布里丹毛驴效应"，一头毛驴在两个草堆之间难以抉择：一会儿考虑数量，一会儿考虑质量，一会儿分析颜色，一会儿分析新鲜度，两捆都不想放弃，最后哪一捆也没吃上，在无所适从中活活饿死。后来人们就把这种在决策过程中犹豫不定、迟疑不决的现象称之为"布里丹毛驴效应"。俗话说"鱼和熊掌不可兼得"，既想得到鱼，又想得到熊掌，最后鱼和熊掌都没有得到。

工作中经常出现大量的干扰性信息，一会儿微信震动了、一会儿电话响了、一会儿邮件来了，等等，不得不停下来解决这些干扰；一会儿忙这一会儿忙那，最终没有一件事情做精、做好，还严重影响了工作效率。身处在社会中，也难免会遇到各种各样的应酬和交际，但有时候一个很不必要的饭局会在无形中拖慢整个工作进度。很多人对此很烦恼，但每次虽然不情愿还是勉强参加了那些聚会，生怕影响了与朋友的关系或是扫了别人的兴，结束后拖着疲惫的身体硬着头皮去处理没有完成的工作，这也在很大程度上影响了工作的效率。

有些应酬完全可以拒绝，有些信息不是非得回复。你是否具备成为精英的潜力，要看你对工作是否有正确的理解。在麦肯锡，每个人都懂得用完整的眼光审视工作，用层次思维理解工作，他们知道自己在什么时间应该做什么，懂得把时间花在重要的事情上，不会让自己陷入那些繁琐的小事中，进而让工作更为轻松和高效。

> 有些应酬完全可以拒绝；
> 有些信息不是非得回复；
> 不是每一项工作都需要你做；
> 不是每一项安排你都不能拒绝。

> 学会说"不"；
> 学会拒绝那些不重要的事情；
> 把时间花在重要的事情上。

图 1-2　不善于拒绝的人，会陷入"工作永远做不完"的恶性循环中

那么在这大量的工作中，如何判定哪一项更重要呢？这就需要我们具备用层次思维处理工作的能力，也就是把工作作为一个整体，将其一层层细分为多个不同的层次，这是我们在理解工作时很重要的一个视角。对此，我们可以将工作中的事情分为四个层次。

一、重要而且紧急的事情

这个层次的事情是最重要，而且必须要马上完成的，比其他任何一件事情都值得优先去做，处理方法就是立即行动。只有它们都得到合理高效地解决，你才有可能顺利地进行其他工作。例如：客户投诉、公关危机、身体重大疾病，等等。

二、重要但不紧急的事情

实际上，在我们的生活中，很多真正重要的事情并不一定是紧急的。比如读几本有用的书、制订计划、强身健体、培养感情，等等。这些事情非常重要，它们关系到我们的事业、健康以及家庭关系。但是它们急迫吗？不，通常这些事情大家不会认为是迫在眉睫的，所以很多时候都会选择把这些事情尽量拖延下去，甚至一拖再拖，直到发现需要将这些事情立刻完成时才后悔当初为什么没有重视，没有尽早着手完成这些事情。

这类事情很考验我们的积极性、主动性以及对事业目标和进程的判断能力。

三、紧急但不重要的事情

紧急但不重要的事情，非常常见，而且随时随地会出现。常见于一般的电话、一般的会议、一些琐碎的工作等。比如，晚上早早休息，想养足精神第二天去图书馆看书，突然接到朋友的电话，邀请你去泡吧聊天，你不想让朋友失望，欣然赴约。第二天清晨回家，头昏脑胀，自然没有精力再去图书馆学习。就这样，你被别人的事情牵着走了，而你认为重要的事情没有做，这或许会造成你在很长一段时间内都比较被动。

四、不紧急又不重要的事情

很多这类的事情，也会在我们的生活中出现，它们或许有一些价值，但是如果我们长时间沉浸于此，那肯定就是在浪费宝贵的时间。比如，吃完饭就坐下看电视、刷网页等娱乐消遣，其实不知道自己想看什么，无意识下就消磨了大量的时间。还不如去读几本书，跑跑步或者和家人、朋友聊聊天，尽量减少这类事情的时间消耗。

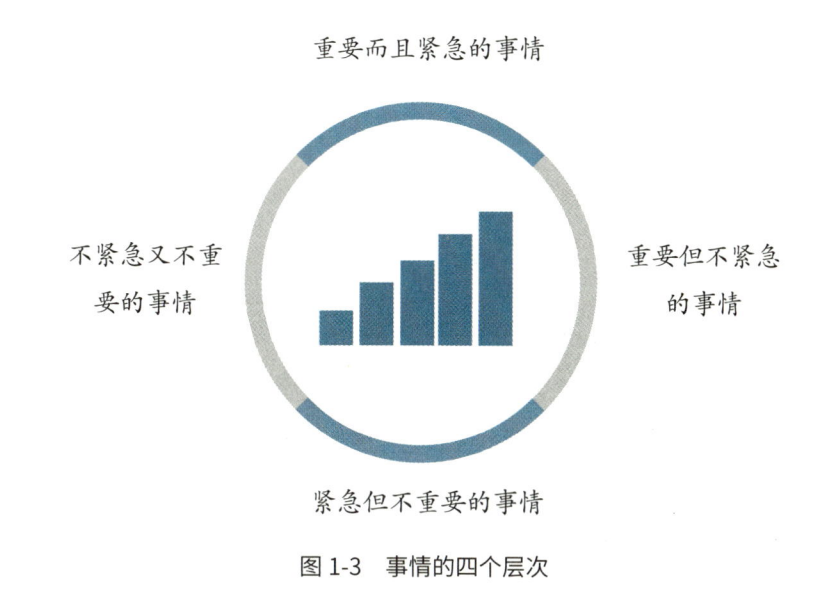

重要而且紧急的事情

不紧急又不重要的事情

重要但不紧急的事情

紧急但不重要的事情

图 1-3　事情的四个层次

第3节　"重要但不紧急"VS"紧急但不重要"，到底先做哪个？

掌握了事情的层次，我们就可以完美地安排工作顺序。我们可以从"重要且紧急"的事情开始处理，对于"重要但不紧急"和"紧急但不重要"的事情，通常我们更倾向于先完成紧急度高的工作，不能被那些看似紧急的事情蒙蔽，无法静下心来去做最该做的事情。而那些关系到未来职业规划，或者在未来两三年内可能发挥重要作用的事情，则更容易被延后。

人们习惯按照事情的"紧急程度"决定事情的优先次序，而不是首先衡量事情的"重要程度"。这样的顺序，看似符合常理，但是从高效工作的标准衡量，是不符合要求的。

我们来做一个小实验。假设你面前有一杯水、一杯石子和一杯沙子。现在需要将这三种物品装进一个杯子里，你该怎么做呢？

或许有的人下意识就先把沙子倒入了杯子中，因为沙子看起来占的空间比较小，而石子乍看上去很占空间。然而，当杯子里已经装入了沙子，就无法再容纳大块的石子了。

这就如同人们在做事情的时候通常选择先攻克紧急的事情，因为紧急的事情大多是小事，比较容易完成。但是不停地做着紧急的事情，最终却没有精力去做重要的事情。

如果变换一种方式，先把石子倒入杯子中，再倒沙子，沙子正好可以把石子的空隙填满，而且还有空间可以容纳水。

从重要的事情做起，把间隙的时间、精力留出来解决那些紧急的事情，更有利于提高效率。而所谓"重要程度"，主要看事情对实现目标的贡献大小。对实现目标贡献越大的事越重要，越应该优先处理；对实现目标越小的事情越不太重要，应该延后处理。简单来说，就是按照"我现在做的，是否使我更接近目标"这一原则来判断事情的轻重缓急。

先把长远目标，也就是方向确定下来。有了长远目标，明确了自己的前进方向之后，自然就知道什么才是最重要的了。

第4节　将精力分配到高杠杆率的工作上

很多人认为：工作事无巨细，件件做到最好、最完美，这才是一个优秀的职业精英应该有的样子。这完全是错误的认知，通过我对麦肯锡员工以及不同行业、不同职位成功人士的工作方式和工作习惯的观察和研究，发现他们的工作重点不是"如何把工作做到最好"，而是"如何才能最快、最好地高效完成工作"。"好"还有一个前提就是"快"，要聪明地工作，而不是更辛苦地工作。

麦肯锡作为世界顶级管理咨询公司，致力于为各行各业的客户解决各种各样的问题。在解决问题的过程中，通常需要收集大量的事实来对假设进行证实或证伪，对分析进行支持或反驳。收集的事实只要充足即可，过度的收集是在浪费时间和精力。

很多人都试图把海水烧干，所谓"把海水烧干"，就是试图将海量的数据分析得面面俱到。在为客户或者企业处理难以解决的问题时，很容易在无数个需要花时间的工作中迷失方向，分析完A后分析B，紧跟着就要分析C，不断有新数据出现，要做更多的分析，企图把海水烧干。

但其实烧干了大海，却只能得到一点点盐。因为80%的价值来自于20%的数据，剩下20%的价值来自于80%的数据。也就是说，虽然很多数据都与研究的问题相关，但其实大多数数据都可以忽略。

麦肯锡建议员工：将精力分配到那些高杠杆率的工作中。所谓"杠杆率"，就是指单位时间内工作的产出或影响度。

将精力分配到高杠杆率的工作上，这其实是符合"二八法则"的。要把大量的时间和精力，用到那20%高杠杆率的工作上。

"二八法则"，可以说是管理咨询行业甚至商业领域里最伟大的法则之一，它是由意大利经济学家兼社会学家维尔弗雷多·帕累托首先提出的。他认为，在一切特定的事物中，最重要的内容只占小部分，约20%，其余的80%尽管是多数，却是次要的。也就是说，80%的价值来源于20%的因素，剩下的20%的价值来源于80%的因素。例如，一家公司80%的利润来自于20%的产品；80%的利润来自于20%的顾客；20%的强势品牌，占有80%的市场份额；20%的人掌握着80%的财富，等等。

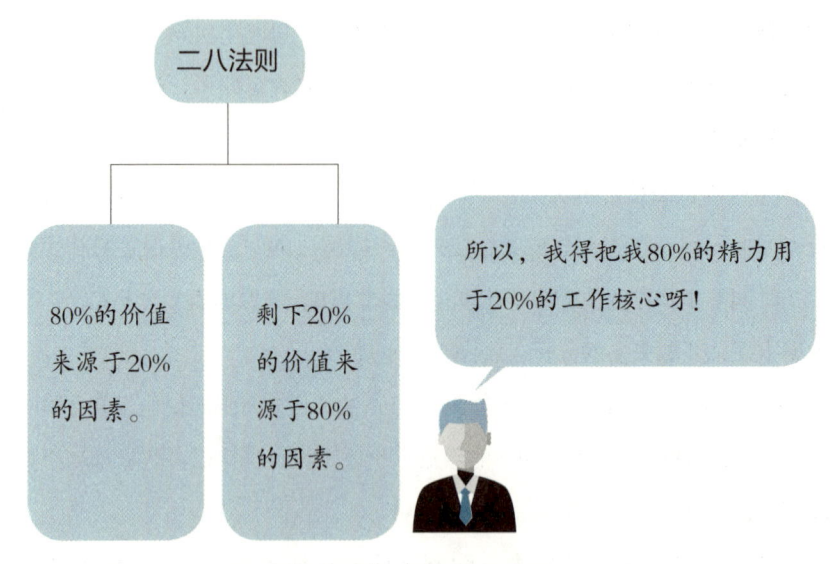

图 1-4　掌握"二八法则",提高工作效率

在麦肯锡,"二八法则"更是一直贯穿于工作的始末。当客户询问如何提高企业利润时,麦肯锡咨询顾问首先要做的就是后退一步,先询问客户企业的利润来自哪里。针对这个问题,麦肯锡团队需要仔细分析客户的每一个经纪人和交易员的每一笔账目。

通过对数据的研究和计算,可以发现:80%的销售额来自20%的经纪人;80%的订单来自20%的客户;80%的营业利润来自20%的交易员。通过这些结果可以发现客户在分配员工资源方面存在严重问题。

掌握"二八法则"后,就可以相应地做出改进。例如,当一家公司发现自己80%的利润来自于20%的顾客时,就应该努力维持及巩固这些顾客,并努力扩展与他们的合作。这样做比把注意力平均分散给所有的顾客更容易、也更值得;如果发现公司80%的利润来自于20%的产品,那么应该全力销售这些高利润的产品。

效率高的人,都会把时间集中在"关键性的少数高杠杆率的工作"上。要学会避免将时间和精力花费在琐碎的事情上,毕竟一个人的时间和精力是有限的,面面俱到还不如重点突破,面面俱到地做好每一件事情,也是不可能实现的。时间和精力要合理地进行分配，把80%的资源用在可以获得关键效益的20%的方面，而这20%的方面还能带动其余80%的发展。

麦肯锡的咨询顾问一直坚持"80%的精力要用于20%的工作核心"。他们时常审视自己手头的工作，问自己"这些工作真的最重要吗？""这是我要关注的那20%吗？"在这个过程中，就可以时常停下思路，问自己几个问题，"你现在所做的工作是如何推进思考的？""目前做的工作可以帮助解决问题吗？""现在正在做的工作是不是最重要的？"等。如果问题的答案是"现在的工作对解决问题没有帮助"，那么，为什么还要继续呢？

第5节　敏锐的触觉：先知先觉成功者，后知后觉淘汰者

说起效率，想起常常听到这样的一句话：先知先觉成功者，后知后觉淘汰者。麦肯锡精英们都拥有非常敏锐的触觉，总是能做到先知先觉，对可能面临的问题以及即将开展的工作能够做出迅速的反应，而不会去做那些后知后觉的努力，这是那些工作效率低下的人才会做的。

先知先觉不是单靠说就能实现的，这意味着你在项目开始之前就要投入到工作中，也就是提前行动。在项目最开始就投入时间和精力，不止能对项目的发展保持敏锐的触觉，还能在一定的情况下做到对后期未知情况的防患于未然。

那么，如何才能做到先知先觉，进而提高我们的工作效率呢？麦肯锡认为，需要掌握以下这三点。

第一，团队成员要及时进行信息共享。每个人会搜集到不同的信息，你遗漏的可能他正好搜集到；每个人也可能搜集到相同的信息，你搜集到的信息可能他也获取了。所以，团队成员之间及时的信息共享很关键，一方面有利于信息互补，另一方面避免信息重复。麦肯锡通常在项目伊始，团队成员就会将获取的信息与其他人共享。例如项目为期一周，他们会在周一就召开讨论会，进行信息交流和共享，进而确定每个人搜集信息的方向。

第二，项目开始前明确要达成的最大目标。任何一个团队想要开始一个项目，都不能像没头苍蝇一样贸然进行。怎样才能避免这种情况，保证项目有计划、有节奏地推进呢？在项目开始时，团队就要探讨并确立要达成的最大目标。也就是提前做好项目的准备工作，汇总项目所有需要解决的问题，根据这些情况预设项目的目标。这在很大程度上能提高工作的进度和效率。当然在项目进行的过程中，可能会有一些与预期不一致的变化以及没有预料到的情况发生，预设目标也会相应发生变化，这就需要团队成员根据具体情况灵活应对，不可拘泥于最初的目标不愿变通。

第三，从简单到复杂，先摘好摘的果子。当很多复杂的问题摆在我们的面前时，首先从最简单、最有把握的问题入手，然后有步骤、有节奏地向前推进，就有可能轻易获胜。简单来说，就是先易后难，短时间内做更多容易的工作。

先易后难，不意味着避重就轻、投机取巧，而是通过先解决一些简单的工作之后，建立起一种信心，确信自己能够实现目标，在之后解决困难的过程中，能够更冷静、从容地接受困难和挑战，进而缩短解决问题的时间，提升工作的效率。如果我们在刚开始展开工作时就立刻做最困难的工作，那么往往失败的概率也比较大，不仅会打击参与者的自信心，还会浪费大量的时间。

表 1-1　如何做到先知先觉

L1	L2	L3
每个人会搜集到不同的信息，你遗漏的可能他正好搜集到；每个人也可能搜集到相同的信息，你搜集到的信息可能他也获取了	任何一个团队想要完成一个项目，都不能像没头苍蝇一样贸然进行	当很多复杂的问题摆在我们面前时，首先从最简单、最有把握的问题入手，然后有步骤、有节奏地向前推进，就有可能轻易获胜
团队成员 及时信息共享	明确要达成的 最大目标	从简单到复杂，先摘好摘的果子

第6节 把握工作节奏：由当下向过去和未来延伸

很多人都有这样的经历：时常感觉自己有很多事情没有解决，然而却没有心情且没有动力去做，或者根本就不想去做，然后一而再再而三地拖延，直到躲不过去才不得不去做。这种即使预料到可能造成严重的后果，仍然把计划要做的事情往后推迟的行为，通常被称为拖延症，拖延症是大部分人的一种通病，全世界25%的人都有拖延行为。因为与当下应该做的事情相比，人们更倾向于做比较轻松的事情。人性都是趋利避害的，当遇到需要解决的问题时，首先想到的是回避问题，这是一种保护机制。

麦肯锡将导致拖延症的原因，归结于以下几项因素。

第一，对成功的不确定性。对于应该完成的任务，没有足够的信心完成。

第二，讨厌被人委派任务。

第三，注意力不集中且易冲动。

第四，目标及酬劳严重不匹配。

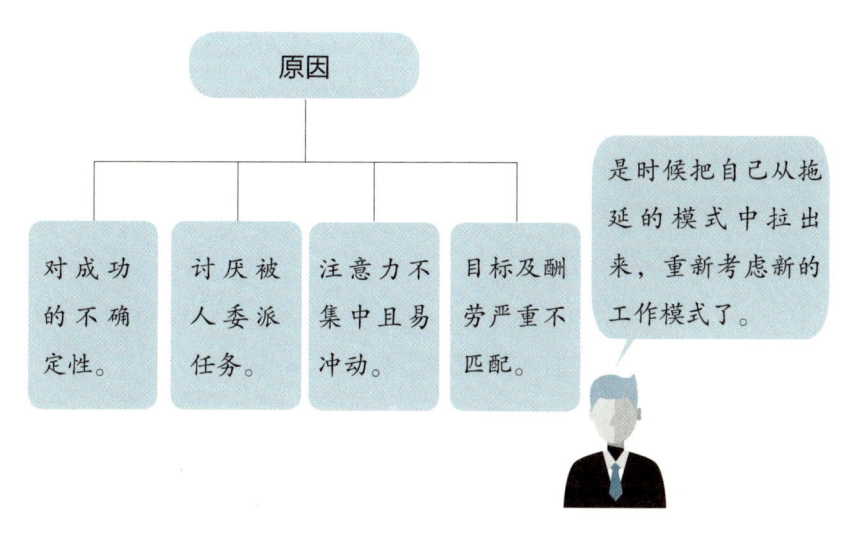

图 1-5 导致拖延症的原因

如果对成功的不确定性过大或者容易转移注意力，可能就更加容易拖延。除此之外，一项任务是无聊还是令人愉快，工作完成后及时的奖励如何，也是影响拖延的很重要的因素。令人愉悦的感受、更及时的回报，都是激发人们更快完成工作的动力。

拖延症分为轻度拖延症和重度拖延症。轻度拖延比较好解决。他们一般因为目标过大、期望过高，一时无法实现只能拖延下去。只要将问题细化，从小事做起，就能很好地改善这种情况。

而有些人可以说是重度拖延症患者，他们一般没有方向或目标，不清楚自己要做些什么，凡事都要拖延，晚睡、晚起，吃饭不准时，甚至连洗漱都要拖延。这样的人，应该给自己设定目标，目标最好小一些。例如，每天早睡、早起，按时吃饭，等等。对重度拖延症患者来说，如果设定的目标太大，则很难实现，很可能又陷入拖延的怪圈。

拖延症会导致工作效率低、工作态度懒散。要摆脱拖延症，就需要对时间进行合理的把控，以此掌握工作的节奏。

拖延症，就是将今日之事放置到明天、明天、再明天。想要摆脱这种情况，合理地把控时间，需要一种平衡式的时间视角。所谓"平衡式的时间视角"，不是简单把握当下，而是扩展当下的框架，由当下向过去和未来延伸。对此，麦肯锡总结出六点建议，以改变我们懒散的工作态度和习惯。

第一，首先要拥有克服懒惰的意识。想要战胜拖延症，先要在意识上认识到克服懒惰的重要性。

第二，由当下向过去延伸。过去的经历和经验对今天有一定的借鉴意义，反思过去会帮助我们更好地把握当下。

第三，做到专注，放弃三分钟热度。很多人在做事情时常常只有三分钟热度。为了改掉这个恶习，我们有四种方案。

第一种，找到自己真正感兴趣的事情，当人们专注于自己感兴趣的事情时，懒惰和拖延往往不会出现。

第二种，制订一个阶段性的目标并努力完成，当这个目标完成后，再开始其他的目标。

第三种，每次只做一件事情，把握好当下，既能保证效率，也不会身心疲惫，从而导致三分钟热度出现。

第四种，不找任何借口。当有件事情迟早都要做，但是当下你又不想做时，你可以找到上百种理由推迟。想要专注于每件事情，就要做到不找任何借口，只为问题寻找解决方案。

第四，制订计划。由当下向未来延伸，以未来为视角制订实现目标的具体计划。

第五，提醒自己拖延的后果。有一定的预见性，仔细思考拖延会给未来带来的负面影响，以此激励自己摆脱拖延症。

第六，不要过于追求完美。完美，是努力的方向，如果成了终极的追求或是苛求，反而会深陷纠结的沼泽无法自拔，甚至还会拖累别人。毕竟人能承受的压力是有限的，当压力达到一定程度时，就会出现超限效应，而超限效应遇上完美主义，拖延就是唯一的结果了。

在现实中，完美的事物是不存在的。任何计划都是在预想状态下进行的。在执行过程中，可能会遇到太多的不确定因素，很有可能出现突发状况，结果和预想也会存在偏差。要保证不拖延，就不要太在意那些无法达到完美的部分，如果一定要尽善尽美，不完美只会越来越多，心理落差也只会越来越大。

开始时要求完美，是对自己的严格要求，在执行过程中，则不必事事追求完美，只要把重要的事情做好，不必在不重要的问题上花费过多精力。当你实现了不拖延、顺利而且高效地完成任务时，可以再对薄弱环节进行修改和完善。

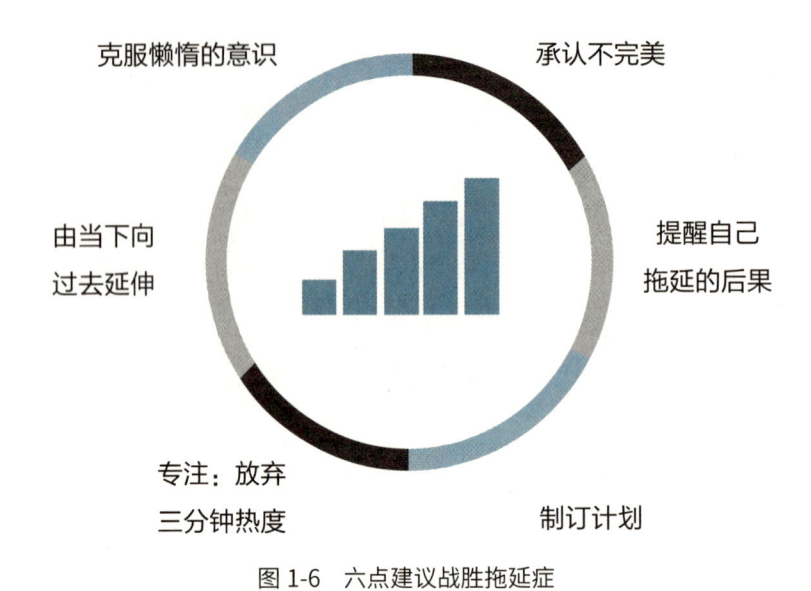

克服懒惰的意识　　　　承认不完美

由当下向
过去延伸　　　　　　　提醒自己
　　　　　　　　　　　拖延的后果

专注：放弃
三分钟热度　　　　　　制订计划

图1-6　六点建议战胜拖延症

第7节　微习惯：简单到不可能失败的时间管理法则

很多人忙忙碌碌地工作了一天，累得筋疲力尽，但效率还是不高，导致每天加班，苦不堪言，总是抱怨工作太多，时间不够用。这是源于他们不懂得管理自己的时间，不懂得无效的加班其实是对时间的最大浪费。我们要做时间的掌控者，而不仅仅是使用者。

麦肯锡从来不会以工作时长衡量一个人是否优秀，他们关注的是员工在一定时间内能创造出多少价值。

工作效率很大程度上取决于你的时间管理能力，精英与普通人的区别就在于他们懂得如何支配时间，能够用更短时间、更高质量完成比别人多得多的工作。

麦肯锡精英都称得上时间管理专家，他们是如何管理时间的呢？这五个微习惯，让时间管理化繁为简。

第一，将所有的行动都规划在"时间范围"之内。所有的工作都有不同程度的时间限制，想要在规定时间内完成任务，做好基本的时间规划很有必要，什么时候开始、什么时候结束都要规划得清清楚楚。

如果我们制订了时间规划，就会有意识地避免被其他事务影响，进而加快工作进度。例如，你计划8点到9点回复邮件，就要在规定的时间范围内有效地完成工作。如果某封邮件需要花费大量时间进行回复，可以把这封邮件放置到某个特定时间，这样就不会延长时间。

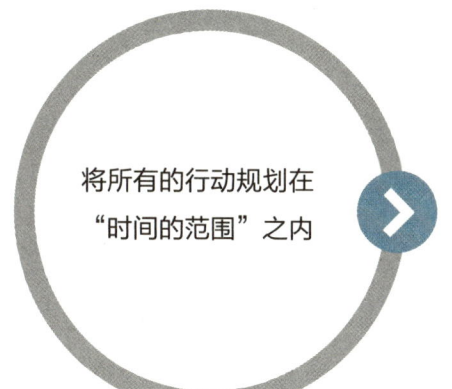

将所有的行动规划在"时间的范围"之内

所有的工作都有不同程度的时间限制，想要在规定时间内完成任务，做好基本的时间规划很有必要，什么时候开始、什么时候结束都要规划得清清楚楚。

图1-7 制订时间规划

为工作做好时间规划，可以保证我们在规定的时间范围内专注于完成某件事情，进而提高工作效率。那么，如何做好时间规划呢？

第一步，列好清单。时间管理专家艾伦·拉金说过，按照清单展开工作并坚持每一天，将会节省25%的时间。每天晚上抽出一点时间，把第二天要做的工作列一个清单，这非常有必要。当晚上列好清单之后，大脑会潜意识利用晚上休息时间思考这份清单，第二天的工作条理会更清晰。如果第二天有什么新的任务，还可以添加到清单中。

每天晚上抽出一点时间,把第二天的工作列成一个清单,列出所有需要完成的任务,这样会对第二天的工作有一个整体的浅层次把握。

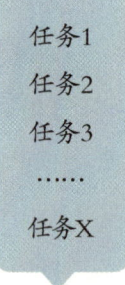

任务1
任务2
任务3
……
任务X

图 1-8　列出工作清单

第二步,为清单上的事情设置好优先顺序和时间限制。工作是完不成的,你完成了这一项,就会有下一项工作在等着你。所以,你必须要非常清楚,先做什么,再做什么,不需要做什么,并为每一件事情设定好时间范围。

表 1-2　为工作设置好优先顺序和时间限制

Over	Task
√	A：办公室的整理
√	B：接待已预约的来访者
	C：起草公司累积的文件信函
√	D：文件的收集和存档
	E：收集公司内外的各种信息,并对信息进行整理、汇编
√	F：安排会议工作,做会议记录和会议纪要等
√	G：安排领导的出差事宜
	H：辅导实习秘书的工作,培养接班人
(1) 把每日任务清单化,清单化就是责任化 (2) 优先完成可以即刻完成的工作,再集中精力完成耗时的任务	

第三步，提前行动。相比于踩着时间完成任务，不如提前开始行动，哪怕只是提前一点点，也能发挥作用。如果总是被时间追着慌慌张张赶进度，只能始终处于被动状态，工作质量往往会大打折扣。遇到一些突发情况更是无从应对，反而无法在期限内完成工作，长此以往就会形成恶性循环，被困在时间的牢笼里难以解脱。

只有每次都把时间提前一点，才能有宽裕的时间去进行调整，进而摆脱时间的桎梏，提高工作效率。要实现领先一步，需要对工作情况进行整体把握，当能做到纵观全局，才能更好地进行时间规划。

第二，一次只做一件事情。人的时间和精力是有限的，在同一时间内，很难一次做很多事情，也不建议这样做。麦肯锡提倡"一次只做一件事情"，所谓的"一次只做一件事情"，就是在一段时间内，我们只能有一个思考重点。因为大脑里如果储存了过多信息，很容易把精力分散在过多的事情上，这会阻碍我们的正常思考，进而降低工作效率并徒增很多烦恼，就像电脑内存中如果保存了太多处理命令，就会导致电脑运行缓慢或死机一样。

一次只做一件事情 《《 时间和精力 》》 在一段时间内，我们只能有一个思考重点。人的时间和精力是有限的，在同一时间内，不可能一次做很多件事情，也不建议这样做。

图1-9 麦肯锡提倡"一次只做一件事情"

第三，在会议上，剔除无用的内容，加大有效密度。会议不是说明资料的场所，在会议上朗读材料，肯定没人愿意听。在那些大企业，每逢开会，都会出现一大堆厚厚的资料。毫不夸张地说，会议开始的前15分钟，甚至30分钟内，人们都在事无巨细地解释资料内容。这不过是阅读资料，外加对资料内容的总结罢了。我们应该尽可能在有限的时间内增加会议内容的密度。在常规情况下，会议时间最好保持在30分钟到一个小时。

关于这一点，在麦肯锡的制度中有清楚的说明：我们都认识英文，也能看懂英文。这些写在文件中的内容就不要再读出来了。凡是那些读材料的情况，都已经被叫停。比起音读，人类默读的速度其实更为迅捷。

可以在会议之前，通过邮件分发资料内容，也可以在开始讨论前，先给大家几分钟时间，通读材料。

会议：剔除无用内容，加大有效密度

会议，不是说明资料的场所，在会议上朗读材料，肯定没有人愿意听。
应该尽可能在有限时间里增加会议内容的密度。

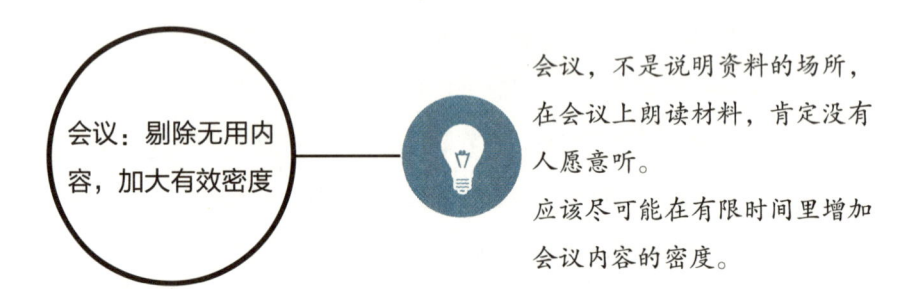

图 1-10　充分利用会议

会议开始前，我们还要清楚地知道下面四点。

（1）会议的目的；

（2）会议期待达到的成果；

（3）为了达到成果要进行怎样的商讨；

（4）为了此番商讨必须事前提供哪些资料、做怎样的准备，等等。

第四，早点下班回家的愿望不会因为我们长期经验的积累，而自然变快。如果一开始不养成"在短时间内把工作完成"的这种工作速度，而是花费大量时间进行加班，我们的工作只会变得越来越辛苦。

越是年轻人越会花费大量的时间加班，年轻人体力充沛，麦肯锡也是如此。加班的年轻人如果不依靠强制的规章制度要求他们尽早下班的话，他们仍然会继续这个恶性循环。

假如强制规定让那些经常加班到半夜的年轻人"无论工作有多少，晚上9点一定要回家"，我们会发现一个很有趣的现象：刚开始，他们拼了命地工作，发现到了晚上9点依然还有不少工作。但是经过一段时间，他们即使不拼命地工作，到了晚上9点也有可能完成工作。这也是治疗拖延症的一个有效的方法。比如，如果孩子做完作业了，接着看书，看完书又有别的安排……如此一来，孩子就会想："我为什么要提高效率早早完成作业呢？"这样的话，就会慢慢拖到很晚才完成。

因为在规定时间内，员工们会慢慢掌握工作要领、提高专注力，并自觉地根据时间进行相应的工作调整，进而提升工作速度。

早点回家

工作速度，不会因为我们长期经验的积累，而自然变快。需要在规定的时间内，慢慢摸索工作要领、提高专注力，并自觉根据时间进行相应调整，进而提高工作速度。

图1-11 养成"在短时间内把工作完成"的工作速度

第五，无关的事情也会花费时间。"只重视效率，排除一切无关的事情"是错误的努力。很多时候，那些乍一看似乎是浪费时间的无用功，恰好拓宽了思考的广度和深度，储备了自己的知识库，培养了我们的判断能力，启发了新的想法，甚至慢慢获得更多时间上的空闲。简单来说，就是"积累"的力量，量变产生质变的过程。

做一件"乍一看没有用"的事情，需要我们有魄力应对伴随而来的各种不安和不确定性。但是从另一个角度来看，却能够使我们掌握渊博的知识。但是，需要注意区分这件事情是真的"无用"还是"乍一看无用"。

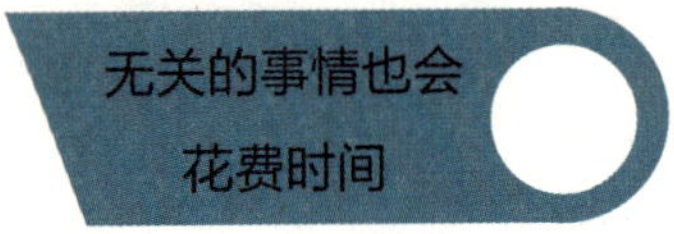

很多时候，那些乍一看似乎是浪费时间的无用功，恰好拓宽了思考的广度和深度，储备了自己的知识库，培养了判断能力，启发了新的想法，甚至慢慢获得更多时间上的空闲。

图 1-12　区分真的"无用"还是"乍一看无用"

第二章　错觉诱惑
——直达问题本质

在问题的表面，覆盖着一层又一层的表象，我们无法凭肉眼看出这些表象，这些表象会对我们的判断产生干扰和迷惑，使我们无法直达问题的本质。

如果我说培训教室很热，你认为这是不是问题呢？很多人可能觉得是问题。但其实这并不是问题，这只是你的感受，或者感觉而已，就像有人觉得很冷那样。

> 问题无处不在，有些问题显而易见，有些问题则隐藏得很深，需要追根究底才能发现其本质。
>
> ——原麦肯锡内部高管培训师　高杉尚伊

第1节　看不见的大猩猩

很多人把寻求答案当作工作的起点，而麦肯锡的工作思维则不同，把发现问题当作工作的起点。如果我们没有意识到问题所在，就不能解决问题，工作也就无法体现价值，只能是无效的时间消耗。

正确定义问题，抓住问题本质，就等于找到了解决方案。

我们常误以为每个人都知道问题是什么，很少会花费时间研究真正的问题是什么。大部分人其实都是在没有掌握什么是真正的问题的情况下，就开始急急忙忙找寻解决方案，很有可能南辕北辙白白浪费了时间，无益于问题的解决。

在麦肯锡，咨询顾问会发现客户对问题的界定极其模糊，当商品在市场滞销的时候，客户会说"市场形势不好"，但为什么竞争对手的同类商品却能在市场中畅销呢？是不是有一些真正导致问题发生的因素被忽略了呢？就如经济学家薛兆丰所说"宏观好坏就像全球平均气温，如果关心人类的命运，平均气温是有价值的。但是如果今天只是要出门办事，那么真的没有什么用"。

01 商品滞销　　02 市场形势不好？　　03 为什么竞争对手的同类商品畅销呢？　　04 是不是一些真正导致问题发生的因素被忽略了？

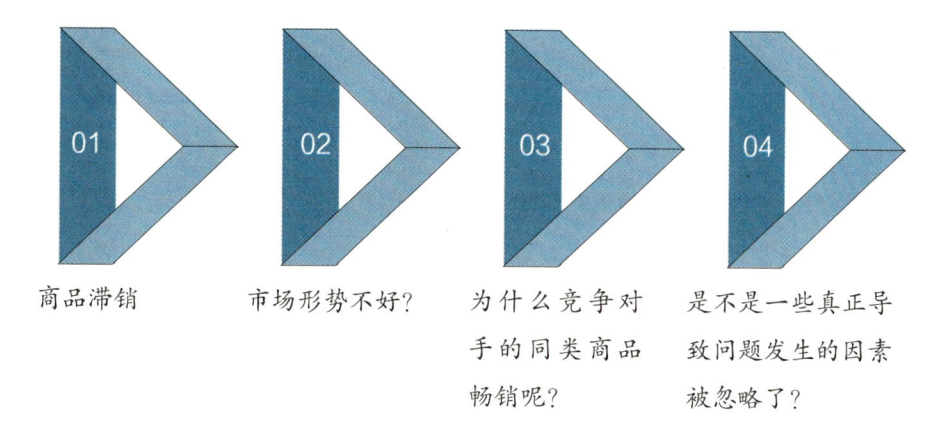

图 2-1　正确定义问题

麦肯锡崇尚一个非常精妙的心理实验：所有参加实验的人观看一段视频资料。我每次上课的时候都要求学员看这段视频，要求他们记住视频中黑白两个篮球队中白队队员传球的次数。这段视频的时间很短，只有一分多钟。视频中，两队队员在比赛的过程中，有一个人装扮成大猩猩在背景后跳来跳去并且持续了一段时间。然而在观看结束接受提问时，至少有一半的测试者没有注意到大猩猩。后来该实验在全球范围内被重复了若干次，结果并无二致。至少有一半的人甚至有时所有参加实验的人都没有看到视频中出现的大猩猩。

解决问题的过程也是如此，有一些关键性问题会被忽略。

每一名咨询顾问都会下意识地相信客户自己对问题的判断，这种情况一定要避免。客户提出的问题，是真正的问题吗？这时要抱有怀疑的态度。就像病人并不是总能知道自己的病症是什么原因引起的，客户也不是总能正确判断企业真正的问题是什么。

麦肯锡一直被称为帮助客户解决问题的"医生"。商业问题与医学问题有着异曲同工之处，都是复杂但是有迹可循的。当病人对医生说："我流鼻涕，喉咙疼而且还头晕，应该是得了流感。"医生不会立刻相信病人的判断，他会翻开病例，询问些问题，找出真正的病因，总之无论病人是何种病症，医生都不会仅靠病人自己的判断就做诊断。

麦肯锡曾经服务过一家公司，这家公司认为现任经理在财务报告和投资分析方面做得不好，想聘请一名首席财务官（CFO）。麦肯锡咨询顾问经过深入挖掘、提出疑问、收集证据，发现情况并不完全属实，公司的CEO过于频繁改变主意和工作流程，发布命令缺乏有序性，而且也没有进行及时的内部沟通，这占了很大一部分原因。当然现任CFO也有责任，他不能及时与CEO沟通，也不能很好地处理各种反馈意见。针对这种情况，仅仅聘请一位CFO是解决不了问题的，麦肯锡建议聘请战略咨询顾问对公司内部进行重组，并对CEO和CFO进行培训。这样的解决方案公司和CFO皆大欢喜，也解决了公司真正的问题，公司的发展也越来越好。

从这个案例中，我们看到了正确定义问题的重要性。在麦肯锡为客户服务的过程中，当客户提出想法和方案时，麦肯锡团队会进行反复确认和沟通，探求方案背后的原因，这样才能确保在正确的方向上开展项目。没有认真核实就跟随客户的方向做出方案，如果方向错误，那就会错过真正的问题，更无法帮助客户解决问题。麦肯锡之所以是麦肯锡，恰恰是因为它总能看到问题的本质，帮助客户解决真正的问题。

正确定义问题的重要性

找到问题的本质
在问题的表面，覆盖着一层又一层的表象，使我们无法直达问题的本质。只有找到问题的本质，才能真正有效地发现问题，进而解决问题。

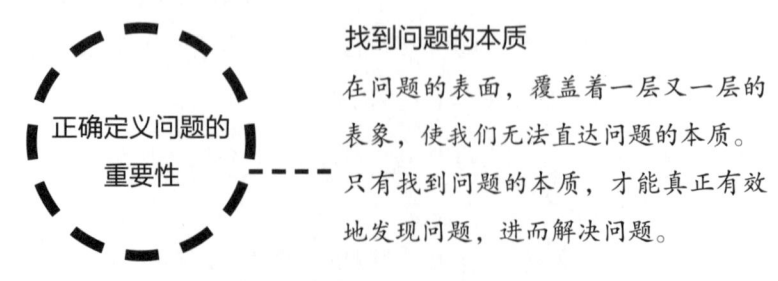

图 2-2　找到问题的本质，解决真正的问题

麦肯锡解决问题的第一步就是找到问题的本质，只有找到问题的本质，才能真正有效地发现问题，进而解决问题。

几乎所有问题的本质都不是显而易见的，在问题的表面，覆盖着一层又一层的表象，我们无法凭肉眼看出这些表象，这些表象会对我们的判断产生干扰和迷惑，使我们无法直达问题的本质。

那么，怎样才能找到问题的本质呢？

重构论证是麦肯锡员工都具备的基础技能。想研究问题的本质，我们就需要学会重构论证。

重构论证是什么呢？通常在一个论证中，我们无法确定论证中什么是前提，什么是结论，以及两者之间的关系，重构论证就是进行分析推理，得出信息的过程。分析推理过程帮助我们接近问题的本质，少走弯路。

重构论证的过程很简单，只要识别出论据和论点，调整好所有论证的逻辑顺序，再将论题放到最后。在这个过程中，正确区分前提和结论至关重要，如果无法正确区分，就没法确认论据是否真的支持论点。

指示词可以帮助我们识别论据和论点。例如，"所以""因此""得出结论""由此可见"等词汇，可以明确地告诉我们后面紧跟着的是论点，被称为"论点指示词"。同样地，"因为""由于""假如""根据"等词汇就被称为"论据指示词"。

比如，玛丽是史蒂文的女朋友。今天是玛丽的生日，所以史蒂文应该给玛丽买礼物。在这个例子中，"史蒂文应该给玛丽买礼物"是结论，前提是"玛丽是史蒂文的女朋友"和"今天是玛丽的生日"。

将这个例子进行重构的过程就是除去指示词，论据在前，论点在后。

A.玛丽是史蒂文的女朋友。

B.今天是玛丽生日。

C.史蒂文应该给玛丽买礼物。

虽然指示词已经除去，但我们仍会自然而然地得出论点指示词应在句C前。因为在句A或者句B前加了论点指示词后，即句A或句B变成结论后，我们再去读全句，会发现这样的因果关系是不成立的。

将句A定义为论点，重构后的句子变为：今天是玛丽生日，史蒂文应该给玛丽买礼物，所以玛丽是史蒂文的女朋友。显然，这个论证不成立。

将句B定义为论点，重构后的句子变为：玛丽是史蒂文的女朋友，史蒂文应该给玛丽买礼物，所以今天是玛丽生日。显然，这个论证更不成立。

将句C定义为论点：玛丽是史蒂文的女朋友，今天是玛丽生日，所以史蒂文应该给玛丽买礼物。这个论证是成立的，不会出现以上的歧义。

这就是重构论证为什么能够帮助我们更好地研究问题本质的原因，它帮助我们检查了论据是否正确。

第2节 建立你的"假设列表"

通过建立假设，分析某个问题的各种事实，比逐个分析这些事实再确定最终答案更有效。假设是对发现的问题所做出的可能性答案，将其作为核心进行分析和验证，如果假设成立，问题自然迎刃而解。

假设的提出没有那么复杂，以定义的真正问题为基础，对此提出尽可能多的答案，建立你的"假设列表"。"假设列表"建立后问题就来了，你需要在众多的可能性中挑选出一个形成你的初始假设。为了更理性地进行选择，可以有针对性地问几个问题，如"哪个答案看起来可能性更大""哪个说法与我们的目标更一致""哪个假设获到的支持更多"，等等。简单分析即可，不必进行深度分析，这样反而无法体现建立假设的优势。

那初始假设的形成，都有哪些优势呢？

第一，初始假设能为你节省时间，提高效率。面对复杂问题，大多数人都会从头开始分析所有数据，直到找出答案。这个过程就是：从A推导出B；从B推导出C……从Y推导出Z。

如果有了初始假设，我们就可以直接跳到Z，从Z返回到A要容易些。以一个简单的小游戏为例，玩过迷宫图的人都知道，从迷宫的终点出发，比从起始点出发更容易找到正确的路径。因为从已知的答案出发，可以绕过许多弯路从而完成目标。

假设在工作中很普遍。比如,我们去应聘工作,会提前假设面试官可能会问到的问题。如果假设是正确的,那么应聘成功的几率就会增加。

在解决问题时,初始假设如果正确,就相当于给我们指引了方向;如果假设是错误的,它的作用同样很大,因为在这个过程中,我们也收集到了通往正确答案所需要的足够信息。

第二,初始假设能提高决策的效果。以假设为导向,快速地对多种选择方案做出评估,可以提高解决问题的速度以及决策的效率。麦肯锡在解决问题时非常善于利用假设,他们在收集了一定的相关信息后,很快就会做出初始假设,再继续针对性地收集大量的事实资料,证明或推翻自己的初始假设。这样他们就能更快速地找到解决问题的方法。

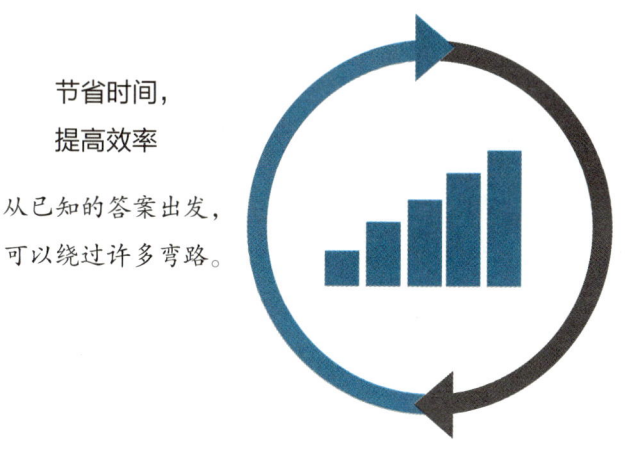

节省时间,提高效率
从已知的答案出发,可以绕过许多弯路。

提高决策的效果
以假设为导向,快速地对多种选择方案做出评估,可以提高解决问题的速度以及决策的效率。

图 2-3　建立初始假设的优势

爱因斯坦曾说过:"假设问题比解决问题更重要,因为解决问题可能只是数学、物理或化学的一种实验技能而已。而假设问题却是从一种全新的角度看待旧的问题,这需要具有创造性的想象力才可以实现。"

初始假设的实施过程,可以分为三部分。

一、定义初始假设

初始假设，就是在解决问题之前，先形成解决问题的方案。尽管初始假设是对问题的粗略描绘，但它是通向解决方案的路线图。在麦肯锡，解决任何问题之前，都要求先定义初始假设。

以一个商业问题为例。一家生产饰品的公司想要提高销售额、增加利润。在收集到足够的有关饰品行业的信息后，可能做出下列初始假设：

第一点，更新销售方式。

第二点，优化营销方式。

第三点，减少产品的单位成本。

假设不是解决问题的最终答案，只是有待证明的理论。如果初始假设证明是正确的，它就会成为最终的答案。如果证明是错的，在证明初始假设是否正确的过程中，我们也已经绘制好了解决方法的路线图。

二、生成初始假设

麦肯锡的项目经理，会在每个项目开始前，先了解这个行业的基本情况。初始假设根源于事实，需要对客户的行业信息和问题进行全面地挖掘和分析，但是不需要掌握所有的事实，概观行业以及所研究的问题即可。在信息挖掘的过程中，不要东一下西一下，避免做大量的无用功。

仅仅凭借这些事实远远不够，还需要把这些事实借用符合假设的逻辑进行结构整理。通过事实与结构的有机结合，初始假设就生成了。

在初始假设生成的过程中，需要把每个相关问题的下一级，甚至下两级的细节全都记下来，以便在证明或推翻假设时，明确分析的方向。即从初始假设开始，把假设中的问题进行细分，应用的是麦肯锡逻辑树中的问题树（关于逻辑树，会在第四章中进行详细讲解）。

三、检验初始假设

当生成"问题树"后，下一步就是要全面检验初始假设，也就是检验假设是否为最佳的假设。例如，考虑的问题是否全面，有无疏漏；是否考虑到问题的关键驱动因素；建议方案是否可行并可证实。

生成初始假设　　　　　　　检验初始假设

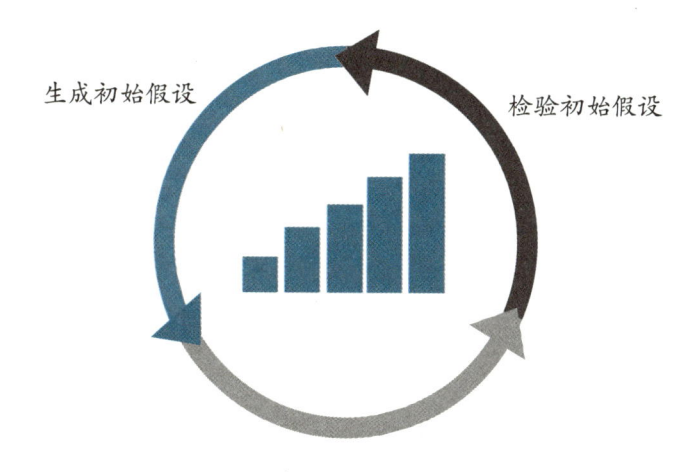

定义初始假设

图 2-4　初始假设的实施

但是，即使初始假设再精彩绝伦、见解独到，也不能与结论混为一谈，我们必须接受初始假设是错误的可能。

为什么大多数人喜欢把假设和结论混为一谈？

他们误把分析数据整理出来的资料，直接当作最终的结论，其实这只不过是个假设。

假设和结论是有区别的。

第一，假设是提出解释事件的主张而尚得到未证明的。而结论是根据一定的前提，用事实和逻辑推演出来的最终结果，是经过验证的。

第二，假设只是分析大量数据后自认为的结论，甚至也可以是凭空捏造的。而结论是经过一番逻辑推理证明出来的，具有一定的权威性、实操性和严谨性。

很多人正是因为经常将假设当作结论，才找不到正确的解决问题的方法。例如，某企业要对某行业进行投资，假设整个行业成长都缓慢，呈现衰退的趋势，那么企业应该采取的措施就是压缩在该行业的投资。这是最终的解决方案吗？显然不是。"行业衰退"只是假设，假设得到印证后，才能成为结论。忽略假设的验证，直接将假设当作结论，很有可能得出一个完全错误的结论。这就是"六西格玛"分析阶段的重要性（我的公众号"成伟精益六西格玛"推送过一篇文章《听说六西格玛分析阶段是多余的》）。根据错误结论采取的措施，不但不能解决问题，反而走了弯路，浪费了时间、金钱和精力。

第3节　用事实弥补直觉的缺陷

关于问题的答案，已经建立了初始假设。现在，必须通过以事实为基础的分析，证实或证伪这些假设。在麦肯锡工作，收集事实和分析事实就是你"存在"的首要理由。麦肯锡咨询顾问通常在接手项目的第一天，就要对海量的外部资料及公司内部的研究报告进行详细地搜查、梳理和分析，作为阐述问题的基础事实。在起草出问题的初始假设后，根据分析后的事实对这一假设进行论证和说明。

麦肯锡为什么对事实如此重视呢？有两方面的原因。

一、弥补直觉的缺陷，纠正经验的错误

人们喜欢凭直觉和经验来解决问题，经验越丰富越相信自己的直觉，但是过分依赖直觉和经验容易导致失败。

麦肯锡的咨询顾问大多是通才，他们知识渊博、涉猎广泛，而且随着时间和经验的积累，对于涉猎的行业了解越来越深，分析和解决问题的能力不断提高。

尽管如此，隔行如隔山，人的经验和精力是有限的，与行业内的实际工作人员相比，他们的涉猎深度和认知程度远远不够，不具备独自解决此类问题的能力。因此麦肯锡在处理此类问题之前，需要先挖掘事实，才能得出结论。

二、搭建麦肯锡与客户之间信任的桥梁

很多情况下，时间、资源有限，无法进行大量的分析，许多成功的管理者可以凭借直觉做出准确的决策。然而，很多人没有如此丰富的经验。在缺少实

际工作经验时，绝对不能回避事实。在条件允许的情况下，要主动寻找并利用事实，用事实支撑你的决策。

麦肯锡咨询顾问，虽然大多具有名牌商学院的MBA（工商管理硕士）学位，在院校的成绩也名列前茅。但如果是入门级的咨询顾问，往往年龄偏低。当他们在项目中向比较知名、经验丰富的企业CEO提交分析报告时，需要拥有足够分量的事实支撑其观点，否则很难赢得信任。

麦肯锡的咨询专家在行业经验上，与客户相比并不占优势，但他们的解决方案能赢得客户的信赖，主要原因就是以事实为基础，解决客户没有发现或不愿承认的问题。

弥补直觉的缺陷，纠正经验的错误
过分依赖直觉和经验容易导致失败。

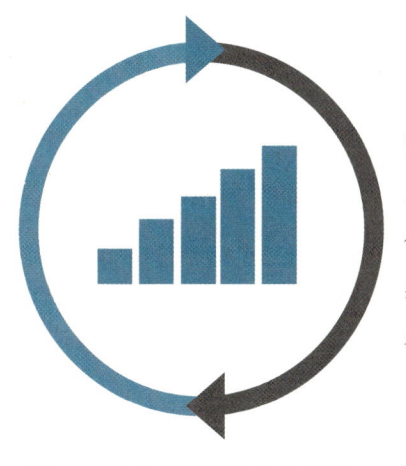

搭建麦肯锡与客户之间信任的桥梁
任何解决方案只有建立在尊重事实的基础上才可靠。

图2-5　麦肯锡重视事实的原因

任何解决方案只有建立在尊重事实的基础上才可靠。很多商业人士畏惧事实，或许他们认为假如不去研究，令人头疼的事实就会自动消失。但实际并非如此，真相总会大白，隐藏事实注定失败，我们要做到不畏惧事实，以事实为基石，铺成解决方案的康庄大道，构建解决方案的坚实基础。

第4节　巧借"SCQA分析法"帮你设置课题

SCQA分析法是麦肯锡经常使用的方法，是指在发现问题的过程中，通过描述当事者的心理及状况，设置接近问题本质的课题，用这种方法找出问题的解决方案。发现问题和设置课题很重要，问题的高效解决需要我们具备主动发现问题并设置课题的能力。

SCQA分析法主要分为以下五个步骤：

第一步，预先描述当事者（个人或公司）的具体形象。

第二步，Situation（状况）。描述当事者过去的经历，目前的稳定状态以及未来的目标。无论好坏，只要长久而持续的，都属于"稳定状态"。

第三步，Complication（障碍）。假设一个可以颠覆目前稳定状态的事件或问题。颠覆稳定的"C"，其描述就是"发现问题"。

第四步，Question（疑问，也就是课题）。针对问题，假设一个对当事者来说最重要的疑问，设置具体的课题。假设性的疑问很多，需要判断问题究竟属于恢复原状型、防范潜在型还是追求理想型（在第五章会对问题的类型进行具体的讲述）。在众多疑问中，哪个是当事者最在意、最想找到答案，最重要的疑问，那就是应当设置为贴近问题本质的课题。

第五步，Answer（回答）。提出有足够说服力的解决疑问的手段（指假设性的解决方案，伴随筛选、评价和替代方案）。举一个简单的例子，我们都看过"亮甲"的广告："得了灰指甲，一个传染俩，问我怎么办？马上用亮甲！"其中"得了灰指甲"就是S，陈述了现在的状态；"一个传染俩"就是C，发生了障碍；"问我怎么办？"就是Q，是我们需要设置的课题；"马上用亮甲"就是A，给出了解决方案。

```
                    ┌─────────────────────┐
                    │ SCQA 分析法的五个步骤 │
                    └─────────────────────┘
```

| 预先描述当事者（个人或公司）的具体形象 | Situation（状况） | Complication（障碍） | Question（疑问，也就是课题） | Answer（回答） |

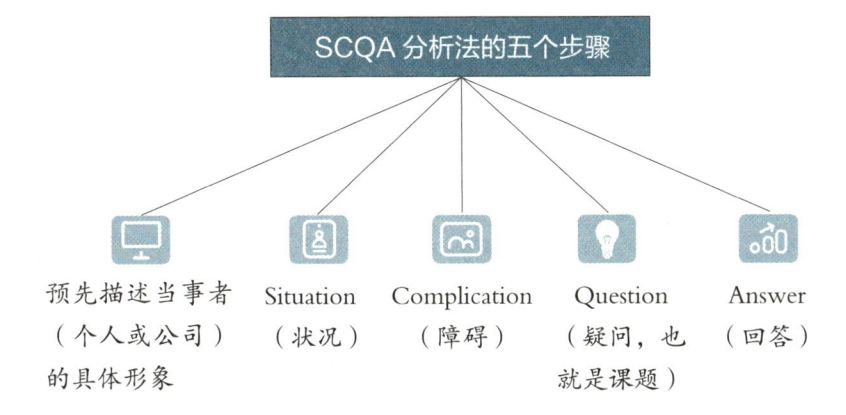

图 2-6　SCQA 分析法的五个实施步骤

遇到想不出课题的情况怎么办？以下五种方法可以帮你设置一个好课题。

一、删减要素

在信息搜集的过程中，可能会因为信息过多找不到重点。这时候，可以逐渐删减那些不必要的要素，缩小讨论范围。当所有的要素精简到只剩下几个时，课题的核心内容自然就会呈现。

二、问题结构可视化

人的大脑解读图像的速度比解读文字的速度快，我们可以把问题的文字描述转化为图表。这样，问题的结构一目了然，更容易找出关键所在。

三、从最终结果反推

从"最终想要的结果"开始逐步反推，找到实现这个结果的正确路径。这个过程能让我们更加明确研究的目的以及最佳的研究方向。

四、反复询问"所以呢"

为了查明问题的本质，我们需要反复询问"所以呢"，让假说变得越来越具体，有利于验证假说是否成立，逐步追寻问题的核心。

五、极端实例

选择几个极端实例，代入已知要素当中，观察这些要素的变化对问题的影响，查明关键要素（这个关键要素就是课题研究的主要对象）。

01 删减要素
信息过多往往会找不到重点。

02 问题结构可视化
大脑解读图像的速度比解读文字的速度快很多。

03 从最终结果反推
明确研究目的以及最佳研究方向。

04 反复询问"所以呢"
让假说变得越来越具体。

05 极端实例
选择几个极端实例，代入已知要素当中，观察这些要素的变化对问题的影响，查明关键要素。

想不出课题怎么办？

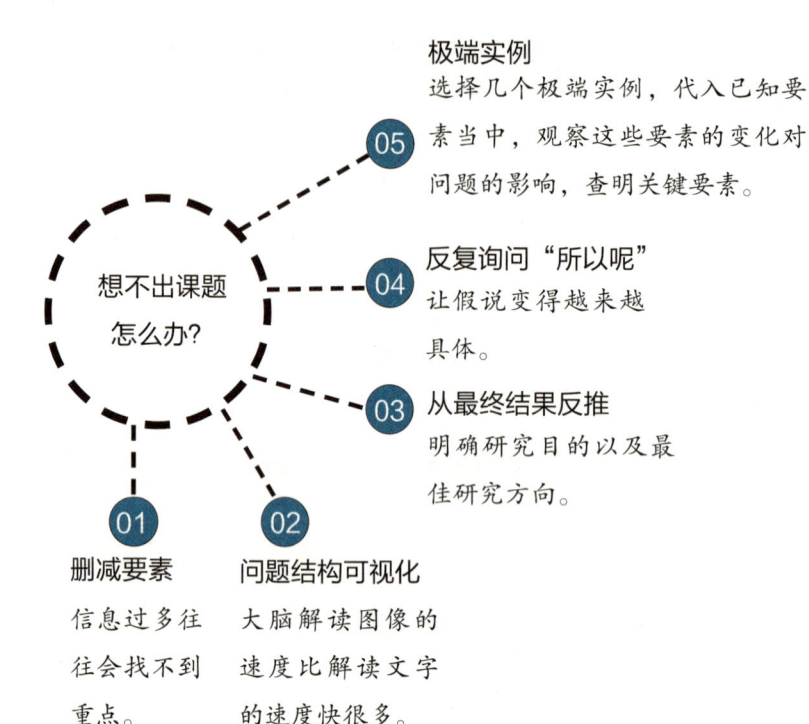

图 2-7　五种方法设置好课题

第5节　问题的本质，到底是什么？

问题是我们必须要解决的课题，那问题的本质，到底是什么？

麦肯锡服务过的客户不计其数，很多时候，客户不知道自己真正的问题出在哪儿，执着地把那些表面现象当原因，结果路不是越走越窄，就是越走越偏，无法找到正确的方向，转而求助麦肯锡。麦肯锡积累了数十年的管理咨询经验，拥有大量的成功案例，对各行各业的概况和常见问题都有深入涉猎。

要找到本质问题，得先弄明白到底什么是问题，它又是如何产生的。不然，讨论的过程，就是鸡同鸭讲，发现了症状，却下错了药。

在工作中，老板问员工："你这个月业绩为什么那么差？"

这个问题就很模糊，怎样才算业绩差呢？现在完成的业绩是多少？目标业绩是多少？下滑的比例又是多少？过去几个月具体是什么情况？

如果公司制订的业绩目标是100万元，你完成了50万元，那么这就是个问题。

但是，如果目标是100万元，你也完成了100万元，那么这就不是问题。

问题是什么？问题就是：期望与现状的落差部分。

换句话说，问题之所以产生，就是因为期望与现状产生了落差，期待与现实并不匹配。

期待与现实不匹配的情况普遍存在于我们的工作中。举例来说，如果一家公司在业务上出现问题：某产品的形象越来越差。这表示公司对这款产品所期待的形象和产品形象的现状之间产生落差。再举个例子，以宾馆来说，当空房率过高被视为一个问题时，这意味着宾馆所期待的空房率与现状之间有落差。

午餐问题的本质也在于"落差"。

所谓"问题"到底是什么？可以是莎士比亚名剧《哈姆雷特》中出现的艰难疑问："生存还是毁灭？这是个问题。"也可以是日常生活中的小事，如"今天午餐吃什么？"

现在来说午餐问题。中午我觉得肚子饿，为了解决肚子饿的这个现状，希望让肚子拥有适度的饱腹感。在这种情况下，"饱腹感"的期待与"饥饿感"的现状之间出现落差。想要解决这个问题，就是弥补这个落差，也就是午餐。

在麦肯锡看来，环境并不是影响问题本质的绝对因素。往往在同一环境中，不同的人遇到的问题也不太一样。所以，影响问题本质的绝对因素在于人。例如，同一岗位的两名不同员工，所擅长的也不同。一名员工拥有优秀的工作能力，擅长处理工作中遇到的各类问题，但却不懂得如何很好地与人相处，同事关系并不融洽，常常需要独自应对工作中的问题；但另一名员工情况却大不相同，他擅长处理复杂的人际关系，但工作能力一般，却因为与同事相处得好，总是能得到同事们的帮助。

如果他们在工作中遇到同一问题，即使问题的表现内容相同，问题的本质却正好相反。阻碍他们解决问题的因素，恰恰是对方最不构成问题的因素。

他们想要解决各自的问题，关键就在于充分意识到各自问题的本质，并加以改善。比如不擅长处理人际关系的员工，就需要用诚心的态度与同事们友好相处；另一名员工就需要静下心来，好好锤炼自己的专业技能，以应对工作中的难题。

虽然期待与现实不匹配的情况普遍存在，但是这种不匹配是可以解决的。

问题，除了期待与现状之间的落差之外，还包括问题所延伸出的课题。解决问题，一般先确定现状与期待产生落差的问题，然后设定具体的课题，找出解决问题的答案。

问题分为三种类型："恢复原状型""防范潜在型"以及"追求理想型"。在实际情况中，很多问题其实都混合了这三种类型。

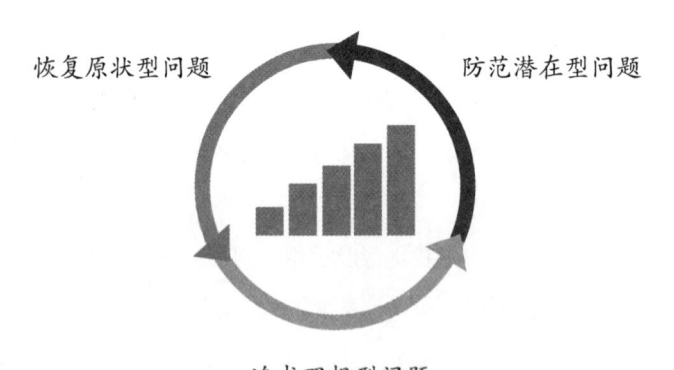

图 2-8 问题的类型

在解决这三类问题的过程中，一般涉及的因素包括掌握现状、分析原因、预防策略、应对策略、防复发策略以及选定理想，等等。根据问题类型的不同，课题也有所不同，在这些课题领域里，还会设定更具体的课题。对于具体的方法和解决问题的策略会在第五章中进行具体的讲解。

在麦肯锡眼中，问题就是"必须解决的课题"，当期望与现实达成一致时，问题就会从"必须解决的课题"变为"已经解决的课题"。

第三章　数商套利
——数据的深度内涵

　　数商,即数据思维能力和分析能力,数商高的人总能洞察数据内涵并直达分析的本质,更有可能享受到大数据带来的红利,进而在大数据时代胜出。

> 大数据的力量正在持续增长。要充分利用其优势，意味着公司必须将数据分析纳入他们的战略愿景，并利用它做出更好、更快的决策。
>
> ——麦肯锡全球研究院

第1节 大数据：创新、竞争力和生产力的下一个前沿

2011年5月1日，麦肯锡全球研究院发表著名的研究报告 *Big Data: The Next Frontier for Innovation, Competition, and Productivity*（《大数据：创新、竞争力和生产力的下一个前沿》），最早提出"大数据"时代的到来。

报告里提到大数据可以产生价值，比如那些大规模使用数据分析的零售商可以实现企业利润率增长60%以上。所以，大数据分析，重点不在于数据的收集，更关键的是思考如何利用数据，将其转换为驱动企业业务增长的引擎。

企业想要利用好大数据，不代表在一开始就必须要建立大规模的大数据平台。要站在解决问题的立足点，让数据为企业服务。有价值的不是数据本身，而是利用数据获取的成果。大数据如果不能与企业业务结合，也无法产生价值。

2016年12月7日，麦肯锡全球研究院再次发表研究报告 *The Age of Analytics: Competing in A Data-driven World*（《分析时代：在数据驱动的世界中竞争》）。麦肯锡指出：大数据的潜力还在持续增长，但其潜在价值仅仅发挥了一部分，主要原因在于数据分析人才的匮乏。具有卓越数据分析的人才可以在最普通的数据中洞见商机，而对于拙劣的分析者来说，即使数据的价值再高也无法发挥其应有的价值。

麦肯锡预测：拥有稀缺数据的人、具备高超的数据整合能力的人，以及卓越的数据分析人才，更有可能享受到大数据带来的红利。

麦肯锡拥有优质的大数据和高级分析团队，团队中聚集了大量的数据分析人才，多年来致力于为各类企业制订最佳的大数据发展战略，成功地让这些企业实现了高于市场的业务增长。

麦肯锡制订的大数据发展战略，一般从三方面着手。

第一，分析数据，挖掘数据中蕴藏的潜在商业价值，以此引导决策，进而实现市场投资回报率的迅速提高。

第二，数据价值转化，将数据中挖掘出的商业机会转化为以用户需求为前提、用心打造的产品和营销方案。

第三，将产品与营销方案投放市场。

大数据分析改变了企业之间竞争的基础，领军企业如亚马逊、Facebook、微软以及谷歌等公司都适时抓住其带来的商业机会，打造出自己的竞争优势。但是大数据只对这些以数据为基础的企业有利吗？答案当然是否定的。大数据几乎对所有企业，都能带来无限机会。企业不是数据企业，不代表就不具备数据分析的能力。如果企业同时具备大数据分析能力，那就会比同行业其他公司拥有更强的竞争力，也就能获取更多利润。

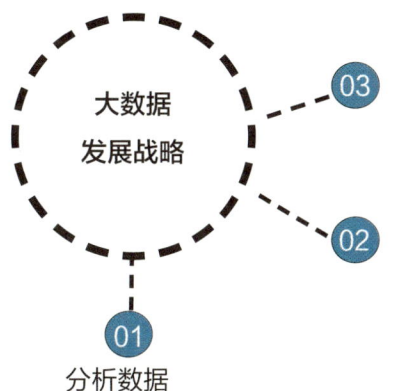

大数据发展战略

03 投放市场
将产品与营销方案投放市场。

02 数据价值转化
将数据中挖掘出的商业机会转化为以用户需求为前提、用心打造的产品和营销方案。

01 分析数据
挖掘数据中蕴藏的潜在商业价值，以此引导决策，进而实现市场投资回报率的迅速提高。

图 3-1　制订大数据发展战略

根据麦肯锡的调查，只有18%的企业具备数据分析和商业洞察所需的技能。前面提到了大数据的潜力在持续增长，但其潜在价值仅仅发挥了一部分，主要原因在于数据分析人才的匮乏。

针对这个问题，企业应该如何应对呢？一个同时具备所有技能的数据人才可遇不可求，但是找寻一组拥有两项互补技能的人才不是难事。所以，最有效的应对方案就是招募一组拥有两种互补技能的"翻译"。所谓"翻译"，不是真正意义上的翻译，而是可以架起两个部门间沟通桥梁的人才。两个领域之间此类"翻译"最少需要两位，一位是其中一个领域的专家，但同时又对另一个领域有所涉猎，另一位同理。就这样，"翻译"便可以连接起数据分析的各个环节。

企业想要建立一个优秀的大数据高级分析团队，还要对团队真正所需的角色有清晰的认识。招募最优秀的人才很重要，但还远远不够，团队必须同时拥有所需要的所有角色。

一个高效的大数据团队，通常这五种角色，缺一不可。

一、数据清洗专家

这类专家扮演的角色就是保证企业所有的数据都是按照一致的标准获取的，这样输入系统的数据就能确保是准确的。在获取数据的第一时间，就要进行数据清洗，同时与数据相关的所有团队成员都要参与或知情，以确保数据的一致性和准确性。

二、数据发现专家

现今信息获取不是什么难事，我们身边每天都充斥着海量的信息。在这种情况下，有用信息的筛选变得很关键，而数据发现专家就扮演着这样的角色。

三、业务解决方案架构师

筛选出有用的数据之后，需要对数据进行整合，进而架构出易于被使用者访问、能在需要的时间出现在该出现的位置上的数据结构。比如，如果一部分数据每小时都要进行一次访问和提取，那这部分数据就要每小时完成一次更新。这便是大数据团队需要的第三种角色。

四、数据科学家

数据结构架构完成后,需要在此基础上构建数据分析模型,这就到了数据科学家发挥作用的时刻。模型能够发挥很多作用,例如细分客户群体、预测用户行为,等等。还可以根据需要对其进行按时更新。

五、营销专家

数据最终是要产生效益和成果,模型自然需要落实为行动,营销专家便扮演这样的角色。

团队做到了这样的角色分工,就能保证整个数据流程的每个环节都有专人负责。做到责任到人,进而确保所有数据都可以正确完整交付。

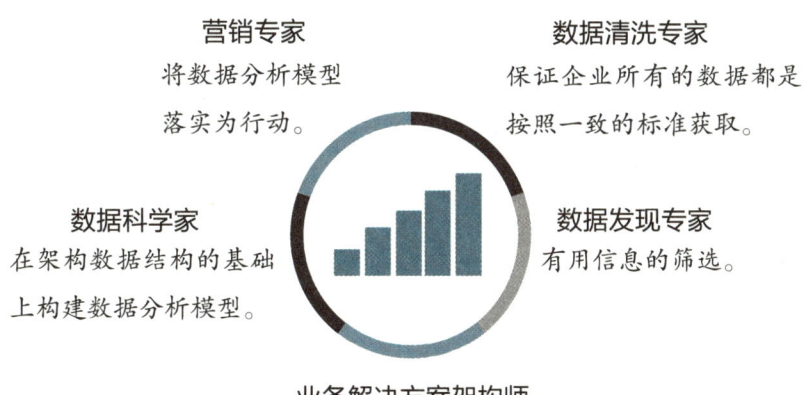

营销专家
将数据分析模型落实为行动。

数据清洗专家
保证企业所有的数据都是按照一致的标准获取。

数据科学家
在架构数据结构的基础上构建数据分析模型。

数据发现专家
有用信息的筛选。

业务解决方案架构师
将筛选后的数据进行整合,进而架构出易于被使用者访问、能在需要的时间出现在该出现的位置上的数据结构。

图 3-2 大数据团队的五种角色

第 2 节 实现信息价值的最大化

信息爆炸的时代,掌握一条信息不是什么难事。困难的是,当你与一万人同时获取一条信息时,你能不能通过敏锐的洞察力提取出与他人不同的独特见解。如果你的见解和9000人的想法都一致,那你的洞察则毫无价值,你掌握的信息自然也不具备价值。

只有原创与特有的洞察,才能使信息的价值实现最大化,进而提高工作的进度和效能。

麦肯锡擅长在各种各样的热点中"洞察"信息。所谓"洞察",就是提取出信息中的核心内容。

假设某手机品牌想要开发一款新产品,对消费者需求进行了调研。调研结果显示,消费者选购手机时十分注重"品牌""配置""价格""外观""品质""功能"等维度。其中,消费者最关注的是外观,其次是品牌、品质和功能。而在功能方面,消费者最关注拍照功能。这些都是人人都能获取的表层信息,如果不能提取出独特的内容,开发出的产品自然没有优势可言。

正确而独特的洞察不是件容易的事情,我们很容易在分析信息时,草率地得出肤浅的洞察。

我们应该怎么做,才能具备不同于常人的洞察力呢?尝试从多方面考虑同一条信息,进而得出不一样的线索。例如,同一条信息,对于老板、同事、消费者、自己来说,分别有什么不同的价值呢?能从中得出什么不同的结论呢?

就像这样,尝试从不同的角度、不同的立场思考问题,训练自己的洞察力。

前面说到消费者购买手机很看重外观以及拍照功能,如果得出"新手机要美观、拍照功能要强大"的结论,这样的洞察则毫无价值。既然想要做出正确的洞察,就要从不同角度看问题。我们可以对竞争对手的动向进行调查分析,研究不同品牌新产品的配置、功能、外观、市场反馈,等等。再对本公司的优势产品各方面进行全面洞察,然后将洞察出的各种信息有效整合,得出自己的见解,架构出"课题内容是什么""为了解决课题应该怎么做""课题具有哪些潜在风险"等一系列假说。

对于假说,还需明确一点:不要对自己别出心裁的假说深信不疑,不是极其细致的洞察所得出的假设，未必是问题的最终答案，还需对其重要部分进行验证。

第3节　锁定数据的"高频模块"

在具体落实的层面，数据的收集不容忽视。数据是解决问题中重要的一环，数据收集也是麦肯锡咨询顾问最为重要的咨询技能之一。在建立初始假设并确定验证该假设需要进行的分析后，就要收集分析所需的数据了。

数据有多重要呢？

数据是分析过程中证明或证伪假设的工具；数据是使解决问题的人得出假设正确的有效结论；数据是报告和最终汇报的基础。

数据是不是越多越好？

当前网络上有大量的数据，数据的获取已不再是问题，各个领域都不缺少数据。我们已经被数据淹没了，而且这些数据还非常详细，包括大量复杂的科学数据。

在数据收集的过程中，信息量太大更像一个麻烦，在这些海量的信息中找到与当前问题相关的数据似乎有些困难。

数据不是越多越好，质量胜于数量。你并不需要获取尽可能多的数据，而是仅需要锁定数据的"高频模块"，获取有用的那一部分数据就好，不必花费精力也没那么多时间去掌握所有的信息。

如何找到数据的"高频模块"，从麦壳里挑选出麦子呢？

所谓"信息的高频模块"，即关键性数据和信息，"锁定数据的高频模块""从麦壳里挑选出麦子"，就是剔除无用信息；筛选出确实能证实或证伪假设的关键性数据，总结出这些数据告诉了我们什么。

以下规则，可以帮助我们剔除多余的信息，锁定高频模块，提高数据收集的效率以及有效性。

第一，通过"示意幻灯片"呈现必要数据，在问题解决的早期捕获想法。

"示意幻灯片"就是一个草拟的幻灯片，也可以称其为"草图"。幻灯片包括置于顶部的标题、数据的标题以及数据三部分。其中顶部的标题是最重要的部分，需要超强的提炼能力。例如，当顶部标题是"产品的销售额不断下降"时，我们就会知道需要什么方面的数据。但数据标题只是依据顶部标题得出的猜测，并不能完全确定接下来幻灯片要出现的数据，如关于"2015~2020年产品的销售额"的数据，只是用来验证假设。

项目进行过程中会出现很多变化，幻灯片的标题自然也会根据项目的变化而变化，所以对标题的思考要贯穿整个过程。

解决问题不是一蹴而就的，而是一个复杂反复的过程。在彻底完成数据收集与分析前，很多人不愿意花时间绘制草图，没有将自己的想法进行随时记录。很多项目组甚至在最终案例完成并画出图表时，也只是对数据进行了收集、分析、再收集、再分析，没有绘制草图。这样图表中的数据缺乏说服力，还有很大的可能会遗漏关键性数据。而如果绘制草图的话，这些问题都不复存在。在麦肯锡，"一天绘制一张图表"早已成为一个习惯，他们懂得随时记录想法的重要性。

第二，相比第三方数据，访谈更利于问题解决。大多数知识其实储存在人脑中，却并未被汇编成文件。相比第三方数据，访谈更有利于问题解决。

第三，关键性的第三方数据。我们的目标是剔除多余的信息，收集最关键、最有说服力的关键数据。在尚未明确关键问题前，着手收集的大量数据，可能与核心问题毫不相关。

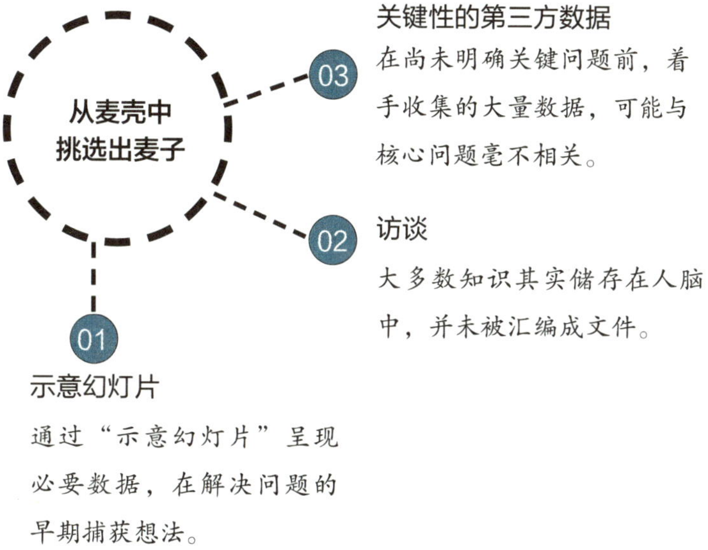

关键性的第三方数据

在尚未明确关键问题前，着手收集的大量数据，可能与核心问题毫不相关。

从麦壳中挑选出麦子

03

02 访谈

大多数知识其实储存在人脑中，并未被汇编成文件。

01 示意幻灯片

通过"示意幻灯片"呈现必要数据，在解决问题的早期捕获想法。

图 3-3　剔除无用信息，筛选出关键性数据

麦肯锡标准绘图模板中，要求必须在左下角填写资料及信息来源。收集的数据做好来源记录，这对数据的可信度、真实性以及可追溯性都很重要。

我们需要理解数据、思考数据的意义，同时还要具备丰富的想象力，能够把这些信息连接成有机的整体。

数据分析比数据的收集和整理要难得多。如果通过分析，证实了你的假设，就可以采取相应的行动；如果通过分析，证伪了你的假设，就需要重新设立与数据相符的初始假设，需要再次进行分析。

首先，我们需要弄清数据的含义，这也是信息收集的过程中，最困难的一环。毕竟，数据本身并不会说话，庞大的电子数据表和三维动画饼形图本身并没有特别的意义，有意义的是数据产生的价值以及根据这些数据将要采取怎样的行动。

咨询并不仅仅是研究和分析，而是经过研究、分析，最后提出见解，麦肯锡非常重视见解的提出。客户付费购买的不是花哨的文件和精美的幻灯片，而是获得能够使企业增值的建议。

第4节 联想法：从现有的信息中，解读对未来的影响

一件事情的发生可能对其他人产生意想不到的影响。日本有这样一句谚语"刮大风，木桶店就赚钱"，刮大风和木桶店看似没有关联，但这其实是一个有趣的连锁反应，把过去日本的生活的一角，展现在人们的面前。

关于这句谚语，原文是这么说的："刮大风，就扬起灰尘；灰尘进入眼睛，就让人眯起眼睛；眯起眼睛的人弹三弦琴，所以三弦琴上的猫皮需求量就增加，猫就减少了；猫少了，老鼠就增加了；老鼠把木桶咬坏，木桶店因此买卖兴隆。"

这种思考方式可以被称为"风起时，木桶人的获利方式"。麦肯锡擅长应用这种思考模式解决问题，它不是只着眼于解决眼前的问题，而是开启了意外联想的开关，通过对现在的某种信息，解读出对未来的影响。如果一味着眼于眼前的信息，那风吹过，也许只能联想到"好冷"这样的结果。

处理信息应该是通过使用现在的信息，从而完成自己希望达成的目标。关键在于"希望怎样"，而不是"会怎样"。比如希望未来能够提高行李箱的销量，那么风吹过说明天气会变冷，人们很可能会去温暖的地方旅行，行李箱的销量就很有可能提高。

脱离眼前的问题，转向未来的目标，在风吹过来的时候，开启意外联想的开关，解读出乎意料的故事。这种方式，才有可能带来具有冲击力的信息。

联想法确实是信息收集过程中不可缺少的一个环节，除此之外，信息的收集也是有顺序的。高效的信息收集流程，对解决问题具有至关重要的作用，麦肯锡就有这样一套收集信息的基本流程。

第一，明确信息收集的目的与背景。明确目的与背景，才能够真正提出有建设性的建议，也避免浪费时间以及出现一些方向性的错误。在这个过程中，

我们需要注意以下三个问题。

（1）把收集数据和信息的目的列出来。

（2）规划收集信息所用的时间。

（3）明确收集的信息是用于公司内部汇报还是客户汇报。

第二，列出一些关键点，信息收集就会更高效、详细。

第三，明确信息的具体来源，判断所需的信息和数据可能会出现在哪些资料中。

第四，收集信息的过程中，要先把握整体，掌握了整体状况，才不至于出现细节的失误。

第五，从细节之处收集数据和信息，从信息中获取并洞察内涵。

第六，建立属于自己的假说。

第七，研究、验证该假说。

第八，输出自己的判断。

想要获取准确的数据，使用合理的寻找数据的方法很重要。获取数据的方法有很多，麦肯锡常用的主要有以下四种。

一、访谈

访谈是管理咨询获取信息常用的一种方法，通过与客户团队的接触谈话，能够获取团队关键性的主观问题，被访谈的人也会有参与感，感觉为项目做了贡献。

访谈是一件耗费时间的事情，需要巧妙周全的构建，访谈之前要做好充分的准备，包括材料准备、思想准备，等等。

二、远程询问

所谓远程询问，包括网页调查问卷、电子邮件问卷以及电话询问等方式。这种信息获取方式比较方便快捷，相对访谈涉及范围也比较广，也可以有针对性地进行询问。

三、网络

在网络上搜索，例如政府机关网站、专业学术网站、专业论坛、在线图书馆，等等，可以在最短的时间内，利用手机、电脑或其他电子设备快速获取最新知识和信息。另外，在网络上，几乎可以找到所有问题的答案。

通常，在网络上搜索一个问题会获得不同版本的答案，这时候就需要我们自行思考、判断以及选择，不能不加分辨地盲目采用信息。也就是说，利用网络获取信息的过程，不仅是直接获得答案的过程，还是一个思考、判断和选择的过程。在这个过程中，可以锻炼我们的思维能力、判断能力和选择能力，而且在不断获取信息的过程中，通过搜索不同的问题，我们的知识领域也能不断得到拓展。

四、去现场

提到获取信息，通常都会想到书籍、报纸、网络等媒体信息，但是这类信息都属于经过加工处理的二手信息，多少会有遗漏或者有意夸张的部分，甚至也有可能信息本身就是错误的。依据这些二手信息制订的战略，结果有很大的可能性并不可靠，所以必要的实地考察很有必要。

在麦肯锡，为了获取信息或数据，调查一定会参照原始资料，到现场充分确认。亲自前往信息发生的现场，将获得的原始资料与调查数据相结合，建立假说并加以验证，在很大程度上可以创造出预料之外的价值。

访谈
通过与客户团队的接触谈话，获取团队关键性的主观问题。

去现场
在麦肯锡，为了获取信息或数据，调查一定会参照原始资料，到现场充分确认。

远程询问
相对访谈涉及范围较广。

网络
在网络上，几乎可以找到所有问题的答案。

图 3-4　获取数据

建议大家在获取信息时不要抱着这样的想法："这部分应该可以获得数据""更可能获得哪种数据"，等等。而要以"想获得什么""从课题开始"的思路为起点，并加强数据搜索的方式。以上四种方式的成本和效果存在差异，需要进行认真对比、分析，根据实际情况选择适合项目的方法。有的方法可能不适合这个项目，但在另一个项目中可以发挥重大作用。

第5节　情景分析！预想最可能发生的事情

麦肯锡曾经服务过一家电力公司，该公司聘请麦肯锡对公司要收购的目标进行评估。项目开始后的数周，通过与该公司高层管理人员的数次交谈，麦肯锡发现该公司没有必要立即收购其他电厂，当务之急应该是停止两家新电厂的建设。因为这两家电厂可能会使电力公司组合失调，导致电力公司的产能过剩。这不仅十分危险，而且与公司的战略相左。

在这个案例中，麦肯锡就是利用情景分析，预想了可能发生的事情，解决了客户真正的问题。"情景"就是描绘一个环境，该环境中存在着亟待解决的问题，让我们更好地应对无法掌控的风险因素。以下是对情景分析进行的要点分析。

第一，"情景"就是和未来相关的故事。简单来说，就是想象情景的未来蓝图，情景中会表现出风险因素之间的关系，并说明各种关系在未来将产生怎样的变化，再一起设想未发生的事情。

一般而言，情景分析由三到四个脚本构成，这表示风险因素之间的关系通常是多样的。从脚本数量来看，传统的情景预测分析则是单一脚本分析。每套脚本的性质最好不同，脚本的内容要有一定的论据，否则未来的蓝图将会脱离现实，情景分析并非撰写科幻小说。

第二，情景分析，也可说是环境状况的风险分析。以企业的事业策略为例，进行情景分析时，必须经常预测产品和服务的需求。虽然宣传、推广可以唤起消费者某种程度的需求，但仍然难以完全掌握最终的需求状况。所以，所谓的"情景分析"，也可以说是环境状况的风险分析（这里所说的环境因素，是指当事者无法掌控的因素）。举例来说，某公司内部分为制造和销售两个部门，负责解决问题的当事者属于制造部门，而他要满足的需求是销售部门的销售业绩。那么，这是当事者无法掌控的状况。因此，即使属于同公司的团队内部，对于身处在制造部门的当事者而言，这个问题也应该列为环境因素之一。

第三，根据情景分析制订出多种"脚本"，以更全面地认识状况。情景分析，是现在对未来可能发生的环境状况达成共识，然后将共识渗透进团队内部，着重于掌握脚本的拟定过程。即使无法准确预测未来，预测者与决策者之间的角色也不会那么泾渭分明。重点在于，所有的人对于未来可能发生的状况达成共识。每一种脚本发生的几率各有不同，但是都有可能发生。

第四，敏感度分析不是情景分析。敏感度分析，是传统环境预测分析的一大特征。敏感度分析的方法是通过上下变动来控制环境的个别因素，并观察其变化。例如，调查"当需求降低5%，实施A投资方案时，利润会下降多少？"敏感度分析完全是根据需求，将风险因素当作独立的变量来进行操作。

相对地，情景分析是考虑多个风险因素之间的关联性之后，再进行操作。

敏感度分析认为：先只调整风险因素A的变量，看看利润会产生什么变化。

情景分析会考虑：风险因素A可能是B的原因。因此，当A发生的时候，可能会产生B。换句话说，必须将A和B当作同一组变量来看待。

第五，情景分析能提高对应速度。情景分析可以将不确定性带入解决问题的过程中。其实，情景分析还有另一个优点：事先以故事的形式，将环境可能发生的变化考虑在内，因此即使环境发生变化，但因为团队内部已经做好信息共享，所以能够迅速做出应对。

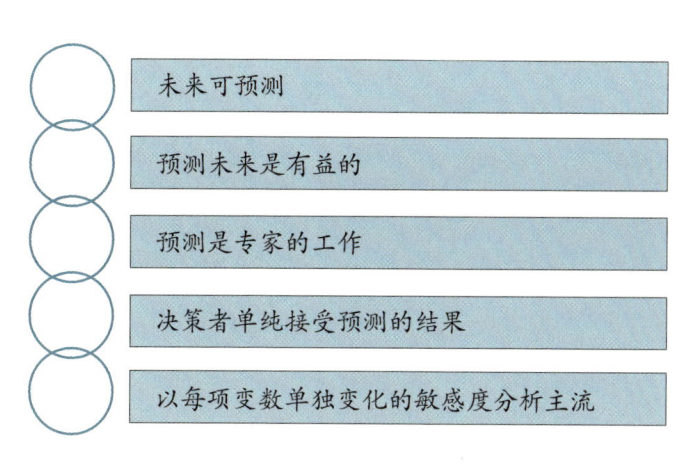

- 未来可预测
- 预测未来是有益的
- 预测是专家的工作
- 决策者单纯接受预测的结果
- 以每项变数单独变化的敏感度分析主流

图3-5 环境预测分析

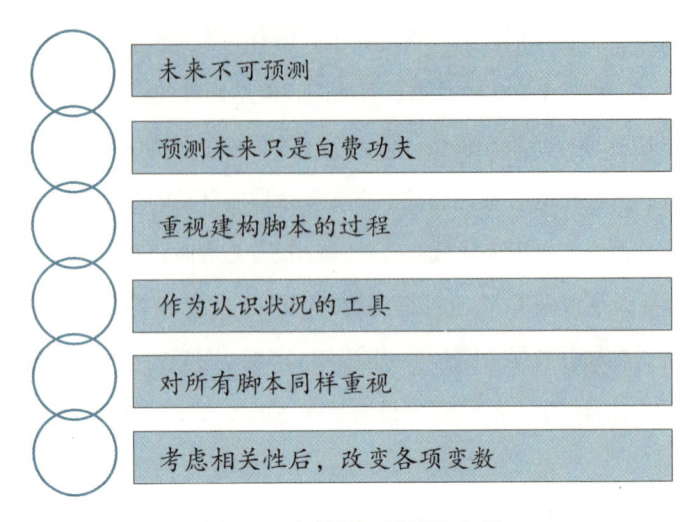

```
○ 未来不可预测
○ 预测未来只是白费功夫
○ 重视建构脚本的过程
○ 作为认识状况的工具
○ 对所有脚本同样重视
○ 考虑相关性后，改变各项变数
```

图 3-6　多种脚本的情景分析

第6节　分析工具篇：活用现成的架构，直达"分析"的本质

分析，就是把事物进行拆解，并思考拆解后各个部分间的相互关系。MECE，正是最能体现分析本质的思考方法。

MECE原则，是麦肯锡必备的一条基本准则，新员工加入麦肯锡后都会被深入灌输MECE思想。提到解决问题的方法，最先想到的一定是"MECE、MECE、MECE"。

MECE是"Mutually Exclusive，Collectively Exhaustive"的首字母缩写，意思是"相互独立，完全穷尽"，就是将问题细分为各不相同、互不重叠的子问题，思考各个组成部分之间的联系，从结构上去把握整体。这要求我们不仅能将问题拆解，还能将所有的要素完整还原，做到不重复、不遗漏。

相互独立，即保持各个部分之间的独立性。例如，我们把人分成"男人"和"女人"，这就符合MECE原则，两个部分相互独立，不重叠、无遗漏。但还有一种情况，如果我们把人分为"未婚人士"和"已婚人士"，虽然相互独立，没有重叠，但是有遗漏，因为还会包括"丧偶人士"和"离异人士"。完全穷尽，即所有部分必须完全列出，没有遗漏。例如，我们把人分成"成年人"和"男人"，这样在划分上就出现了遗漏，则不符合MECE原则。

以年龄层为例，运用MECE，使年龄层更容易分类，实现没有遗漏和重复的状态。

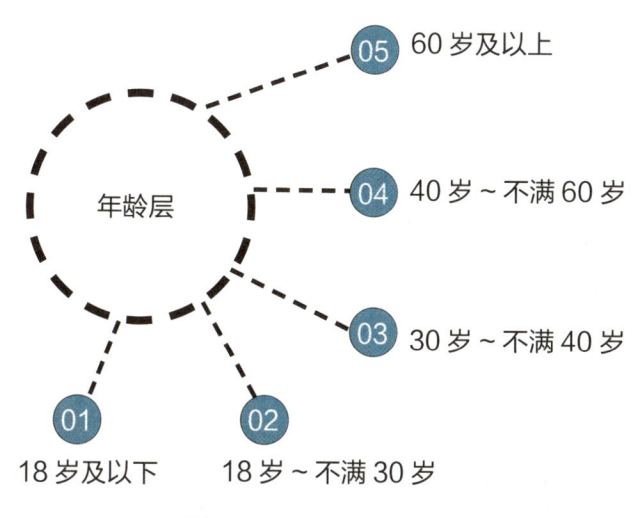

图 3-7　运用 MECE，分类年龄层

好的架构大多符合MECE原则，MECE的三种架构，可以大幅提高我们的分析力。

将分析对象进行区分，以符合MECE原则，帮助理解分析对象的结构。项目可以分为有助于结构性理解的MECE架构、进行市场策略思考的"3C"、探讨团队策略的"7S"、适用于业务分析的"五力"、拟定营销策略的"4P"，等等。

MECE 分析法的运用：MECE 架构

麦肯锡咨询顾问根据MECE分析法，可以找到所有影响预期效益或者项目目标的问题，进而提出相应的解决方案。再将问题或解决方案进行排序和分析，最终找到最令人满意的解决方案。

MECE分析法的运用，从问题解决方案的最高层开始。在确立主要问题的基础上，层层递进逐级分解，找出所有待解决问题的疑点，列出问题的构成清单，等到确定了这些要点后，再对它们进行仔细研究。比如，检查每个问题是否独立，是否完全穷尽。

我们以麦肯锡的一个项目为例，讲解MECE分析法是如何进行具体操作的。假如麦肯锡收到客户"提高饰品销售额"的要求，团队经过仔细调查，列出以下增加销售额的方法清单（一份好的麦肯锡问题清单，一级标题的数量不会少于两个，也不会多于五个，三个一级标题为最佳）。

- 改变"零售商销售饰品"的方式；
- 改善向消费者推广饰品的方式；
- 降低饰品的单位成本。

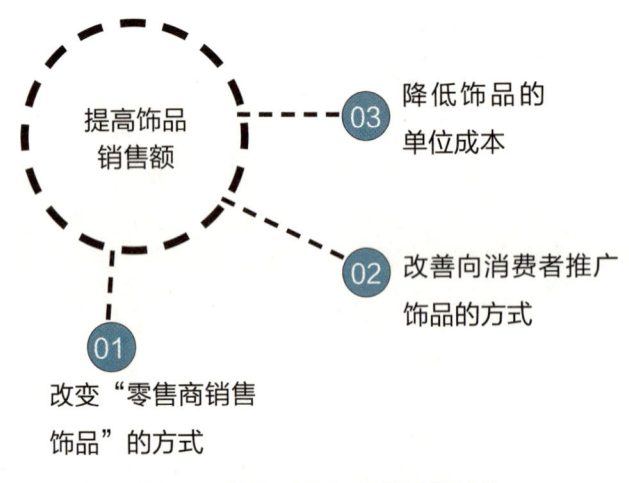

图 3-8　运用 MECE，列出方法清单

这张清单看起来具有普遍性，需要对细节展开讨论。确认它是不是独立的，即相互有无交叉；是否囊括了一切与问题相关的条目，也就是是否完全穷尽。

如果想增加一条"对饰品进行业务流程再造"，这无疑是一个重要问题，但如果与这三个问题并行会引起重叠，清单就不再符合MECE原则了。因为它和"利用我们的分销系统"以及"改进我们的库存管理"一样，都是降低饰品单位成本的方法，可以一起并入"降低饰品的单位成本"这标题的子问题列表中。

所以当有新的提议时，并不意味着就应该重新设计清单，而应该完善清单。例如，"提高饰品的质量"就可以放到"改善向消费者推广饰品的方式"标题下。

经过改善的清单是这样的：

- 改变"零售商销售饰品"的方式；
- 改善向消费者推广饰品的方式，包括提高饰品的质量；
- 降低饰品的单位成本，包括对饰品进行业务流程再造。

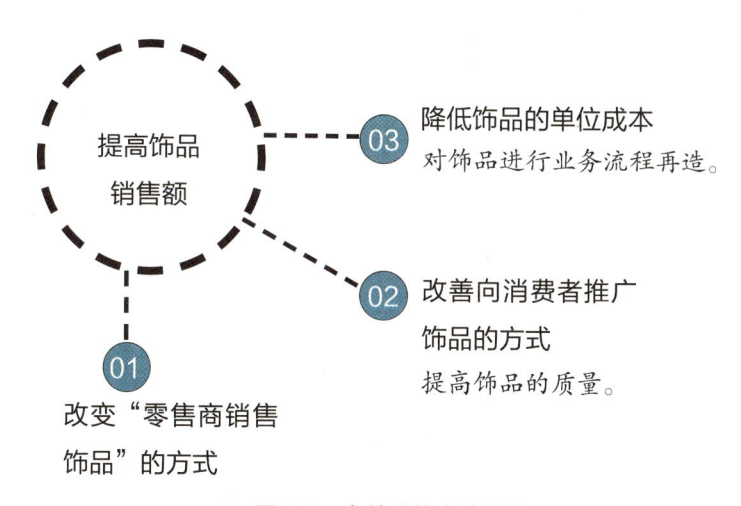

图 3-9　完善后的方法清单

进行市场策略思考的"3C"

在探讨市场策略等方面问题时，麦肯锡往往采用自创的3C框架，3C框架可以帮助我们进行策略思考。所谓"3C"，就是"Customer（顾客）""Competitor（竞争对手）""Company（公司）"这三个以字母C开头的英文首字母，这三个主题分别是：分析顾客和市场、分析竞争对手、分析自己的公司。

图 3-10 "3C"框架包含的因素

应用3C进行市场策略思考时，以下三方面需要注意。

首先，分析初期分析重心应为搜集事实。分析初期，也就是发现问题阶段，分析重心应为搜索事实。要搜索的事实包括自己公司以及竞争对手的成本结构、渠道状况、市场占有率的变化、营业额和利润的变化以及近期采取的策略等基本信息。然后进行探讨和总结，分析出自己公司与竞争对手的强项和弱项。

其次，宏观信息和微观信息都要重视。在市场分析中，宏观观察市场的整体规模以及成长趋势很重要，但同时微观信息更是必不可少。例如公司锁定哪个市场区块的顾客层，他们的规模、变化、喜好以及需求的动向都是什么，等等。这些信息同样是重要的分析项目。

最后，解决问题后半段，统合三个C。解决问题初期，三个C需要当作个别项目分别进行分析，再发现问题。但到了解决问题后期，即需要制订策略的时候，必须统合三个C，设计出一个整合各个项目的解决方案，也就是解决方案要注重各个项目之间的关联性。例如，"活用本公司的技术强项，把焦点锁定在其他公司不太注重的顾客需求上，推出新产品"这样的解决方案。

探讨团队策略的"7S"

在公司发展战略与市场发生变化的情况下，团队结构也会发生改变，为了解决团队的问题，需要用到麦肯锡制订的"7S"分析架构。"7S"架构将团队还原成以下七个以S开头的要素，这些要素可以分为"硬件"和"软件"两个部分。在解决团队问题的过程中，有时候虽然更新了硬件部分，却没有改变软件要素，这样在本质上还是没能发生改变，"7S"架构可以避免这种情况。

硬件部分包括 Strategy（公司策略）、Structure（团队结构）、System（公司体系）。

Strategy（公司策略）：定位公司方向性的活动以及活动计划。例如，开拓新市场、增加占有率、开发新产品、降低成本，等等。最理想的情况是组建最适合的团队以实施某项策略。但实际上，通常是迁就既有的团队，然后制订合适的策略。

Structure（团队结构）：这是可用团队结构来表现的团队形态。以人体作比喻，这就是骨架。提到团队时，人们经常会联想到团队结构。当然，团队的结构非常重要，但是分析团队时只分析结构，并不符合MECE原则。

System（公司体系）：对团队结构以及管理体制、团队任务划分等进行团队管理。以人体作比喻，这就是神经，包括信息传达系统、评价系统、决策系统，等等。

软件部分包括 Style（公司文化）、Skill（团队具备的优势）、Shared Value（团队共同的价值观）、Staff（职员—人才）。

Style（公司文化）：企业经营深植于公司文化当中，包括经营方式是由下而上或是由上而下，公司风气是革新还是保守，以及那些潜藏的企业文化和传统。这个要素是经过历史熏陶培育出来的，非常难以改变。

Skill（团队具备的优势）：指团队具备的知识、技能、开发能力、影响力、经营能力以及服务，等等。这是团队的核心竞争力。

Shared Value（团队共同的价值观）：指团队共同的目标、理想、使命以及开展事业活动依据的价值观等，通常会借此来表达团队存在的理由，亦或提供给顾客什么样的便利性等。

Staff（职员—人才）：指团队成员拥有的能力、技术、知识、经历、资质等。

通过对团队七要素的分析，可以有效率地发现团队的问题，也适用于调查其他目标公司团队，还适用于转变职业以及求职活动。依据"7S"制订具体的计划，可以描绘出整体的团队策略。

图 3-11 "7S"架构包含的因素

业务分析的"五力"

所有的企业都面临着竞争，一般的业务分析普遍关注业务内的竞争，而"五力分析"将影响业务的力量分为五个要素，除了关注业务内的竞争还分析了其他力量的作用，并关注各个要素在力量上的变化，以此预测未来可能产生的竞争状况。"五力分析"由美国经济学家迈克尔·波特提出，是麦肯锡进行业务分析的必备工具，被广泛应用在发现问题、设定课题、制订解决方案等方面。"五力分析"框架包含五点。

第一点，同行业的产业竞争。在有限的市场里，通过价格战、产品差异化竞争等手段，争夺市场份额。

第二点，潜在竞争者的威胁。企业会受到新加入者的威胁。新加入的企业越多，潜在竞争者的数量越多，威胁也就越大。

第三点，替代品的竞争。替代品包括产品或服务，如果更优质的替代品出现，既有产品或服务的吸引力就会下降，除非投入更有吸引力的产品或服务，否则既有的市场份额就会被替代品抢占。比如，CD替代了唱片，而CD又被硬盘播放器取代。

第四点，供货商的议价能力。供货商对市场的垄断力度越大，产品越稀有，提高产品价格的能力越强，买方越处于劣势。比如，在CPU领域，英特尔就拥有极高的市场占有率，是不折不扣的行业龙头。

第五点，购买者的议价能力。面对同样的产品，购买者毫无疑问会选择便宜的一方。

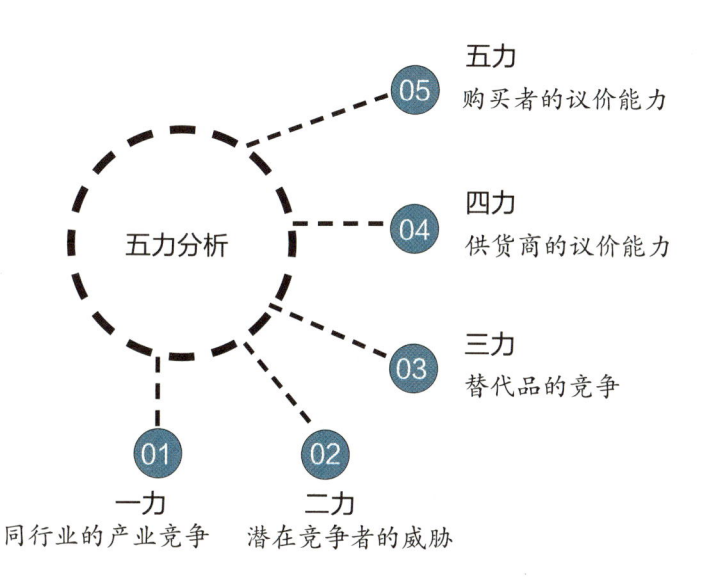

图 3-12 "五力"分析包含因素

拟定营销策略的"4P"

企业在解决问题时，往往会涉及关于营销的课题，4P架构正是麦肯锡进行营销分析时一定会用到重要工具。4P是典型的MECE架构，可以在营销的课题上达到不遗漏、不重复的效果。

4P将营销策略分为四个以P为开头的项目。

Product（产品策略）：产品策略，是营销的原点，指的是公司贩卖哪种产品或服务给客户，也就是锁定产品。关于产品策略，需要从顾客的角度审视自己的产品或服务，公司制造的产品或服务能够提供哪种价值给顾客。

Price（价格策略）：所谓价格策略，就是设定符合产品价值的价格。设定价格不是简单地将成本加上利润，价格要与竞争的产品或服务取得平衡，还要考虑消费者的想法，因为产品或服务到底是贵还是便宜，最终还是消费者说了算。

Promotion（促销策略）：所谓促销策略，是一种通过推销、广告、公共关系和营销推广等各种促销手段，向消费者传递产品或服务信息，促进产品或服务销售的策略和方法。即使产品或服务符合顾客需求，价格也符合价值，但如果顾客不知道相关信息，还是无法销售出去。

Place（渠道策略）：渠道策略是整个营销系统中的重要组成部分，指包含店铺在内的物流战略。企业营销渠道的选择会直接影响其他的营销决策，对降低企业成本和提高企业竞争力更是意义重大。无论产品或服务多么物有所值，如果不能送达到消费者手中，让消费者有"我很想要，但不知道要去哪里买"的困扰，这是很大的问题，必须让消费者可以轻松购买到产品或服务。

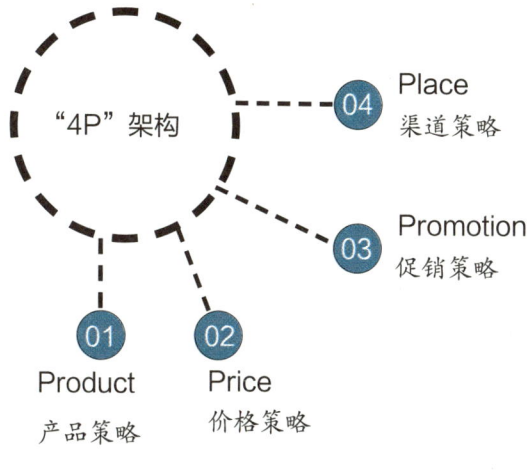

图 3-13 "4P"架构包含的因素

在发现问题和设置课题的阶段，可以比较自己公司和竞争对手的4P，或是从顾客的角度来分析4P；制订最终解决方案时，也可以应用4P架构，比如，"将X产品设定为A价格，以B的推广组合来宣传，并在C流通网络中销售"。

用流程的概念掌握MECE的项目，帮助理解分析的过程。例如，把握整体流程的"商务系统"、归纳消费者决策流程的"AIDMA"模型，等等。

以消费决策流程——"AIDMA"为例。用以MECE的架构，AIDMA可以显示顾客从知道产品到进行消费的整个流程，是麦肯锡常用的一套工具。从这个流程中，我们可以了解到消费者所呈现的心理状态与消费行动之间的联系。

根据AIDMA理论，消费者从接触到信息到最后达成购买，会经历五个阶段。

Attention（吸引注意）：传递产品或服务的信息。例如花哨的名片、提包上的广告词，等等。

Interest（兴趣、关心）：了解到产品的存在之后，还要让消费者对产品或服务产生兴趣。可以使用精彩的产品目录、有关产品的新闻简报、宣传屏幕，等等。

Desire（唤起欲望）：激发消费者使用产品或服务的欲望。比如，茶叶推销员要随时准备茶具，为顾客沏上一杯香气扑鼻的浓茶，顾客品尝到茶香，就会产生购买欲。

Memory/Motivate（记忆/动机）：让消费者记住产品或服务，进而产生购买的可能。

Action（购买行动）：产生实际行动，购买产品或服务。

在AIDMA初期吸引消费者注意力的阶段，可以运用宣传广告；在消费者快要采取购买行动时，可以增加销售人员。

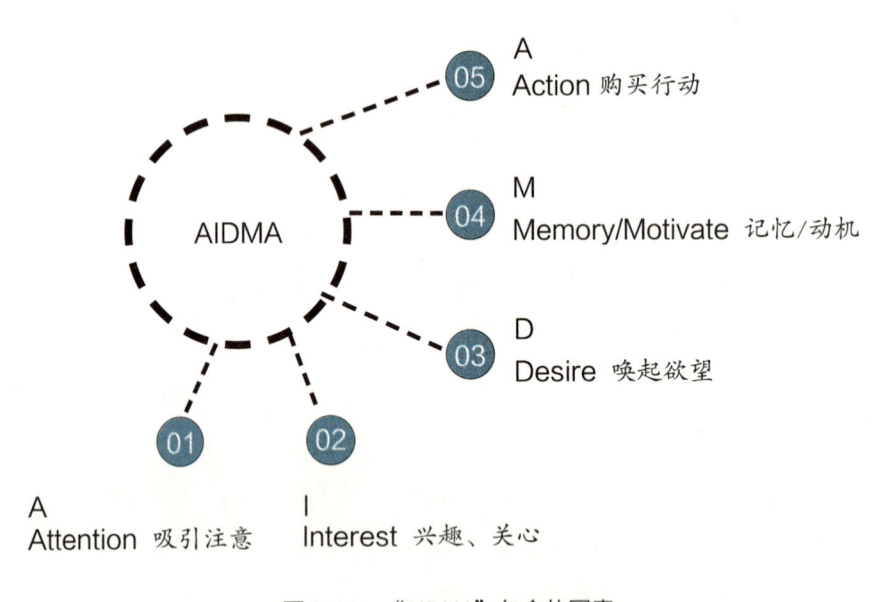

图3-14 "AIDMA"包含的因素

第三，使用横轴和纵轴建构的"矩阵"整理事物，帮助分析者结构性的理解。例如，思考事业组合的"PPM矩阵"、协助职业生涯规划的"职业生涯矩阵"，等等。这里就不再一一举例。

第四章　思维为锚
——迈向未知的无限

在职场中，我们总会遇到各种各样的问题，但通常大多数人都不具备解决问题的思路。思路决定出路，没有思路，也就没有出路。

要在新的世界中拓展事业，必须将旧有的思考路径切换到新的思考路径上。

——原麦肯锡亚洲太平洋地区董事长　大前研一

第1节　有效升级你的思维尺度

孩子在念书时，父母经常告诉孩子"如果成绩进步，就会有奖励"，这无异于让孩子养成没有奖励就不愿思考与努力的习惯。另一方面，为了考试而读书，一考完试什么都忘了。学校教的一部分知识，都是有标准答案的，因此孩子们没有接受过系统的思考训练。

不思考就寻找答案等同于在参考书上找答案，不会自我思考的人不可能有进步。懒惰是人类的本性，思考的质量，让你比别人优秀十倍。

比别人多花两倍时间思考的人，就可以拥有十倍于别人的收入；比别人多花三倍时间思考的人，就能比别人多赚百倍的利润。并不是每个人都追求高于别人百倍的收入，每个人的人生追求不同。但是在这里想提醒大家，不管选择什么样的人生，懒于求知的人将很难有生存的空间。人与人最大的差距，不在贫富，而在思维尺度的差距。

当今社会，充满了冒险与挑战。要想安然度过这个激变的时代，有效升级你的思维尺度，实现快速精进，必须从根本上改变既有的思维模式。

一、思考，比判断的地位更高

工作中，每天都会面临各种各样的选择和判断，我们需要懂得如何在合适的时间做出合适的判断，这非常关键，判断对工作成功与否有很大的影响。但在某种程度上，思考比判断的地位更高。思考，可以决定判断的质量，提高判断的精确度。

在商务领域，往往要求我们在有限的时间做出相应的决断，这就要求商务人士具备在关键时刻快速做出高质量判断的能力，而这种能力有赖于不断思考的习惯。

思考，比判断的地位更高

判断对工作成功与否有很大的影响。但在某种程度上，思考比判断的地位更高。因为思考，可以决定判断的质量，提高判断的精确度。

图 4-1　思考的重要性

二、思考是为了解决问题

思考的目的不仅是为了知道"问题为什么成为问题"，最终目的是得出解决方案，进而真正地解决问题，然而很多企业和个人，对问题的思考还停留在"问题为什么产生"的阶段。这就如同当你身体不舒服时，医生说了一通你身体上的问题以及产生的原因，就是没有告诉你需要怎么做才能解决身体的不适。这就是还不具备优秀的思考能力的表现，那么如何才能具备优秀的思考能力呢？

首先，意识到自己思考能力的不足。

其次，分配一定的时间来进行思考。相比信息收集和分析，应该将更多的时间和精力放在创意和方案的提出上。

最后，汲取外界的思考养分，多与他人进行交流，共享各自的思考成果，更容易催生优秀的创意和解决方案。

思考，是为了解决问题

思考的目的不仅是为了知道"问题为什么成为问题"，最终目的是得出解决方案，进而真正地解决问题。

图 4-2　思考的目的

三、具备真正的解决问题的思考路径

思考绝非一时的想法，在职场中，我们总会遇到各种各样的问题，但是通常大多数人都不具备解决问题的思路，他们在面对这些问题时，并没有自己的思考方法，而习惯于把"一时的想法"称为解决之策。更有甚者，用这种"一时的想法"解决工作甚至是企业经营中的问题，这是非常可怕的。或许有人会反驳："这不是一时的想法，这是多少年总结出的经验，我想这么做不会有问题。"事实上这只是解决问题中的初始假设，并没有证明这个假设的论据。大多数人在提出假设的阶段，就认为已经得到结论了。而真正的成败挑战才刚登场。

在这个激变的时代，我们不能再简单地以过去成功的经验作为依据，我们必须具备真正的解决问题的思考路径。

思路决定出路，没有了思路，也就没有出路，在充满时机的当下，我们缺乏的不是技巧而是发现事物本质的动力和好奇心，缺乏怀疑一切的心态和对固有模式的颠覆。

企业和个人唯有改变既有的思考模式，放弃对过去成功经验的依赖，学习创意的思考方法，方能找到正确的经营与工作思路。

具备真正的解决问题的思考路径

思路决定出路，在充满时机的当下，我们缺乏的不是技巧而是发现事物本质的动力和好奇心，缺乏怀疑一切的心态和对固有模式的颠覆。

图 4-3　改变思考模式，找到正确的经营与工作思路

四、不接受"没想法"这种答案

麦肯锡非常擅长面对并解决未曾遇见过的问题，麦肯锡专家们从来不会有"这是第一次遇见，没有想法"这种答案。

如果问一个专家有关他擅长的专业方面的问题，他的回答是"我没有想法"，不要相信。这样的回答传递的信号是"不想有想法"，也许是他太忙，或是想逃避这类没有遇到过的问题，也可能是因为单纯的懒惰，但绝不是真的没有想法。

只要稍加探究，就会发现人们总是有想法的，问一些有针对性的问题，就会为自己掌握的知识之多而感到吃惊，结合拥有的知识和一些有根据的推测，基本上解决方案就出来了。

不接受"没想法"这种答案 《《《 思考 》》》 麦肯锡非常擅长面对并解决未曾遇见过的问题，麦肯锡专家们从来不会有"这是第一次遇见，没有想法"这种答案。只要稍加探究，就会发现人们总是有想法的。

图 4-4　多思考，找出解决方案

五、不是硬币翻面就能解决问题

在面临二选一而犹豫不决时,很多人喜欢用抛硬币解决问题。同样,有人觉得思考问题,只要把硬币翻面就能解决问题。所谓硬币翻面,就是指将硬币的正面翻为背面,十分简单,但收效甚微,无法从根本上解决问题。例如,当看到商品销售额降低时,认为只要增加促销活动就能够增加销售额,这就是从硬币的正反面思考问题。

不是硬币翻面就能解决问题。只从硬币的正反面思考问题,不深入思考问题本身,不领会问题的核心,就无法思考问题本身的意义与影响。

解决问题时不能只关注眼前,应当考虑到未来的发展方向。例如,商品销售额降低,不能拘泥于解决这款商品的问题,应该关注今后市场的长远发展。如果这款商品在市场上的作用正在逐渐减弱,应该将这款商品的经营资源完全转移至其他商品上,或者推出新的产品,这样才有利于公司形成新的利润增长点。

图4-5 深入思考,领会问题核心并解决问题

六、思考"什么是解决问题最有效的操纵杆"

可能是各种决策要达到的目标,亦可能是掌控问题的关键人物,总之,会对问题产生影响的操纵杆有很多,你需要思考哪个因素才是最关键、最有效的。因为你没办法同时拉下所有影响问题的操纵杆，那就必须先找出最有效的那一个将其拉下。

在不做任何思考，也不对众多操纵杆做任何权衡的情况下，就随意、盲目地向前推进工作，大概率对解决问题起不到促进作用，反而会白白浪费时间和精力，离最终的成功越来越远。例如，"团队工作进度缓慢，各行其是""投入大量精力于某一领域，但却没有任何成效，反而陷入更困难的境地"等情况，很有可能是因为忽略了思考什么才是解决问题最有效的操纵杆这个问题。不经思考就随意做出决策，往往会与真正的问题背道而驰。一时的懒惰，需要耗费更多的时间、精力甚至金钱才能弥补，再加上现如今竞争激烈，很有可能因此错失很多机会，被竞争对手抢占先机。

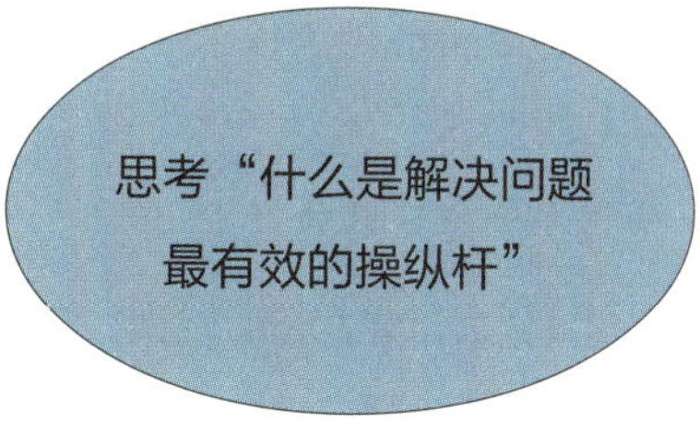

思考"什么是解决问题最有效的操纵杆"

在不做任何思考，也不对众多操纵杆做任何权衡的情况下，就开始随意、盲目地向前推进工作，大概率对解决问题起不到促进作用，反而会白白浪费时间和精力，离最终的成功越来越远。

图 4-6　思考问题最关键、最有效的因素

七、事先思考问题的"答案"

在麦肯锡，咨询顾问们经常会遇到客户的突然发问，这个时候必须要当即给出最佳"答案"。如果回复"这个问题还在商讨中、暂时还没有方案……""项目还在起步阶段，所以……"等答案，很有可能失去合作机会。

所谓的"答案"，不一定是最终的正确答案，而是在那一刻能回答出的最佳答案，也可以将其称之为"假说"，所以麦肯锡要求顾问们在项目开始之

前，就事先思考出一些稳妥的"答案"。麦肯锡非常注重对顾问们进行这方面的训练，而思考，就是帮助他构建"假说"最有效的训练工具。

事先思考问题的"答案"

在麦肯锡，咨询顾问们经常会遇到客户的突然发问，这个时候必须要当即给出最佳"答案"。如果回复"这个问题还在商讨中、暂时还没有方案……""项目还在起步阶段，所以……"等答案，很有可能失去合作机会。

图 4-7 项目开始前，事先思考问题的"答案"

八、思考的结果不一定准确

当我们针对一个问题建立假设之后，往往会出现这样的状况：固执地相信这个假设，困在这个假设中为自己设限。这源于过分相信自己思考的准确性，并被它遮住双眼，不愿意接受假设之外的答案。我们一定要认识到，思考的结果不一定准确，建立假设之后还需要通过合理的检验而对其进行验证。

这些过于坚持自己思考的人，通常都有一个共同的特点，就是很难听取别人的建议，甚至不接受反对的意见。然而思考需要开放的视野以及不断自我更新、迭代的能力，这就决定思考需要听取不同的声音、更新源源不断的信息等。当一个人过于坚持自己思考的正确性，一旦假设是错误的，就只能重新来过，这无疑会耗费过多的精力和时间。那么，怎样才能降低发生这种情况的概率呢？随时将自己的思考分享给别人，并抱着开放的心态听取不同的声音和建议，这样才能真正发挥思考的价值，提升思考的质量。

思考的结果不一定准确

当我们针对一个问题建立假设之后，往往会出现这样的状况：固执地相信这个假设，因在这个假设中为自己设限。这源于过分相信自己思考的准确性，并被它遮住双眼，不愿意接受假设之外的答案。

图 4-8　听取不同的声音和建议，发挥思考的价值，提升思考的质量

九、不干涉、不随意评判别人的思考

虽然提倡多听取他人的声音和建议，但这不意味着可以干涉或是随意评判别人的思考。共享思考成果，建立在相互尊重的前提上。而且在真正采纳别人的思考创意时，既不能丢掉自己的思考，也不能照搬他人的思考成果。

一定要保持独立思考，将对自己有所启发的思考进行反复思考后重新做出属于自己的解读。不能让自己成为一座孤岛，多种不同思想的碰撞往往能产生不一样的惊喜，仅靠一个人的力量更是难以解决全部问题。"既能够帮助他人，又能够得到他人的帮助"始终是麦肯锡奉行的准则。

不干涉、不随意评判别人的思考　虽然提倡多听取他人的声音和建议，但这不意味着可以干涉或是随意评判别人的思考。共享思考成果，建立在相互尊重的前提上。

在真正采纳别人的思考创意时，既不能丢掉自己的思考，也不能照搬他人的思考成果。

图 4-9　保持独立思考

第2节　直觉的陷阱

很多人遇到事情时，第一时间选择相信自己的直觉，甚至是错觉。反直觉思考不等于反对直觉思考，是对直觉思考进行更多的考量和判断。如果经过考量和判断，发现是正确的，那就继续进行下去；如果发现我们的直觉思考是错误的，那就不再按照这个思路进行下去。

在产品宣传方面，很多企业相信明星效应，认为抢到明星代言权的企业运气较好，具有更高的宣传优势，但经过反直觉思考后，发现明星代言背后高昂的代言费用是必然存在的，但该产品是否能在同类产品中脱颖而出，这一结果是未知的。明星代言权花落谁家，并不是决定性因素，最重要的因素其实是方案本身。必须有好的方案，再请符合企业形象的明星加以宣传，才能达到预期的结果。

有时候，我们的直觉只是一种假象，甚至是陷阱。有这样一个例子，汤姆头脑聪明、善于交际、人脉很广，经常售卖各种不同的商品，这个过程中赚到了不少钱。多次的好运让他认为，既然自己的运气这么好，可以利用这些钱做更好的项目。这时，他发现一个朋友手中有一个不错的项目，正在寻找投资者，只需少量的投资，就可以成为股东，而且可以每年分红。听起来整个项目没有任何问题。汤姆认为这是个好机会，没有多想就把钱投了进去。

没过多久，朋友告诉汤姆，项目已经开始启动，几个月后就可以获利。然而一个月后，这个朋友突然人间蒸发，怎么都联系不上，也查不到这个项目的任何信息。这时，汤姆才发现自己被骗了。

汤姆将运气作为他赚钱的根本原因和唯一标准。用自己的直觉判断商机，盲目相信自己的运气以及所谓的朋友，没有深入调查商机是否存在，是否合理，是否真的有发展，等等。

反直觉思考，可以打破我们因为直觉产生的盲目自信，能够冷静下来去思考和分析遇到的问题，找出疑点，成功地解决问题。

但不是所有的问题都需要反直觉思考，我们的许多决策，比如中午去哪里吃饭，周末去哪里玩，等等，这些决策比较直接，而且风险较低，可以尊重自己的直觉。那些会对我们的生活产生重大影响，或是对我们的事业有重要意义的事情，才需要我们进行反直觉思考。

风险越高，进行反直觉思考越有价值。因为运用反直觉思考，能够帮助我们避免受到事物表象的迷惑。通常，先对事物表现出来的特征产生质疑，然后进行深刻研究，并分析问题的本质，避免做出草率的决定。

在面对高风险的决定时，我们的每个行为都有可能触发一系列的连锁反应，其中有很多问题是我们无法预测的，不要过于相信自己的直觉。

我们会把一些错误的推理当作正确的，往往因为这些推理看起来很符合我们的直觉。

街道湿了，就是下雨了吗？我们都知道，下雨的时候，街道会湿。当我们看到一条潮湿的街道，会下意识地认为刚刚应该下雨了。然而也许只是因为水管漏水了。所以，"街道湿了，就是下雨了"这一推论是缺乏逻辑的。

我们根据经验形成的直觉只是一种错觉，在麦肯锡的逻辑中，即使我们的经验是正确的，也不能证明我们的逻辑就是合理的。

街道湿了，可能是下雨了，但是不能证明我们的逻辑是正确的，逻辑靠的不是可能性。

生活中，很多人喜欢强调经验之谈，认为凭着经验，可以无往不利。然而麦肯锡发现，人们很容易在与经验相关的事情上出现问题。

2003年美国哥伦比亚号航天飞机解体事件，就证明了经验带来的潜在危害性。过于依赖和相信以往的经验，忽略了从未发生但却一直可能存在的问题。正常情况下，按照逻辑来说，材料碎片应该被考虑进事故风险中，但是以往的成功经验，使得美国航天局的工程师们产生了一种过于乐观的直觉，忽视了一直存在的可能性。

除了这种过于乐观的直觉，还有一种莫名悲观的直觉。

工作中，我们经常听到有人说："我做这个不行，我和你说啊，我之前……"

这个逻辑成立吗？

就像那句"世界上没有无缘无故的恨，也没有无缘无故的爱"，所有事情的发生都不是无缘无故的。大多数情况下，我们依赖经验做事，但是仅凭经验得出的结论与前提之间的逻辑是不成立的，想要做出可靠的判断，就要应用逻辑的方法和技术。

在自然研究中，有一个公理：为了理解我们生活的这个世界，我们必须试图了解事件发生和不发生的条件。

事情并非只是发生了，而是只有在确定的条件下，事情才会发生。人们需要区分事件发生的充分条件和充要条件。

一个事件发生的充分条件是指：如果A能推出B，则A就是B的充分条件。例如，如果下雨了，街道会湿，所以下雨是街道湿了的充分条件。

一个事件发生的充要条件也叫充分必要条件，即：如果A能推出B，B也能推出A，那么A和B互为充要条件。例如，如果下雨了，街道会湿，但是如果街道湿了，不一定是下雨了，所以下雨和街道湿了不互为充要条件，下雨是街道湿了的充分不必要条件。

充分条件

- A 能推出 B — 下雨了，街道会湿
- B 不能推出 A — 街道湿了，不一定是下雨了

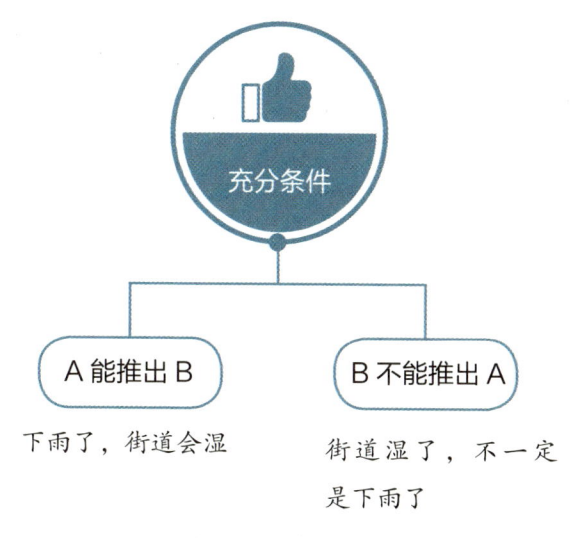

图 4-10　充分条件

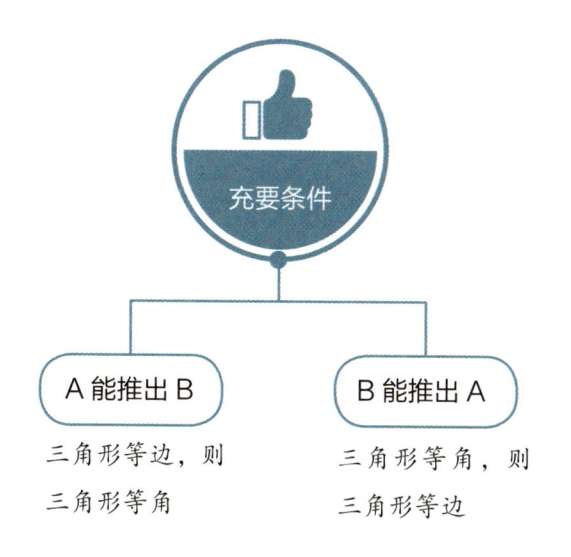

充要条件

- A 能推出 B — 三角形等边，则三角形等角
- B 能推出 A — 三角形等角，则三角形等边

图 4-11　必要条件

综上所述，在原因的充分条件下，我们能在原因中推出结果，但推论事件从结果推向原因的时候，"原因"必定是在充要条件的情况下，推论才会成立，我们不能忽略出现此结果的其他可能性。

在职场中我们会经历很多事情，并从中获得很多方面的经验，但是未经验证的经验只能作为我们工作中的参考，不能作为绝对真理。要快速解决已经产

生的问题，必须要分析出问题出在哪，原因是什么，再对症下药。

逻辑思考，就是帮助我们高效解决问题必备的思考路径，也是麦肯锡入职培训的第一课。

第3节　普通人看见树木，高手看见整片森林

大家都听过这样一个故事。

小王和小李同时在一家店铺做学徒。一段时间后，小王青云直上，小李却原地踏步。小李想不通，就问老板为什么厚此薄彼？老板于是说："小李，你现在到集市上去一趟，看看有没有土豆？"一会儿，小李回来了："只有一个摊位在卖土豆。""有多少？"老板又问。小李没有问过，于是赶紧又跑到集上，然后回来告诉老板。老板接着又问："价格呢？""您没有叫我打听价格。"小李委屈地申明。

老板又让小王去集市上。小王很快就回来了，他一口气向老板汇报了土豆的数量、价格和品质，还带了一个回来给老板看。"我觉得这么便宜的土豆一定可以赚钱，根据我们以往的销量，这些土豆大概一个星期就能全部卖掉。而且，咱们全部买下还可以再适当优惠。所以，我把那个农民也带来了，他现在正在外面等您回话呢……"

凡人见木，高手见林。高手都有着极强的逻辑思考力，不会掉进"执着"的误区。太过执着的人，过于专注一个细节。注重逻辑的人，才能看到事物的整体。而能看到事物整体的人，往往具备在工作中快速处理问题的能力。

有的执着会掺杂进个人情感，认为自己的观点才是对的，这种执着可以称为"无逻辑的执着"。个人情感太过强烈，容易对论据和事实产生错误的认识，也不符合逻辑。

有时候，执着可以得到真知、真相，但是在某种意义上，光执着而不切合实际，仅在一个狭小的范围内思考问题，对逻辑思维的培养是没有好处的。只专注于一个细节，往往会看不到整体；而有逻辑的人，可以看到事物的整体，能够做到将整体和部分结合起来。

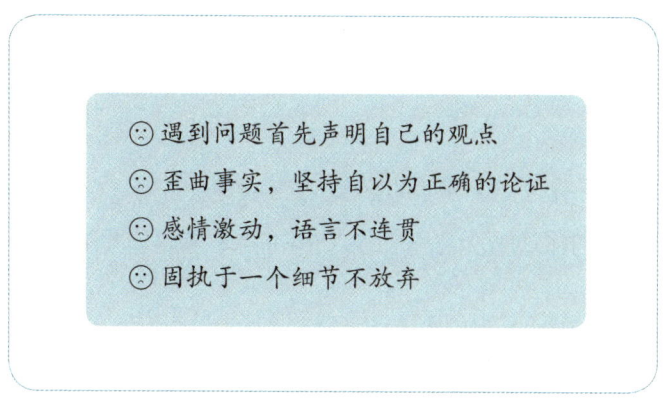

☹ 遇到问题首先声明自己的观点
☹ 歪曲事实，坚持自以为正确的论证
☹ 感情激动，语言不连贯
☹ 固执于一个细节不放弃

图 4-12 "执着"造成的误区

思考方式可以分为垂直思考和水平思考。垂直思考，就是对特定部分进行有深度的分析；水平思考，是对事物整体做浅层次的分析。

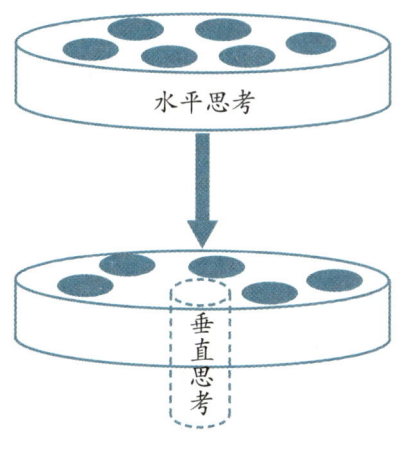

图 4-13 思考方式

不能判断垂直思考和水平思考谁更重要，只能说两者的思考顺序很重要。人们容易在遇到问题时首先进行垂直思考，但不包含水平思考的垂直思考是缺乏理性的。

所谓有逻辑的思考方式，首先要进行浅层次的水平思考，帮助我们看清楚事物的整体，对事物的重要性进行排序，然后按照事物的重要程度进行垂直思考。

如果执着于探索局部，忽略了整体，那就无法清楚自身的状况，就像在森林冒险，如果没有提前了解森林的全貌图，怎么知道哪里是山，哪里有河流，难道凭直觉吗？

如果像小鸟一样先看到事物的整体，就不会迷失方向。

水平思考使事物的整体与局部的关系明确化；垂直思考使事物的分析更加深入。

麦肯锡的经验告诉我们，在垂直思考的同时，要结合水平思考对大环境进行审视，才能解决问题。

第4节　如果A=B，B=C，那么A=C

在麦肯锡，有很多独特的思维和管理方法，但当我们研究这些思维和管理方法时会发现，麦肯锡的所有思维都有严密、高效的逻辑性。

逻辑到底是什么呢？

逻辑由推理和论证构成，在对任何事物进行推理的过程中，都要建构论证来支持我们的结论。推理是过程，论证是结果，二者相辅相成。

图 4-14　逻辑的构成

一、推理是逻辑思维的一种现象

狭义的逻辑学被定义为研究推理的科学，即研究如何从前提必然推出结论的科学。

支持我们对问题做出判断的方式可以有很多种，并非只有推理这一种。不需要深入思考的时候，我们通常依靠经验习惯，但是想要做出可靠的判断，最坚实的基础肯定是正确的推理。

推理可以定义为从一个已知的命题得出新命题的思维过程。其中已知的命题是前提，得出的新命题是结论。

例如：如果A=B，B=C，那么A=C。

所有的鸟都会飞，鸵鸟是鸟，所以鸵鸟会飞。

如果鸵鸟不会飞，但是鸵鸟是鸟，所以并非所有的鸟都会飞。

可以看出，推理论证效果可以是强的，也可以是弱的，甚至可以是不成立的。

战国中期，赵国的公孙龙曾提出了诡辩论"白马非马"。他认为，事物和概念之间都是有差别的，概念与概念之间也没有联系。他认为，"白马"既名"色"又名"形"，而"马"只名"形"，"白马"与"马"是两个不同的概念，所以它们之间没有联系，从而得出"白马不是马"的推断。

为了证明"白马非马"的命题，他还提出另一论据"求马，黄黑马皆可致；求白马，黄黑马不可致"，这自然是荒唐可笑的。

再比如，没有香蕉是草莓，所以所有的玫瑰都是花。"没有香蕉是草莓"和"所有的玫瑰都是花"，单独来看各自成立，但和"所以"这个因果连接词联系在一起，并不构成因果关系。

逻辑是一种思维方式，而推理是整个思维方式中非常重要的一环。推理也遵循逻辑的三个规律。

矛盾律：在阐述某个道理或事物的时候，不能肯定的同时又否定，也就是同一次描述中不能存在矛盾。但是当情况发生变化后，可以对同一事情有不同的看法。

同一律：在同一思维过程中，必须在同一意义上使用概念和判断，也就是在同一次描述中，所描述的有特定含义的词应指向同一事物。

排中律：在同一思维过程中，两个相互矛盾的叙述中，不能同假，必有一真，即"要么是A，要么不是A"。

逻辑是推理的思维方式，是推理的工具，所谓的思考逻辑，就是以思维理解逻辑从而推理出正确结果的过程。

图4-15 推理的三大规律

二、论证也有自己的含义

在推理的过程中，需要进行建构和评价论证，推理的过程构成了论证的核心。

论证作为一个独立词汇，有自己的含义——引用论据来证明论题真实性的论述过程，是由论据推出论题时所使用的推理形式。

和推理相比，论证更关注的是结果的正确与否，所以论证比推理有更高的精确性要求，不是所有的描述都能成为论据。比如，北京是大城市，天津也很大，上海也同样。这只是三个简单的描述，并非一个论证，因为并没有描述北京、天津和上海这三座城市大小之间的逻辑关系，没有以论据的方式进行描述，不能进行排序。

提出一个论题后，至少要用一个描述来支撑，才能体现论述的基本特点。

麦肯锡精英大都具备卓越的分析推理能力。三段论，是他们推理中常用到的一个最重要的论证方法。三段论是由三个直言命题组成的演绎论证，其中包含且仅包含三个词项,也被称为直言三段论。通常两个直言命题作为前提,一个直言命题作为结论。可以被拆分为:大前提、小前提和结论。

证明三段论的论点有六种论证方法,如下图所示。

第一,一个三段论要包含意义明确的三个项目(避免四项)。

例如,没有英雄是胆小鬼,有的士兵是胆小鬼,所以,有的士兵不是英雄。

英雄是大项,是结论的谓语;士兵是小项,是结论的主语;胆小鬼是中项,在两个前提中,都有提到,但是结论中不出现。

包含大项的前提"没有英雄是胆小鬼"就是我们的大前提,是一个一般性原则;包含小项的前提"有的士兵是胆小鬼"是我们的小前提,是一个特殊性的陈述。

在逻辑上,结论在大前提的前提下,于小前提之上得到。

结论断定了大项和小项之间的关系,所以,前提断定的必须是这两个项分别与中项的联系,结论才会是合理的。

每个有效的直言三段论必须只有三个选项,如果出现第四个词项,那么大前提和小前提之间就没有起媒介作用的词项,就不能得到正确的结论。

> 大项:结论的谓项
> 小项:结论的主项
> 中项:在两个前提中出现,在结论中不出现
> 包含大项的前提称为大前提
> 包含小项的前提称为小前提

图 4-16 标准直言三段论的组成

第二,中项至少进行一次周延(中项至少在一次前提中指代的是称类的一

切对象）。直言命题是与类相关的，即主项和谓项所指代的类，一个命题如果述及某个词项所指称的一个类的全部元素，那么我们称该项在这个命题中是周延的。

中项至少要进行一次周延，如果中项在两个前提中都没有进行周延，这样的三段论是无效的。

例如，狮子是哺乳动物，人是哺乳动物，所以狮子是人，这显然是不成立的。人和狮子都仅仅被包含在哺乳类动物的一部分中，哺乳类动物这个中项并没有起到使大项和小项发生必然联系的媒介作用，违反了"至少进行一次周延"的原则。

第三，在结论中周延的项在前提中也必须周延。有效论证的前提是能逻辑推导出结论，结论表达的内容不可能多于前提。如果项在结论中周延，在前提中没有周延，那么结论肯定超出了前提，这种逻辑错误被称为"不当周延"。例如，所有猪是动物，没有狗是猪。所以，没有狗是动物。

第四，不能有两个否定前提。如果三段论的两个前提都是否定的，那就无法告诉我们两个前提的关系到底如何。

例如，教育系的学生不是表演系的学生，汤姆不是表演系的学生，所以汤姆是教育系的学生。这个推论不是正确的，我们推论不出汤姆和教育系之间的必然关联。

第五，如果有一个前提是否定的，结论一定是否定的。例如，水果不是动物，香蕉是水果，所以香蕉不是动物。

第六，两个全称前提得出的是全称结论，是得不出特称结论的。如果一个论证的前提没有断定某种事物的存在，但是最后结论却推论出了某种事物的存在，那么结论一定是不合理的。

- 一个三段论要包含意义明确的三个项目
- 中项至少进行一次周延
- 在结论中周延的项在前提中也必须周延
- 不能有两个否定前提
- 如果有一个前提是否定的，结论一定是否定的
- 两个全称前提得出的是全称结论，是得不出特称结论的

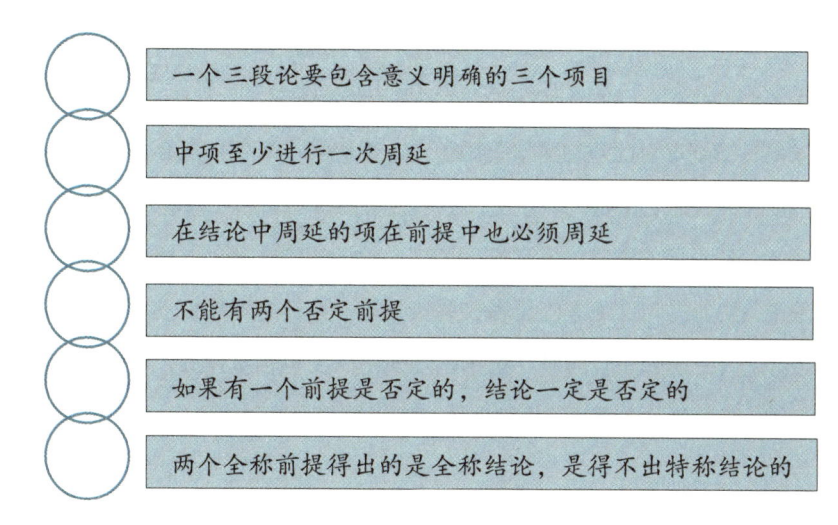

图 4-17　三段论论点的六种论证方法

上述的六种方法，只有全部具备才能成为有效的三段论。三段论在我们的工作中无处不在，了解这六种方法对我们的逻辑论证有很大的帮助。

第5节　"设计"你的理性接受度

按照麦肯锡的逻辑思维，想要提高效能，需要在做事情之前就先确认自己所做的事情是否正确。向麦肯锡寻求帮助的客户，并非完全没有工作方向和相应的解决策略，只是他们选择的方向以及做出的策略是错误的，他们对自己出现的问题没有正确的判断。

那么，如何判定我们的思维是否正确呢？理性接受度是判断逻辑思维正确与否的衡量尺度。可以从两个方面，"设计"你的理性接受度。

第一，以人的角度去看理性接受度。不同的人，理性接受度也不同。理性接受度强的人更容易看清事物的本质；理性接度弱的人容易掺杂自己的情感，冲动和情绪化更是难免的，这会在很大程度上影响他们的判断。例如，理性接受度不同的两位领导者在选择项目负责人时，会出现两种完全不同的选择。理性接受度强的人，会选择能力最适合的员工，哪怕这名员工曾经与他发生过矛

盾，他也会从全局出发，做出正确的选择；而理性接受度较弱的人，可能会因此放弃选择这名员工，而选择态度良好但能力稍弱的员工。

如果无法确定自己做的事情正确与否，不妨静下来理性地思考问题，不要在错误的道路上越走越远。

第二，从论证的角度去看理性接受度。论证的理性接受度取决于论证的逻辑关联性。当前提与结论之间逻辑关系较强时，论证的理性接受度较高；当前提与结论之间逻辑关系较弱时，论据的理性接受度也相对较低；当前提与结论之间完全没有逻辑关系时，论证自然不具有理性接受度。

图 4-18 "设计"理性接受度

我们举几个例子来进行说明。

汤姆所在的班上没有女生，所以汤姆是男生。在这个论证中，前提是"汤姆所在的班上没有女生"，得出结论"汤姆是男生"。前提与结论之间逻辑关系很强，所以理性接受度也很强。

汤姆的成绩很优秀，每次考试都是年级前100名，班上的史蒂文和小伟也是，所以推论汤姆班上的同学都是年级前100名。在这个论证中，前提与结论之间的逻辑关系较弱，前提不能推理出结论，所以理性接受度也较弱。

汤姆每次考试都是班级前三名，所以史蒂文也是。在这个论证中，前提与结论之间毫无逻辑关系，无法根据前提推论出结论，所以这个论据完全不具备理性接受度。

具备了理性接受度，才能衡量逻辑正确与否，从而发现真正的问题。

但世界上的论证，并不是所有都在理性接受范围之内，或者在某种情况下，人们的理性接受度不足以承受正在发生的事情。这个时候，就要求我们用正确的心态去看待理性接受度之外的事物。

不同的人理性接受度也不同，我们经常会遇到这种情况，我们认为很正常的一件事，其他人却很难接受。而其他人习以为常的事情，我们却难以接受。

麦肯锡将这种情况归因于理性接受度不同导致的矛盾。麦肯锡认为，假如一件事情的逻辑是正确的，只是超出了我们的理性接受度，此时要求我们要保持正确的心态，不能偏激，用平常心去面对，承认论证的正确性。

随着时代的发展和进步，理性接受度也可能发生改变。古代提倡"女子无才便是德"，如今我们看来这种逻辑相当荒谬，但在当时的社会，这一逻辑是被接受的，基本符合大家的理性接受度。随着社会的不断发展，人们的思想开始发生改变，这一论证的理性接受度逐渐变弱，其逻辑性也不再被认可。

按照麦肯锡的理论，理性接受度改变时，还坚守旧理论的人注定无法成就事业。企业和个人也是如此，不适应变化一味守旧不但无法发展，很可能会被时代淘汰。

在工作中，超出我们理性接受度的人和事时有发生，特别是在我们理性接受度较弱、逻辑思维不够强的时候，切记不能让主观思维占据优势，要对事物进行客观分析，这有助于我们做出正确的判断。

理性接受度越强，越容易判断逻辑思维是否正确。那么，应该如何拥有理性接受度呢？

麦肯锡认为，理性思维越强的人，理性接收度越强。理性的人，容易准确判断出什么是正确的；不够理性的人，在判断事情正确性的过程中，容易出现偏差，做出错误的判断。所以，想要拥有正确的逻辑思维，需要提高自己的理性思维。

理性思维是建立在逻辑推理和论证基础上，与逻辑推理相辅相成。理性思维越强的人，逻辑推理能力越强，逻辑推理能力越强的人，理性思维就越强。

很多人认为理性思维就是面对问题时能够冷静地思考问题。

麦肯锡认为，这样的观点是不全面的。

理性思维确实需要冷静的思考能力，但如果在理解上出现了偏差，所遵循的逻辑是错误的，即使进行了冷静的思考，得出的结论也只是片面的，甚至是错误的。

理性思维的能力与遗传有一定的关系，拥有极强理性思维能力的父母，他们的孩子很有可能也拥有极强的理性思维能力；如果父母中有一人患有遗传性脑神经系统方面的疾病，那么他们的孩子也有很大概率会遗传到这种疾病。

但是麦肯锡指出，虽然遗传会对人们的理性思维能力有一定的影响，但是后天的培养和培训才是决定因素。

对于如何培养理性思维能力，麦肯锡有三点建议。

首先，要拥有清晰的逻辑。逻辑清晰，即逻辑上的条理清晰，前提和结论之间有着明确的逻辑关系。

按照麦肯锡的思维，要想拥有清晰的逻辑，最好的办法就是多问为什么。当看到一个论证时，要问自己"论述者想表达的是什么"。当知道了论述者想表达的观点之后，再问自己"他为什么要这么表达"。

比如，狗是动物，动物的生命是有限的，所以，狗的生命是有限的。

论述者想要表达的是"狗的生命是有限的"，得出这个结论的前提是"狗是动物"和"动物的生命是有限的"，这两个前提都为真，而且两个前提之间逻辑关系紧密，所以这个结论一定是正确的。

生活中人们都说，"牛奶对身体好，所以我们每个人都要多喝牛奶"。在这一说法中，"每个人都要多喝牛奶"是结论，这个结论的前提是"牛奶对身体好"。

这个前提成立吗？

对于大多数人来说，喝牛奶确实对身体好，但对于有些人来说喝牛奶有可能造成过敏，在这些人心中，这一前提不成立，结论自然也不成立。

所以，这一论证的前提和结论之间没有必然的逻辑关系。这一结论只在部分人心中是正确的，在另一部分人心中却不是正确的。

其次，要学会清晰的表达。根据麦肯锡的经验，当表述者找到正确的、可以提供支持的理由后，还要学会清晰的表达，知道自己要表达的重点是什么。

语言是逻辑思维在现实生活中的表象，语言的表达能力可以反映一个人的逻辑思维能力。但有一些人，他们可以将自己的想法清晰、有条理地写在纸上，有着很强的逻辑思维能力，只是很难将这些想法有条理地表达出来。

麦肯锡在咨询工作中经常遇到这样的顾客，写出的材料让人一目了然，但每次和他们进行语言沟通的时候，都很难快速提炼出他们话里的重点。对于这些人来说，他们需要锻炼的不是逻辑思维能力，而是语言表达能力。

还有一些人，他们的逻辑思维能力很强，语言表达能力也很突出，但是他们喜欢在表达观点时使用一些人们难以理解的语言。比如，有人说话喜欢引经据典，但如果引用的都是些晦涩难懂的文言文，那么大部分人必然听不懂，听不懂自然就无法理解他的逻辑。麦肯锡建议这些人尽量使用通俗易懂的语言去表达自己的观点。

最后，要避开思维陷阱。思维陷阱主要是指那些听起来十分有道理，却禁不起推敲的论证。

麦肯锡有一个简单可行的方法，可以教我们如何去识别思维的陷阱。这个方法就是查看是否有足够的论据可以支撑这个论证。一个论证的可证伪性越强，那么它的可靠性就越强。以那些减肥广告为例，广告常说"我们发胖是因为体内存储的油脂过多，只要将这些油脂排出来，我们就可以瘦下来"，厂家需要证明使人发胖的原因只有体内储存的油脂过多，否则就无法证明接下来的推论是正确的。

图 4-19　培养理性思维能力

当我们的理性思维能力得到了提升，我们的理性接受度也得到提升，那么，就更容易判断我们的逻辑思维是否正确。

正确的逻辑思维可用于处理工作中的问题，让事情向好的方向发展。

在麦肯锡接待的客户中，一些客户苦于企业无法进步，却仍抱着传统的、或许无法盈利的产业不放。他们认为这是几代人多年的心血，不能毁在自己手中。

在这些客户的逻辑里，祖先曾将这一产业做得这样好，足以证明这一产业存在的价值，他们拥有数十年的成功经验，留下的经验也一定是正确的，即使咨询师向他们说明了企业陷入困境的根本原因正是这些旧的理论已经不符合时代的发展，他们还是不肯从自己的错误逻辑中走出来。对于没有价值的传统和产业应该果断放弃，这样企业才能持续发展。

实际上还有很多常见的错误逻辑，比如，"对人不对事""以出身论英雄""先有鸡还是先有蛋""滥用专家意见：专家说的都是对的""民主谬误：大家都说一件事是对的，这件事就一定是对的"，还有"既然别人这样做了，那么我们也可以这样做"，等等。

这些问题的根本在于人们用了错误的逻辑思维看待问题，所以才导致错误的结果。错误的逻辑思维不仅会对我们的工作产生负面影响，还会对社会产生负面影响。我们需要运用正确的逻辑思维去思考问题、处理问题，这样我们的工作甚至是社会才能实现更好的发展。

第6节　按照这"五个工作原则"进行逻辑思考

麦肯锡咨询顾问进行逻辑思考遵循五个工作原则。

第一，确保项目顺利进行，这是一切工作的基础。万丈高楼平地起，如果地基打得不扎实，楼盖得越高就越危险。工作中的地基就是确保项目顺利进行，因为项目一旦终止，这项工作就宣告失败。

要想确保项目顺利进行，麦肯锡认为，一般需要满足以下五个条件：

（1）明确项目的根本目的；

（2）掌握项目的基本内容；

（3）找到项目的关键驱动因素；

（4）制订合适的方案；

（5）做好危机预防。

最先做的是明确项目的根本目的和基本内容，根据企业的根本目的去确定项目的基本内容。例如，如果企业的根本目的是打造一个系统的多元化产业，那么开展基础项目的同时就要随时留意其他产业的动态；如果企业的根本目的是打造一个专一性产业，那就要抵御其他产业的诱惑，专心进行与基础项目相关的产业。

根据麦肯锡的经验，在大部分成功的商业案例中，关键驱动因素都发挥了非常重要的作用。时间和资源都是有限的，找不到关键的驱动因素，一个因素接着一个因素的尝试，会浪费大量的时间和精力，严重影响项目的进度。如果在项目运行前，就找出关键的驱动因素，可以节省时间和人力。麦肯锡一直都遵循这一原则，在解决客户问题时，他们不会关注其他无关因素和不必要的信息，而是找到关键因素，一击即中。不同领域、不同公司，关键驱动因素也各不相同，需要考虑自身的实际情况，不能盲目跟风和照搬。

找到关键驱动因素后，就要根据情况制订合适的解决方案，同时预测可能出现的问题和意外，想好相应的对策。这种危机预知的能力很重要，麦肯锡的咨询师们大都具备这样的能力，这源于他们丰富的工作经验以及敏锐的观察力与分析能力。

第二，项目的最终目的是为企业服务。项目的顺利进行是工作的基础，那么工作顺利开展的最终目的是什么呢？答案就是为企业服务，让企业得到发展。

项目是指在一定时期内，满足一系列特定目标的多项相关工作的总称。按照麦肯锡的逻辑，无论企业属于哪一行业，所运行的项目属于什么类型，项目的最终目的都是为企业服务。

比如，有的企业是为了增加产品销量，有的是为了扩充企业规模，有的是为了扩大知名度，有的是为了打造品牌形象，有的是为了扩大客户群体，有的是为了实施多样化发展……归根结底，都是为了企业服务，为了企业能够有更好的发展。

先确定了项目的最终目的，在项目的计划、实施和完善的过程中，我们就能更清楚地了解项目要达到什么样的目标，怎样实施才能达到预期目标，以及如何完善才能有更好的结果。

第三，客户是根本。对于任何类型的企业，客户都是企业的核心和根本，没有客户，企业也就没有了存在的价值。

麦肯锡作为一家服务性质的企业，客户的地位更加重要，会永远被排在第一位。在麦肯锡，客户管理是极为重要的工作，主要包括三方面：赢得客户、客户参与及巩固客户。

每个人都可能成为服务性企业的客户，在服务客户的过程中，不要给客户不切实际的承诺，一味地承诺只会影响项目的运作，要实事求是，不去盲目同意客户的要求。让客户参与其中，产生主人翁意识，让客户感受到企业对他们的重视，巩固与客户的关系。这些措施都有利于得到更多客户的信任和依赖，有利于企业的发展。

第四，发挥主观能动性。对自己没有要求的人在任何领域都不会有大的作为，只会安于现状，最后碌碌无为。在麦肯锡，每个人都具有极强的主观能动性，工作不是为人打工得到薪水那么简单，更是实现个人价值，促进个人发展的途径。

如果这个世界上的一切都不会改变，只保留最初的样子，我们可以按照同样的轨迹和模式一成不变地生活和工作。然而时间在流动，竞争在加剧，我们需要时刻提升自己的能力，让自己和时代一起进步。在工作中，有效发挥自己的主观能动性可以对项目产生积极的影响，也是提升工作能力和工作效率的有效途径。

第五，项目完成后，进行后续的跟进和总结。当一个项目完成，我们就真的彻底完成了项目，与之再无关联了吗？麦肯锡告诉我们，不是。

没有任何一个项目可以完全以表面上的结束为真正的结束。如果有，那么只有一种可能性，这个项目从一开始就没有得到重视，可有可无。项目完成了，只意味着项目在某一阶段结束了，我们还需要对这一项目进行后续的跟进和总结。

按照麦肯锡的逻辑，无论项目大小，在完成后都需要后续的跟进和总结，这一可持续的工作不可缺少。就像在工作中，很多人认为只要下班的时间一到，就要立即放下手中的工作，收拾好东西回家，不再去想与工作有关的事情，这样就不是可持续性的工作。麦肯锡提醒我们，回顾一天的工作，进行一次小结，再对第二天的工作做简单的安排，便于第二天的工作可以更顺利地进行。

图 4-20　逻辑思考五个工作原则

任何项目想长期发展都不能只考虑一时的利益，必须遵循可持续性的发展，即使当前的工作完成了，也不能放松警惕，否则可能损害长远利益。

正是因为时刻都按照这五个工作原则进行逻辑性思考，麦肯锡才能克服一切困难，顺利、快速地完成每一项任务，麦肯锡也因此得到了发展和壮大。

第7节　逻辑树：一叶障目的时候，为什么不退回来？

一棵树再枝繁叶茂，如果顺着每一条树枝进行探索，最后都会找到同一根树干。很多问题的发生包含各种各样错综复杂的因素，就像被树枝遮挡的树干一样。

麦肯锡逻辑树分析法就是通过对现有问题的不断分解，将复杂问题简单化，实现从无序到有序的状态。

逻辑树，就是由逻辑构成的大树，把一个已知问题当作树干，树干可以长出一条条树枝，一个大的树枝还可以有小的树枝，通过不断为树干添加树枝，逻辑树就建成了。也就是将问题以树的结构扩展延伸，找到问题的所有关联因素，将所有的子问题分层罗列，如图所示：

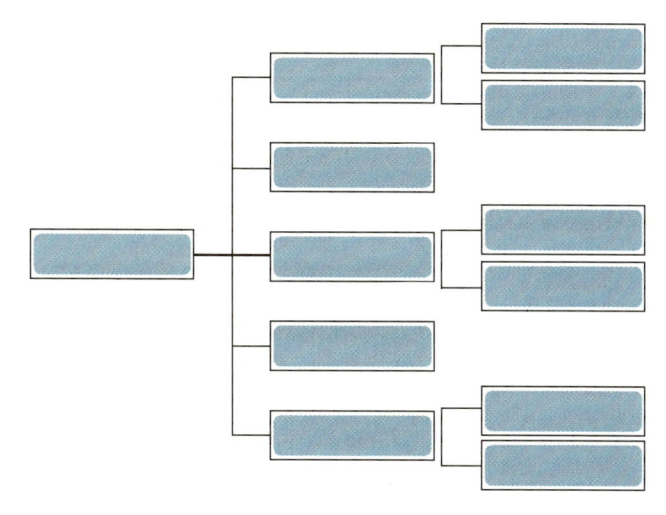

图 4-21　逻辑树的结构

逻辑树能实现从层次和体系上对问题或信息进行整体把握，帮助我们将所有问题理清，不会出现一叶障目的现象，也避免了一些重复和无关的思考。

对问题的每一次分解都会生成许多小问题，如果不做挑选与删减，再进行逐一解决的话，会浪费大量的时间和精力，而且问题往往错综复杂，很可能会走弯路。在这些小问题中，大部分对主要问题影响不大，需要予以剔除，只留下关键驱动点。

不需要对每一个问题都做细致入微的分解，只需确立每个问题的关键驱动点，并将它们整齐排列，再逐一对应制订详细的工作计划，是麦肯锡的工作法则。

麦肯锡逻辑树分析法的优势在于逻辑结构的清晰。每一个树枝与上一级树枝之间必须是必然且唯一的联系。对此，建立逻辑树需要注意两点。

第一，需要确立各个要素之间的关系。

一棵"逻辑树"会包括各种要素，对要素的重要度排序并确立各个要素之间是并列关系还是上下级关系。以企业管理为例，完善企业制度和对员工的管理就属于上下级关系，对员工的管理包含在企业制度中；而改善员工薪资和绩效考核制度就是并列关系，都属于对员工的管理。

第二，要保证没有出现遗漏点。

确立要素之间的级别之后，还要观察树干和树枝之间是否存在绝对因果关系。例如，商品的质量问题会影响商品的销量，但这不是唯一的因素。售货员的服务态度、专业知识、商品的宣传力度、售后服务，以及企业的形象都会对商品的销量造成影响。所以如果以商品销量作为逻辑树的树干，下一层的树枝需要将这几点全部涵盖，而不能只将商品质量作为下一级。

逻辑树可以分为议题树、假设树和是否树三种类型，三种类型在结构上很接近，但在功能和表现内容方面有所区别，可分别应用于不同的情况。

一、议题树（问题树）

议题树，就是将已知议题全面分解成多个与之具有内在逻辑关系的副议题，一般应用于解决问题的初始阶段，以便了解问题。议题树的结构如下所示：

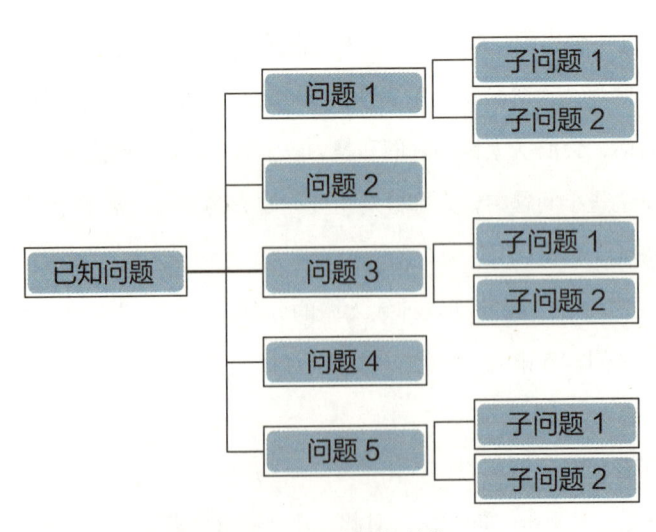

图 4-22　议题树的结构

通过不断分级细化，将问题剥丝抽茧，直到找到最深层次的问题，进而得出解决方案。以减肥为例，针对"为什么减肥不成功？"这个问题利用议题树来进行分析，如图 4-23。

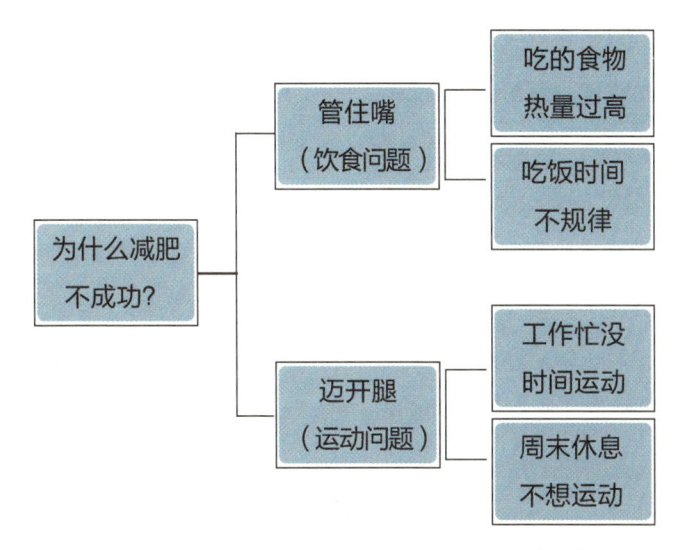

图 4-23　利用议题树分析"为什么减肥不成功"

二、假设树

假设树的作用，就是验证假设是否成立。当对问题有了充分了解进而提出了某种假设的解决方案之后，需要验证假设是否成立的时候，假设树就派上了用场。

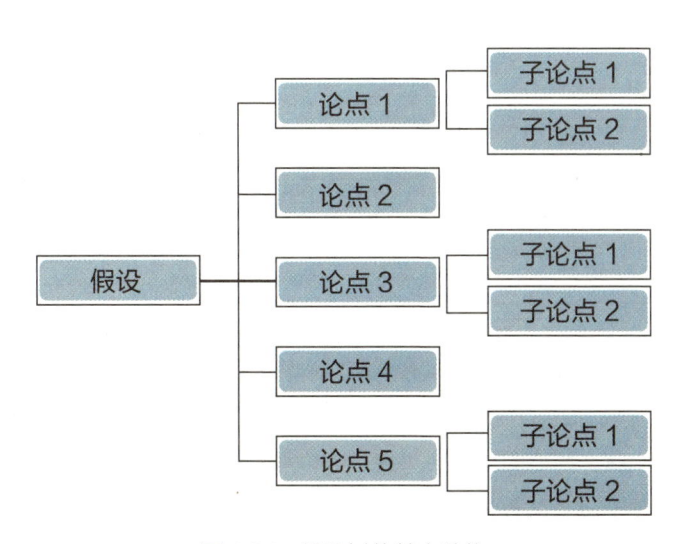

图 4-24　假设树的基本结构

只有当所有论点都支持该假设，假设才能成立。相比议题树，假设树更高效，一般假设树建立后，已经对问题有了大体的了解，只需用论证证伪假设即可。所以假设树一般用于对问题已经有了充分了解，可以提出合理假设的情况下。

三、是否树

是否树的形式比较简单，先提出一个问题，然后对问题进行分析判断，分析的结果只有"是"和"否"两种。如果分析结果是"是"，就可以直接应用提出的解决方案；如果分析结果是"否"，那么，还需要进行再次分析判断，再根据不同的情况，制订不同的解决方案。

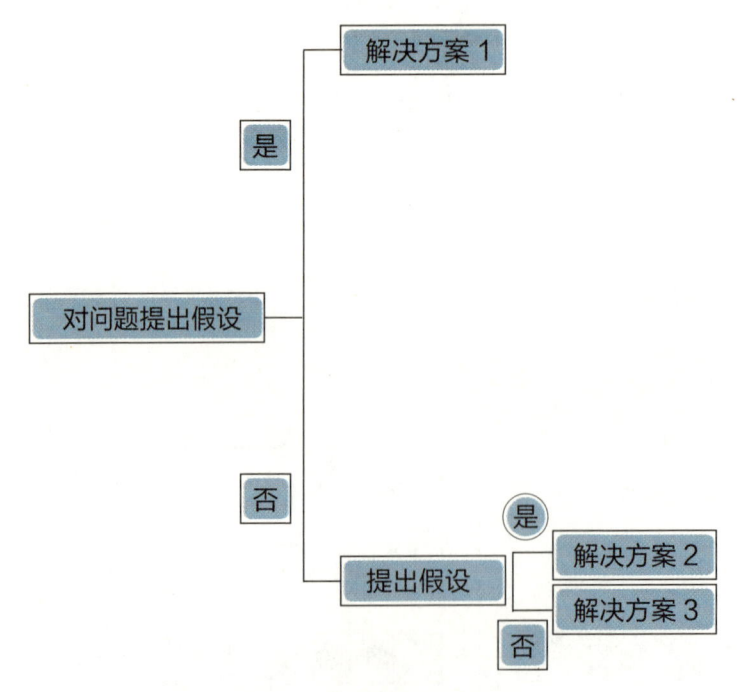

图 4-25 是否树的基本结构

是否树的原理广泛应用于各个场景中。例如，医生问诊，针对"是否头疼"的问题，如果病人的回复是"是"，医生会继续询问"疼了多久了""是怎样的疼法""还有没有其他的症状"等，并给出相应的治疗方案；如果病人回复"否"，医生就会放弃询问这一症状，转而其他症状的问诊，并根据不同情况再给出相应的治疗方案。

相比议题树和假设树，是否树更简洁清晰，一般适用于对问题及结构足够了解的情况下。

除了上述逻辑树分析法，还有三种可以提高逻辑思维力的方法。

第一，运用逻辑思考力，使解决问题的过程透明化。

逻辑思考的基础，就是对解决问题的过程有透明清晰的认识。解决问题的过程透明化之后，更有利于解决问题。

这种方法有改善和改革两种方式。改善就是以现在的做法为主，努力做好"力所能及的事情"。改革就是不再执着于目前的做法，从根本上彻底地进行改变。

改善就像建房子，把砖一块一块砌起来，就是在分析现状的基础上发现问题，再一点点改正，这需要时间，但是能够一步一步稳健地把事情做好。进行改善，要将改善的过程扎实推进。发现问题后，先确立改善的主题，明确改善的目标；开始改善后，先要分析现状，明白问题产生的原因，将其进行归纳总结，确定改善方案；确定方案之后试着实施方案，确认实施效果。如果效果不理想，就重新制订实施方案，反复改善，直到目标达成，这样改善就成功了。

改善的步骤分为：发现问题→设定主题→分析现状→探究原因→确定改善方案→实施改善方案→确认实施效果→解决问题。

```
         发现问题
           │
         设定主题
           │
         分析现状
           │
  改善    探究原因
           │
         确定改善方案
           │
         实施改善方案
           │
         确定实施效果
           │
         解决问题
```

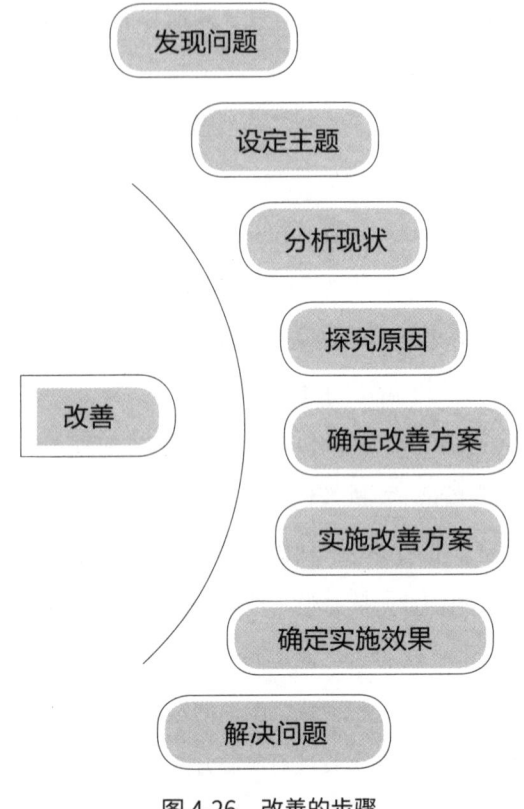

图 4-26　改善的步骤

改革就像跳伞，确定目标地点，然后瞄准目标纵身跳下，一气呵成。虽然风险较大，但是道路明确笔直，没有任何阻碍，可以短时间达成目标。

改革的步骤分为：提出问题→设定主题→明确应有的姿态→分析现状→明确问题点→制订改革方案→实施改革方案→解决问题。

改革
- 提出问题
- 设定主题
- 明确应有的姿态
- 分析现状
- 明确问题点
- 制订改革方案
- 实施改革方案
- 解决问题

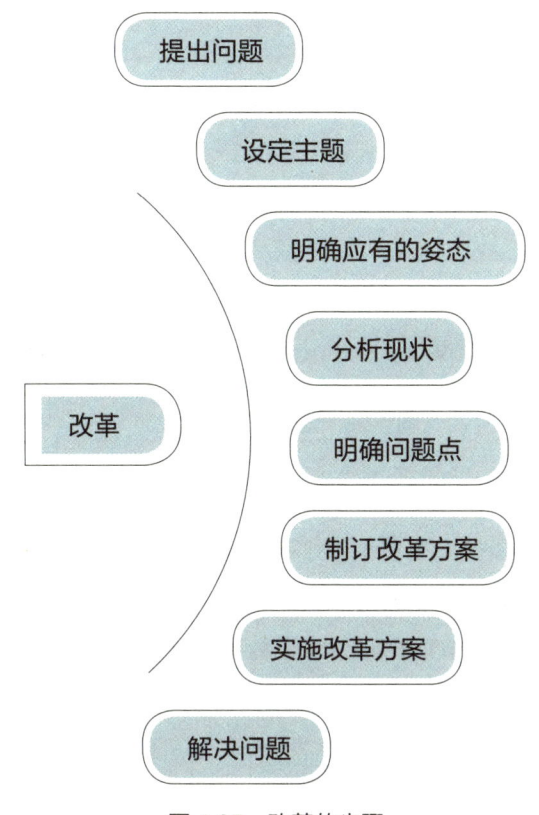

图 4-27　改革的步骤

第二，运用三角逻辑，把结论、数据和论据联系起来。

在逻辑思考中，结论、数据和论据是必不可少的，使用三角逻辑，可以将三者结合起来，进而找到线索，增强说服力。

在三角逻辑中，结论是三角形的顶点，数据和论据是三角形底边的左右两点。

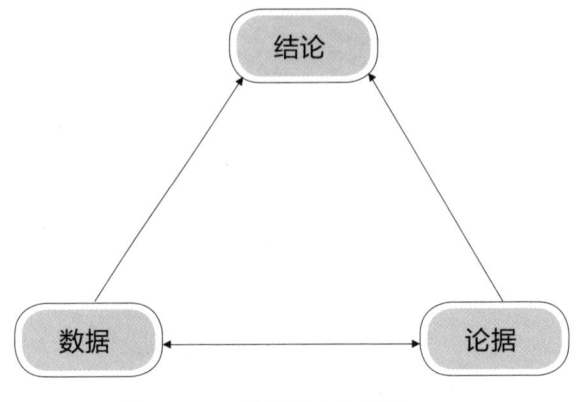

图 4-28　三角逻辑中的关系

结论，就是推论和假设；数据，就是证明结论的事实、统计数据或具体的案例；论据，就是原理、原则、法则、公理、任何人都认同的观点，相当于理由。如果数据和论据不能说服他人，结论就不会被人接受。

第三，"5W2H"，防止信息的遗漏。

如果语言表达不完整而且具有跳跃性，就不能使别人接受结论，不能正确传达信息，5W2H可以做到正确传达信息。5W2H，即What、Why、When、Who、Where、How及How much。

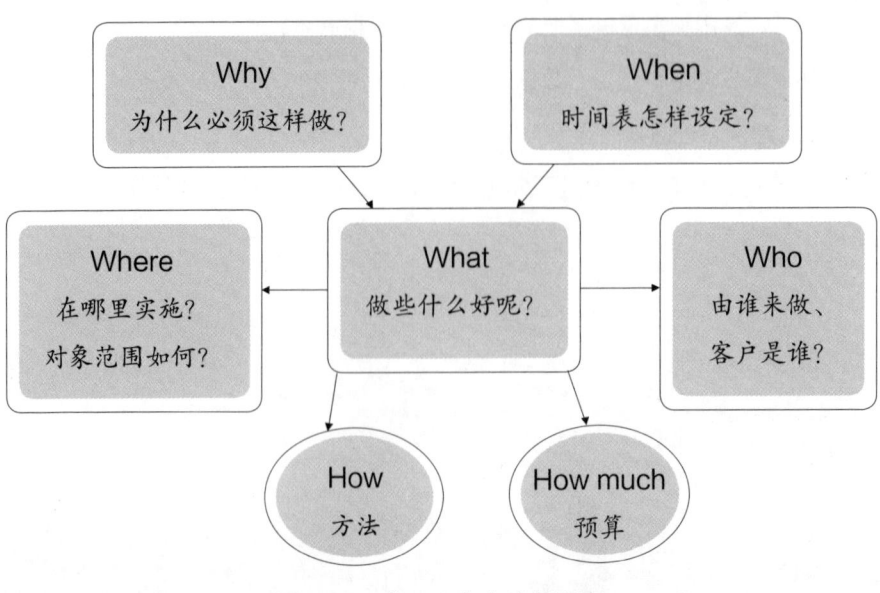

图 4-29　"5W2H"包含的因素

如果欠缺5W2H中任何一个元素，提案就无法具体化，即使做出提案也无法推进工作的进行。比如，"下周一举行会议"，如果没有决定时间，那么就无法确定参加的人数。工作中，为了避免工作有遗漏，可以用5W2H进行检查，这样非常方便。

第8节 拓展思维框架：打破思考的限制

无论遇到什么问题，在开始思考之前，首先制订目标，明确自己真正的目的。所谓真正的目的，就是指自己希望达到的状态以及希望发生的改变。目的不同，最终采取的行动也会有所不同。关键在于，思考不能局限于眼前的问题，而是要把握自己真正的问题，进而拓宽思维的框架，达到自己希望的状态。

例如，如果想要求职，就要明确自己的优势是什么？其他的求职者是如何成功入职这家公司的？就职公司对员工的能力要求是什么？

思考分析以上问题，就能明确如何将自己的优势转化为就职成功的关键。

有时，即使已经找到自己的优势与成功的关键，也可以尝试挖掘新的可能性。简单来说，就是超越自己的思维框架、发散思维，看看自己的优势是否可以用于其他方面。比如，如果你是一名优秀的销售员，根据自己的销售经验与业绩，能够发现自己的优势是能够准确地发现客户的问题。那么根据你的优势，可以确定你并非只能从事销售工作，你还有可能成为一名优秀的教师，因为你擅长发现学生需要改进的地方，可以极大提高学生的学习能力。

有时候尽管自己拥有独特的优势，但是只关心眼前的问题，那么就无法拓展思维，局限在思维框架里不能灵活运用。只有超越自己的框架，才能发现更好的可能性。

拓宽思维框架的前提就是清楚自己的框架是什么。在拓宽、突破框架的时候，如果无法认识到自己的框架是什么，又怎么能超越呢？

如果希望改善自己在工作中与人相处的能力，那么可以利用逻辑树框架整理思路，发现真正的问题。通过逻辑树分析法，发现是在信息传达这个环节出现了问题，那么深入思考后，发现自己无法准确传达信息的根源在于自己不希望引发不和谐。

这种情况下的框架就是"不希望引发不和谐"的想法。这种想法已经成了思维的障碍，阻挡了与人的沟通和交流。只有自己意识到这个框架的存在，才有可能突破它，朝着更好的方向发展。

实际上，每个人都有一个自己独有的框架，我们应当时刻认识到自己及他人的框架，这样才有可能突破框架，继而挖掘新的可能性。

在日常工作中有意识地突破自己的框架，便可以启发新的思维。比如，平常不怎么拒绝别人的人，一定要试着说一次不，就能够发现对方并没有像你预料中的那样愤怒。

第五章　借势破局
——解决问题的效能法则

事实上,我们绝大多数的工作,都是在寻找某种方法以实现更快地解决某种问题。

无论是一般职员还是高层管理人员，不管你担任什么职务，解决问题的能力都是置身职场不可或缺的核心之一。

——高杉尚孝，曾在麦肯锡任职多年

第1节　问题的三种类型

在第二章中提到，"问题的本质就是期望与现实之间的落差"，而问题得以快速解决的方法就是消除落差。根据消除方式的不同，麦肯锡将问题分为三种类型，即"恢复原状型问题""防范潜在型问题"以及"追求理想型问题"。

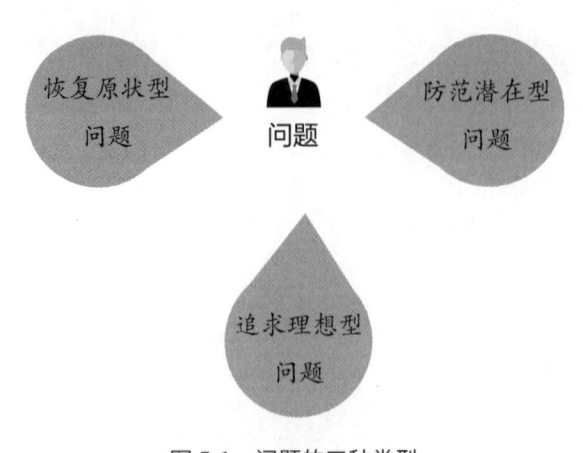

图5-1　问题的三种类型

一、恢复原状型问题

"恢复原状"就是指将现在的状况恢复成过去的状况,将问题出现之前的状况视为期待的状况。这种问题类型的思考方式是,从现在状况和过去状况之间的落差中找出问题。例如,汽车轮胎坏了,就到修车行修理;手表没电了,就去换电池。但在实际情况中,其他的问题可能没有这么简单,往往问题的形成包含很多无法掌控的复杂因素,如环境的结构性变化,等等。大多数情况下,不良状况已经发生,所以恢复原状型问题也属于显在型问题。

概念:将现在的状况恢复成过去(问题出现之前)的状况。

解决这类问题的思考方式是,从现在状况和过去状况之间的落差中找出问题。

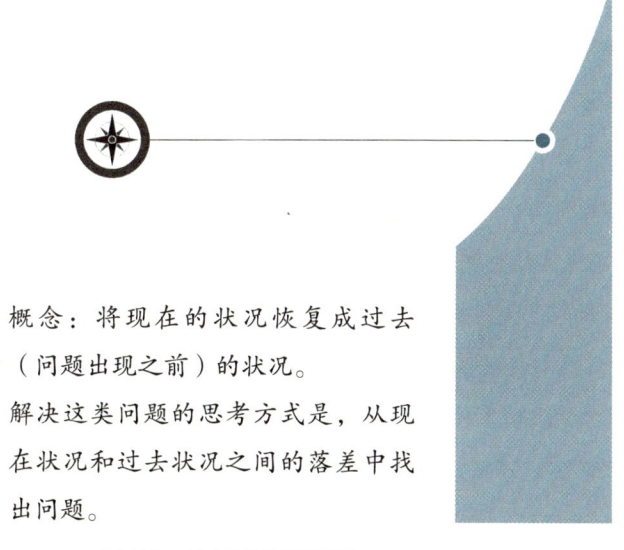

图 5-2 恢复原状型问题

二、防范潜在型问题

"潜在"与"显在"对立,"潜在型问题",就是指现在还未呈现不良状态,但未来可能显在化的问题。比如,9点开会,这之前可能会发生很多潜在型问题,像"堵车""下雨""紧急事件",等等。这些可能发生的问题都需要加入自己的时间计划中,提前做好预防。

概念：现在还未呈现不良状态，但未来可能显在化的问题。
解决这类问题的思考方式是预想可能会发生的问题，提前做好预防。

图 5-3　防范潜在型问题

三、追求理想型问题

"追求理想"的目标在于提升现状，虽然目前没有立即的损害，但是现在的状况不符合期待，所以将其视为问题。这类问题的难点在于理想状态的设定，如果太高则很难坚持，太低又无法激起挑战的激情。从"目前没有损害"这种时间上的观点看，这与"以时间轴做区分"的防范潜在型问题相同。不同的是，追求理想型问题即使置之不理，未来也未必会发生重大不良状况，毕竟只是未满足期待。

概念：虽然目前没有立即的损害，但是现在的状况不符合期待，所以将其视为问题。
解决这类问题的思考方式是设定合理的理想状态。

图 5-4　追求理想型问题

在我们处理的实际问题中，大多数问题可能会包含多种类型。例如，最近用于代步的小轿车经常熄火，熄火本身是恢复原状型问题，只要解决熄火问题即可。但实际上，随着车身越来越老旧，将来还可能发生其他不良状况，因此未来有可能发生防范潜在型问题。这种情况下，应该考虑换车，如此一来，追求理想型问题就发生了。当初以为的一个简单的恢复原状型问题，最后演变成了追求理想型问题。

无论最后问题如何演变，确定眼前面临的问题类型都很重要。因为根据问题的类型，我们可以大致锁定解决问题的课题领域。所谓课题，也就是必须要解答的提问。根据问题类型的差异，相应地，课题领域会包含"掌握现状""分析原因""预防策略""发生时的应对策略""防止复发策略""选定理想"等课题。同时，在这些课题领域中，还要设定更具体的课题。在后面的小节中，我们会具体讲述如何根据问题的类型，设置相应的课题以解决问题。

第2节　如何解决恢复原状型问题？现象和原因不可混为一谈

在日常的工作中，恢复原状型问题应该是最常遇到的。恢复原状型包括两大基本课题，"分析原因"和"应对策略"。

解决恢复原状型问题时，最重要的课题是分析原因。所谓分析原因，就是分析现在与过去产生落差的原因。只有确定了不良状态的原因，才能对症下药，拟订根本解决和防止复发的策略，也就是我们说的第二个课题"应对策略"。根据问题状况的不同，应急策略还要细分成"紧急处理""根本解决""防止复发"等课题领域。

在拟订应对策略之前，先要分析问题的根本原因。如果没有正确分析出原因，问题就不能从根本上解决，任何应对策略其实都是一种紧急处理办法。例如，公司产品投诉变多，因此就要增加客服人员的数量。但是如果是产品本身出问题，这种应对策略也只是治标不治本。

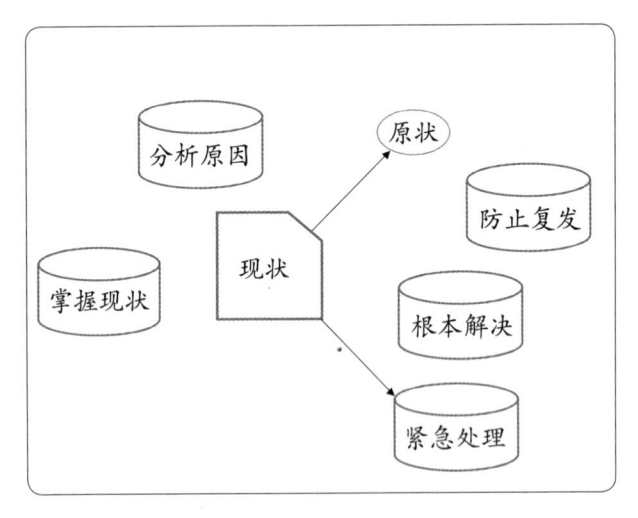

图 5-5　恢复原状型问题的课题领域

就分析原因的课题而言，第一步就是掌握现状，只有确切掌握问题的现状，才能正确分析出问题的原因。掌握现状可以作为一个独立的课题。但从大框架来看，掌握现状也属于分析原因的一部分。毕竟分析原因的前提就是要了解现状，二者是分不开的。

对于现状的掌握，是基于对事实的了解程度，包括问题发生的时间、地点以及原因，等等。大多数人都喜欢凭经验和直觉工作，尤其是那些较为年长的企业员工，更容易套用自己的经验解决问题，那样的建议往往会流于表面。

麦肯锡咨询顾问的强项就在于以事实为基础的分析力，事实调查更是每个项目开始前的基本操作。要如何进行分析呢？有这样一个例子。

某家服装公司，由售货员进行销售并抽取佣金。最近几个月，公司的管理部门发现，售货员的销售能力有所下降。

"售货员的销售能力有所下降"，这代表与预期的状况产生落差，因此问题确实发生了。由此看来，这属于一个恢复原状型问题。既然是恢复原状型问题，重点课题在于分析原因，再思考"应对策略"课题。

分析原因前，先要具体而准确地掌握事物的现状。这里所谓的"销售能力"，指的是售货员整体的销售能力，也就是售货员的总销售额除以售货员的人数。所以"销售能力下降"指的是平均每位售货员的销售业绩下降。

将每位售货员的业绩与平均业绩进行比较（销售业绩就是每位售货员拥有的顾客数乘以平均每位顾客的购买金额），业绩高于平均水平的售货员就是积极售货员，反之就是消极售货员。

由此可见，造成销售能力下降有两个原因，即平均每位售货员的顾客数减少，或平均每位顾客的购买金额减少。

接下来我们需要根据统计材料来确定主要原因。但是有一点需要注意——出现的结果是现象还是原因？例如，如果确定"平均每位顾客的购买金额减少"是导致售货员销售能力下降的主要原因，那么应对策略就是"增加每位顾客的购买金额"吗？

就拟定应对策略来说，"平均每位顾客的购买金额减少"属于现象，还要深入研究为什么每位顾客的购买金额会减少，是商品本身的问题，还是经济原因，等等。找出深层次原因之后，再进一步思考具体的应对策略。例如，如果是商品的质量问题，那么应对策略就是严格把关，保证商品质量。

并不是所有的问题都需要进一步分析深层次原因。在恢复原状型问题中，有一种类型的问题，叫做"修缮型问题"。对于这种问题来说，"分析原因"这个课题并不重要，重点应该是问题发生时如何解决，只要将损坏部分修好即可。例如，自行车爆胎问题，不需要分析是钉子还是玻璃碎片造成的，只要把轮胎修好即可。但是，如果自行车反复出现爆胎问题，我们就必须要分析原因了。

第3节 用"空·雨·伞"模型,看防范潜在型问题

在寻求解决防范潜在型问题的方法之前,麦肯锡有一个非常贴切的比喻,那就是"空·雨·伞"的思考法。

"空"表示的是"如今处于怎样的状况"这一"事实",危机出现之前已经出现的明显征兆。

"雨"表示的是"如今的状况有怎样的含义"这一"解释",出现的征兆将会带来危机。

"伞"表示的是"解决办法",事先预防,就能避免危机的发生。

在下雨之前做出可能下雨的判断,并且带伞出门,才能避免淋湿。但如果没有及时判断出可能会下雨,等到下雨之后才想起来找伞,就会被淋湿。

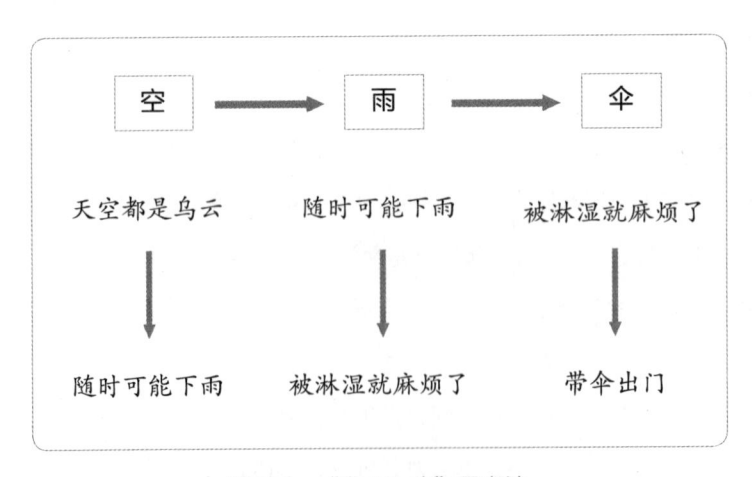

```
空 → 雨 → 伞

天空都是乌云      随时可能下雨      被淋湿就麻烦了
    ↓               ↓               ↓
随时可能下雨      被淋湿就麻烦了      带伞出门
```

图 5-6 "空·雨·伞"思考法

按照麦肯锡的理念,真正的问题解决者不会等到不良状态完全显现才开始着手,而是主动查找防范潜在型问题。解决此类问题需要"预防"与"应对"相结合。居安思危、未雨绸缪,当出现不良状况时要有相应的应对措施。

麦肯锡曾经进行过一个非常广泛的企业调查。结果显示,很多公司在危机

出现之前都已经显现出非常明显的征兆。如果事先防范，危机就能被避免。但大部分公司都因缺乏危机管理意识和经验，导致损失惨重。

真正的问题解决者，不会被动地处理已经显在化的不良状态，而是更积极地发现防范潜在型问题。

所谓"防范潜在型问题"，是指虽然目前并无大碍，但是如果搁置不理，将来可能会发生严重的不良状态。解决防范潜在型问题有两大课题，防患未然的"预防策略"以及发生不良状态时的"应对策略"。

下图是防范潜在型问题的课题领域，在拟定防范策略和应对策略之前，需要找出可能诱发不良状况的"诱因"。

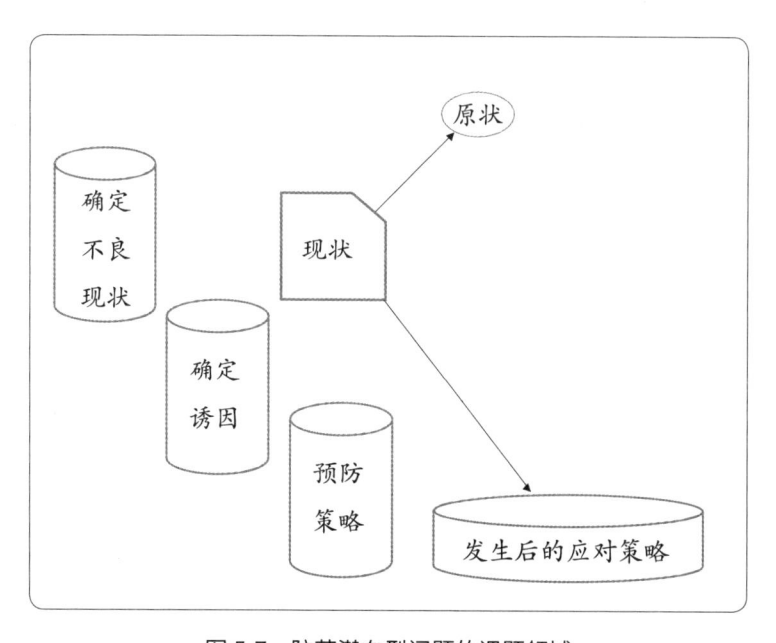

图 5-7　防范潜在型问题的课题领域

防范潜在型问题与恢复原状型问题的应对方法并不相同，解决防范潜在型问题有两种途径。

第一，自下而上法，从一些个别的现象和状况中，思考可能引发的不良状况。

自下而上法通常包含四个步骤。

第一步，从企业的现状确定必须注意的特定因素。

在上文的"空·雨·伞"模型中，当正要外出时，发现有下雨的征兆，这就是目前能观察到的特定因素。运用差异分析法有助于我们在现状中确定那些需要注意的特定因素。

第二步，假设不希望发生的一些不良状况。

从现状中分析出必须注意的特定因素后，我们要带有逻辑性地思考出各种可能性的因素并进行具体的归纳。比如，"所以会发生什么？""之后会怎样？"等疑问。从这些因素中找出潜在的重大问题，推测可能会发生的不良状况。

第三步，拟定好相关的预防策略，排除可能的诱因。

我们要区分可控因素和不可控因素。比如天气，即使不想被淋湿，我们也无法左右天气。再比如，竞争对手推出新产品会威胁到自己的公司，但我们无法阻止。如果花费时间去排除这些不可控因素，反而得不偿失。

第四步，预先拟定好所有不良状态的应对之策。

在问题发生之前找出所有的诱因，事实上是非常困难的。即使排除了诱因，不良状况还是会有发生的可能。我们可以从极有可能引发不良状况的诱因着手，按照发生几率的高低，在不良状况发生之前，先拟定好应对策略。

第二，自上而下法，先假定最终一定会发生某种不良的状态，再考虑所有引发不良状态的诱因。自上而下法同样有四个步骤。

第一步，假设不希望发生的一些不良状态。

以计算机安全为例，我们可以假设各种重要数据的丢失，比如，公司的财务报表、客户数据等，这些就是不希望发生的不良状态。

第二步，确定引发不良状态的各种诱因。

找出导致数据丢失的诱因，如电脑病毒、操作失误、计算机故障等。

第三步，拟定好相关的预防策略，排除可能的诱因。

在第二步确定了诱因后，可以对这些诱因逐一排查。其中，针对电脑病毒我们可以安装最新的防毒软件。但是人为操作的失误，通常很难完全排除，可以多进行学习、训练，有效减少失误的几率。

第四步，预先拟定好所有不良状态的应对之策。

当找到了导致数据丢失的不良状态之后，就可以采用适当的预防策略。但需要注意的是，预防策略只是降低不良状态发生的几率，不能完全保证不发生。防止数据丢失，最重要的是进行数据备份，备份后就能预防不良状态的发生。

上文分别从自下而上法和自上而下法两个方面介绍了如何防范潜在型问题，我们也可以同时使用这两种方法以获得更佳的效果。

第 4 节　盘点资本，以设定理想状态

要解决追求理想型问题，重点课题是"最终目标要明确"。前文提到，这类问题的难点在于理想状态的设定，设定得太高很难坚持下去；定得太低又无法激起挑战的激情。针对这类问题，最好先设定一些具体且可能达成的阶段性理想。

第一，确认是否真的要追求理想（资产盘点）。

恢复原状型问题是不良状况已经发生了，所以追求的是恢复原状；潜在型问题是可以预测不良状况是否有可能发生，所以追求的是预防未来可能发生的不良状况。在这两种类型的问题中，如果问题搁置不理，很有可能会对我们产生困扰，所以需要不断思考如何解决这两类问题。

对于追求理想型问题来说，即使搁置不理，对现在和未来也不会造成太大的困扰。所以，解决追求理想型问题的第一步，就是确定自己是否真的要追求理想。

第二，拥有清晰的目标（选定理想）。

当你心中已经有清晰的理想形象时，那么在追求理想型问题的课题设定上，就属于规划性的课题，即"如何达到目标、实现梦想"。而解决策略，就是拟定实现梦想的实施计划。

比如，"想当教师，帮助孩子获取知识""想成为一名作家，输出自己的价值观""想要考取会计从业资格证"，等等。当明确了自己想要从事的职业或想要取得的成绩，在设定课题时，就要提出规划性的问题，例如，"我该怎么做，才能考取会计从业资格证？"再制订具体并切合实际的行动计划。

如果没有明确自己想要从事的职业或想要取得的成绩，就必须先确定目标。这时候，课题设定就是战略性课题，即"我的职业规划是什么？"

第三，规划性课题该如何解决（行动计划）？

拟定"该怎么做"这种规划性课题的行动计划，必须包含三个要素。

首先，设定理想的期限。

做事情要设定期限，总是抱有"明天再做"这种想法，那就无法确定什么时候才会有具体的行动，甚至可能不会有具体的行动。但是如果期限设定得太短，也会适得其反，目标难以实现以至于增大压力。所以设定的期限最好适当且带有紧迫感。

其次，列出必要条件。

列出必要条件，是实现理想前的必要准备。例如，想要贷款购买一栋房子，就要准备首付款、必备证件，以及其他的经费或是贷款等必要条件，这些必要条件都需要在这个阶段确定并完成。

虽然很难在事前做好所有的准备，毕竟计划赶不上变化，但准备好能准备的一切，还是很有必要的。

最后，制订实施计划。

没有方向的活动很难获得结果，设定了期限，也列出了必要的事项及条件，还必须制订切合实际的行动计划，也就是安排出具体的实施顺序。

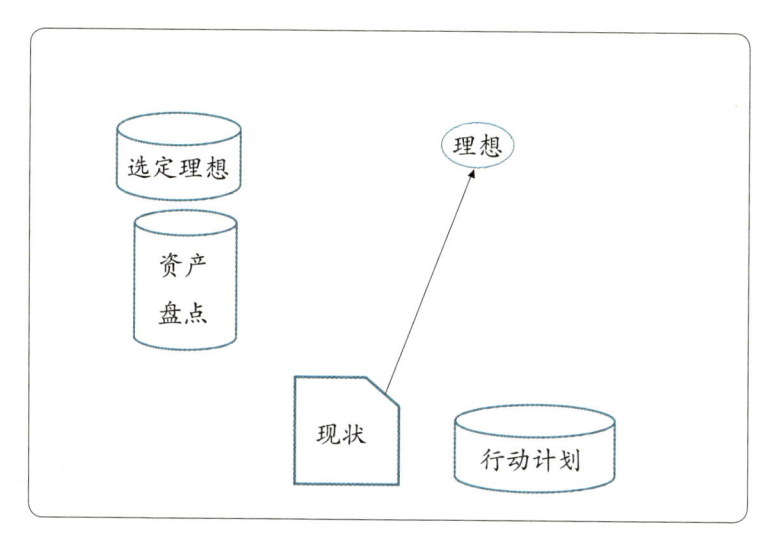

图 5-8　追求理想型问题的课题领域

第 5 节　解决问题之"七步成诗法"

事实上，我们绝大多数的工作，都是在寻求某种方法以实现高效解决某种问题。而麦肯锡的咨询顾问，都是"解决问题的专家"。

在麦肯锡，有一套解决问题的基本流程，也被称为"七步成诗法"。七步成诗法，是麦肯锡根据他们参与过的大量案例，总结出的一套在解决问题过程中的重要的思维以及工作方法，可以帮助我们快速熟悉和掌握商业逻辑推理。

通常，"七步成诗法"包括七个步骤。

第一步，掌握真正的问题。麦肯锡解决问题的流程，始于对问题的界定，即掌握真正的问题，这也是为什么第二章占据如此大篇幅的原因。很多时候，我们在工作中往往无法确定具体要解决什么问题，这源于我们对问题的具体概念是模糊的。例如，当老板说："这个月的销售业绩不太好啊，你要想办法解决这个问题。"在这种情况下，你知道具体要解决什么问题吗？老板所说的业绩，指的是销量，还是利润？这时候就需要进行进一步的询问和确认——"把每个季度的销售额做到××，能否达到您的预期？"领导会根据你的询问提出具体的数字，这样就明确了具体的任务。

我们的首要工作就是准确把握问题，明确问题的含义。如果连发生的问题都无法确定，那么只能是浪费时间，无法解决任何问题。

第二步，对问题进行分解。确定了真正的问题之后，还要对问题进行分解，就是要把一个大问题从上到下，逐级分解成若干个简单、可独立解决的小问题。麦肯锡处理的问题大都极为复杂或者非常笼统的，如果不进一步归类，就没办法解决。如"在核心市场收缩的情况下，如何维护股东的利益""这个行业怎么赚钱"，等等。将问题分解成若干个小问题，更容易明确问题的关键驱动因素。其中细分问题最常用的工具，就是前文介绍的逻辑树，将一个问题的所有子问题分层罗列，从最高一层开始，逐级向下拓展。

分解问题的好处，有三点。

首先，对问题进行分解，是提出假设的基础。

其次，在分解问题的过程中，能够排出问题的优先顺序，帮助我们理清解决问题的思路。

最后，追根溯源，有助于探讨问题产生的更深层次的原因。

第三步，去掉所有非关键问题。在对问题分解几次后，会发现问题太多了，这时候就需要去掉一些不必要深究的非关键问题，抓大放小，进而找出影响问题的关键因素。

第四步，制订详细的工作计划。通过前面三步，主要的问题我们已经掌握了，接下来的一步，需要我们着手制订详细的工作计划，如时间以及任务分配问题，等等。

第五步，通过分析和论证，深入分析关键因素。

进行分析和论证，需要遵循六点原则。

（1）要以假设和最终结论为导向，以事实为依据，不能只拘泥于数字；

（2）反复地进行假设和数据分析，当发现假设与事实不符时，需要把假设推翻，重新建立新的假设；

（3）分析时要尽可能简化，一般不需要使用大的线性计划等工具；

（4）注重团队合作，不要单兵作战；

（5）勇于创新；

（6）不要害怕困难，要有面对困难的勇气。

第六步，得出最终结论。经过前面的五个步骤，我们需要对问题进行相应的总结以得出最终结果，再根据结果建立相关的论点，进一步提出解决方案的建议，为客户制订一份具体的行动方案。需要注意一点，在组织论点的时候，要采用结构化的方式。

第七步，获得客户认可。最终的解决方案，还必须得到客户的认可。为了确保能够获得认可，这需要我们与客户团队保持全方位的沟通。在这个过程中，既可以获得必要的反馈意见，以保证及时改进，还能为项目成功做好前期准备。

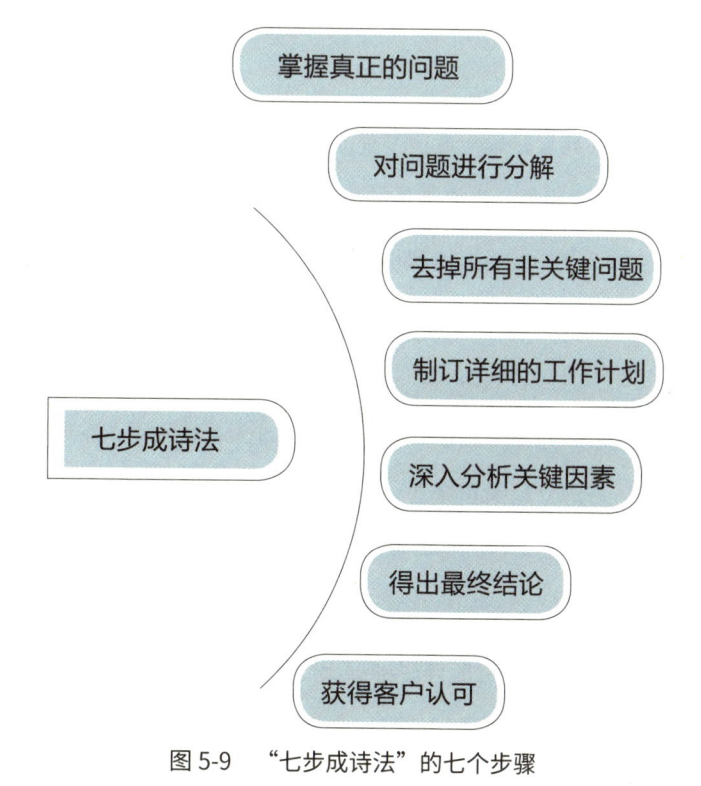

图 5-9 "七步成诗法"的七个步骤

麦肯锡正是因为熟练掌握了这七步，才能更快掌握解决问题的能力，并保证工作的品质与效率。

第6节　Plan B：单一选择等于没有选择

无论是哪种类型的问题，共同点都是问题有待解决。也就是说，在解决问题的过程中，需要思考解决策略。当麦肯锡为客户解决问题时，一般会思考出多种解决方案，就是所谓的替代方案。

解决方案的目的是消除现状和期待之间的落差，人们最终会选择一个最佳的方案解决问题，但并不意味只提供一个方案就够了，草率地决定某个方案而不准备替代方案，这是很危险的，假如这个方案无法取得成效，会陷入极大的被动中。

在麦肯锡的字典里，单一选择等于没有选择，应该从多种解决方案中选出最合适的。最佳方案只有一个，但不能只提供一个。

确定课题后，要尽可能多地列举替代方案，三类问题都要有足够的方案，以备不时之需。当我们拥有多种解决方案时，选出最好的方案实施即可。

对于需要提供几种替代方案，麦肯锡也有自己的标准。向对方提出替代方案时，以三个为最佳。如果超过三个，信息量过大，接收者很难做决定，反而会耽误时间；从资源分配的角度看，同时采取过多的方案，成本负担太大。因此，制订多个替代方案之后，必须根据真实的评价标准做出选择。

那么，如何理性评价各种替代方案呢？

一、先不做评价，尽可能详尽地提出想得到的方案

选择替代方案时，经常发现这样一个问题：没有列出所有的想法。有时候我们因思虑不够周全，提出的解决策略有限，而遗漏好的方案。在评价之前，最重要的是尽可能详尽地提出你想得到的方案。

以"该怎么做才不会被雨淋湿"为例，除了"带伞出门"外，还能想到什么替代方案？

"躲雨。"
"去最近的便利店买雨伞。"
"不带伞，带雨衣或帽子。"
"向别人借伞。"
"和顺路的人同撑一把伞。"
"搭乘出租车。"
……

评价之前，先列出所有的想法。 ⋘ 评价 ⋙ 有时候我们因思虑不够周全，提出的方案有限，而遗漏好的方案。所以，在评价之前，最重要的是尽可能详尽地提出你想得到的方案。

图 5-10　先不做评价，尽可能提出方案

二、脑力激荡法

我们不是智多星，解决方案难免遗漏。脑力激荡法，一种为集体激荡创意的著名方法，可以有效、全面地网罗替代方案。

脑力激荡法鼓励大家积极、自由地提出意见，但需要遵循四项原则。

欢迎自由的发言；

尽可能提出大量的想法；

不能批评别人的创意（最重要）；

扩展别人的想法。

进行脑力激荡时，绝对不能有"没用""不会成功""以前失败了"，等等先入为主的想法。脑力激荡，除了可以促进创意激荡，最重要的还能打破个人的固有思维。

脑力激荡法可以尽可能列出所有方案，但前提是方案必须合乎伦理及法律。像篡改产品生产日期、将剩余牛奶掺入新牛奶等不法行为的方案，不允许列入替代方案列表中。当然脑力激荡法最重要的一点，就是不能随意批评别人的想法，每个人都是自由平等的，每个想法都是值得尊重的。

脑力激荡法四项原则

04 扩展别人的想法

03 不能批评别人的创意

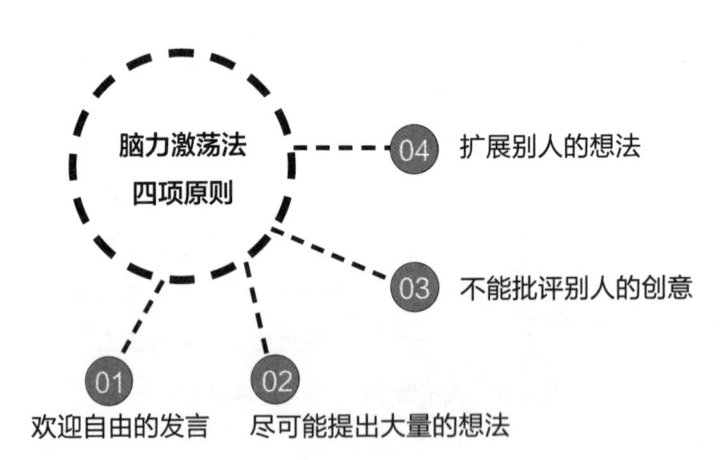

01 欢迎自由的发言　　02 尽可能提出大量的想法

图 5-11　脑力激荡法四项原则

三、制订替代方案的评价标准

提出了多个替代方案后，评价各个方案的利弊很重要。制订明确的评价条目和评价标准，有助于选出最佳的解决方案。

制订替代方案的
评价标准

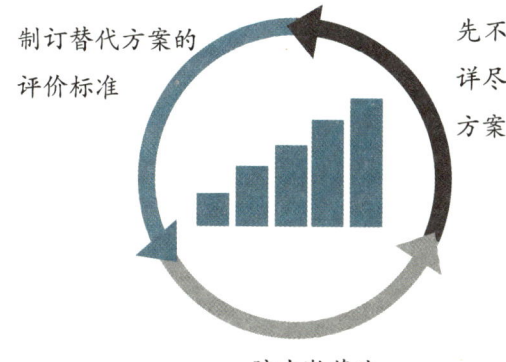

先不做评价，尽可能详尽地提出想得到的方案。

脑力激荡法

图 5-12　评价替代方案

那么如何选出最佳的解决方案呢？

首先，不要混淆追求解答的手段和解答本身。

举个例子，老板烦恼"怎样才能解决订单减少？"的问题，某员工建议"聘请优秀的顾问"，这个建议可以当作帮助公司解决问题的手段，却无法成为最终的解决策略，因为顾问不会替公司提高订单。现在的课题是"该怎样提升订单"，而不是"怎样得到最好的解答"，否则就混淆了追求解答的手段和解答本身。

其次，分别列举必要条目和期望条目。

评价标准有很多，大致可以分为两种类型，即"绝不让步"的必要条目和"锦上添花"的期望条目。

列举评价条目，要把必要条目和期望条目分开，分别对替代方案进行评估。

"必要条目"指不能让步、妥协的条目，这是评价替代方案最重要的因素。只要某个替代方案不包含必要条目，就可以在第一时间淘汰。必要条目的依据是该条目提出的解决策略是否能真正地解决问题。

与必要条目不同，"期望条目"则是锦上添花，指"并非绝对必要，但最好满足"，即达到最好，达不到也没关系。

比如，假设某院校某专业的研究生录取标准为理科类、工科类考生，总分350分以上，满足条件者本科毕业学校为985、211工程学校的优先。

按照这个标准，非理工科学生或者总分低于350分，都不符合必要条目，被排除在外。

而符合必要条目的，没有满足"本科毕业学校为985、211工程学校"这一期望条目的学生，不会被排除，只是相对失去了一个优势。值得注意的是：期望条目可以有一个，也可以有多个。

最后，给各个条目分配评分比重，再评价替代方案。

评价替代方案的方法：评估各个条目的比重，进行相对应的重要性打分，可以设定10分或5分为满分；为每个替代方案打分，可以设定100分、10分或5分为满分；将各个替代方案的分数和评价条目的比重相乘。各个项目相加之后的总和，代表各个替代方案的总分；最后选择出总分最高的方案。

这个方法可以用具体的数据呈现出替代方案的价值，有助于我们进行评价。但有两点需要注意：第一，将各个条目的重要性和各个替代方案的评价，以客观的分数表现出来，如果评价过于笼统，便白白浪费了这些绞尽脑汁想出来的项目，不能对这些替代方案做出综合性的比较。第二，评价过程的透明度越高，可靠性也就越高。因为这个过程并不是仅凭个人直觉或经验完成的，而是任何人都可以理解并接受检验的评价标准。

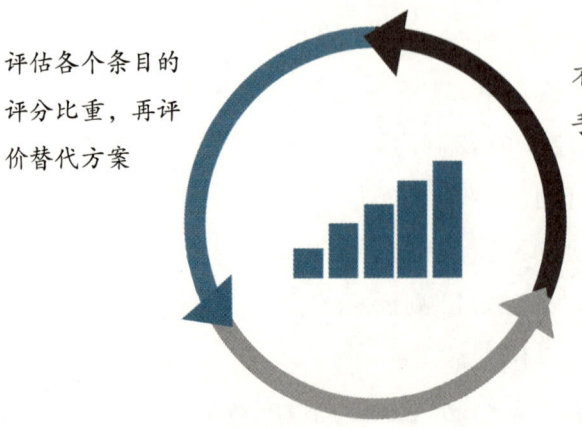

图 5-13　替代方案的评价标准

第7节　麦肯锡图表工作法：将问题可视化

"最近太胖了，体重严重超标啊！"

"但是看着还好啊，没看出来变胖啊。"

"真的吗？我最近在瘦身，看来也不是没有效果的。"

这是我们平时经常听到的对话，老王最近也有这方面的烦恼。老王发现，50岁以后自己的体重增加了，虽然也尝试了减肥，但效果似乎并不理想。

想要客观地了解老王的烦恼，必须先对事实有准确的把握。这个把握不是依靠预测或经验，而是要确定"正在发生的事实"。

实现这一点，必须借助一些必要的数据信息。当老王意识到"胖了"这个问题时，首先要对"胖了"这个判断进行验证。

需要用什么事实来支撑呢？那一定是体重。不仅需要现在的体重数据，还要与过去的体重数据进行对比。如果老王有健身习惯的话，还要考虑肌肉增长、体重增加的情况。

只有掌握体重具体增加了多少，才能确认问题的严重程度。如果仅凭感觉以及观感，就下结论自己胖了或者瘦了，将会使问题变得含糊不清。这与公司经营是一样的道理，先要基于事实分析现状，再得出解决问题的结论。

表 5-1　2014—2019 年老王体重变化表　　　　　单位：千克

月	2014年（50岁）	2015年（51岁）	2016年（52岁）	2017年（53岁）	2018年（54岁）	2019年（55岁）
1月	77.2	79.1	78.9	73.4	75.2	77.1
2月	77.2	78.9	82.0	73.1	75.5	77.3
3月	77.3	78.9	82.3	73.2	75.3	77.4
4月	77.6	78.9	82.6	73.6	75.3	77.6
5月	77.5	79.1	82.3	73.3	75.2	77.6
6月	77.6	79.4	81.8	73.6	75.6	77.8
7月	77.5	79.7	80.3	73.6	75.8	78.1
8月	77.6	80.0	77.1	73.1	75.5	78.1
9月	77.7	80.1	75.1	73.4	75.7	78.2
10月	77.9	80.2	73.1	73.7	76.1	78.5
11月	78.2	80.4	72.1	74.1	76.4	78.7
12月	78.5	80.9	71.6	74.6	76.5	79.3
平均值	77.7	79.6	78.3	73.6	75.7	78.0

以上是老王这几年的体重变化情况。有一个问题，你能立刻读出这张表格中数字背后的含义吗？

像这种只是罗列数字的表格，在一些不善于使用图表的公司很常见。虽然可以从表格中注意到数字发生了较大的变化，但很难领会数字背后隐藏的含义。

仅仅罗列数字很难让人明白背后的含义，而图表化能让数字背后的含义显现。

进入麦肯锡的新员工，拿到的第一批办公用品，就是一盒自动铅笔、一块橡皮、一套格尺和各种形状的绘图板。绘图板包括圆形、矩形、三角形、箭头形，等等。而且还会有人提醒他们"别丢了这些模板，要用它们来制图"。

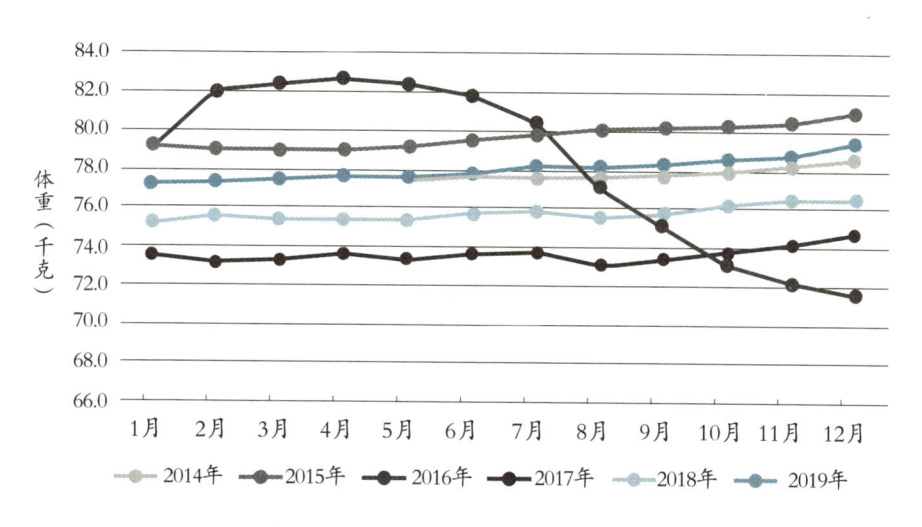

图 5-14 2014—2019 年老王每个月的体重变化情况

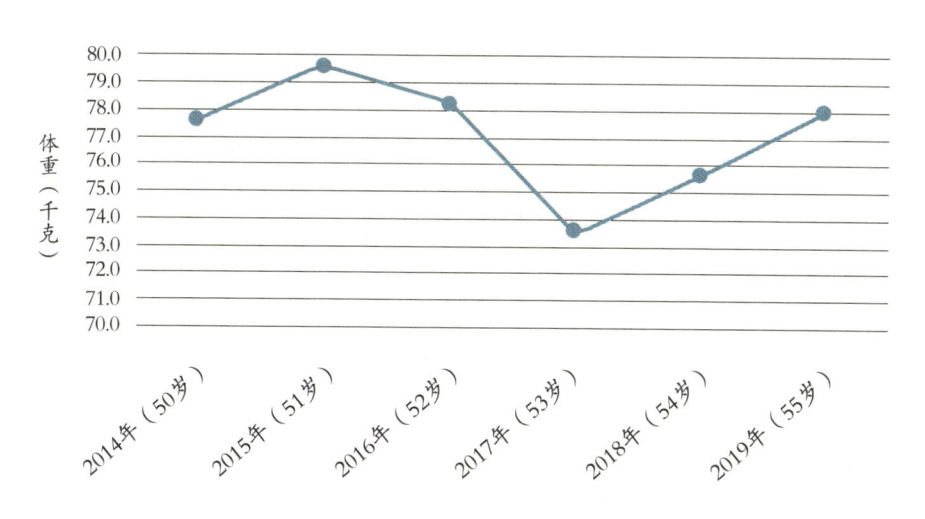

图 5-15 2014—2019 年老王的体重变化情况

当把表格转化成图表的形式后，数字的走势是不是一目了然了？将原本相互独立的一个个数字，按时间顺序排列，转化为图表的过程，就相当于将数据以视觉化的方式进行分析思考的过程。

在读图的过程中，不要将视线聚焦在某一点的数据，要分析整体的走势。

不仅要读懂体重是怎么变化的，还要关注其他可以读到的信息。最关键的一点是要通过分析图表，产生"为什么"的疑问。以老王体重变化的图表为例，可以产生以下疑问：

问题一，50到52岁这段时间，老王的体重为什么会有小幅度的增长？

问题二，从图表中可以看出，2016年老王的体重达到了最大值82.6千克，而之后的几个月体重大幅度下降，甚至在12月降到了71.6千克。可以判断出老王是从这个时候开始减肥的，那老王又是因为什么原因决定要减肥的呢？是单纯的体重数据的增长？还是体检结果不佳？

问题三，从82.6千克到71.6千克，共减去11千克，老王是通过什么方式减肥的呢？运动？节食？还是运动加节食？

问题四，之后老王的体重开始反弹，是什么原因呢？

问题五，整体来看，老王每个月的体重呈现出什么样的特点？老王现在的身体状况，与过去比较真的有所改善吗？

问题六，最后一个问题，也是根本性的问题，老王真的能被称为"肥胖"吗？

产生合理的疑问，是分析图表过程中很重要的环节，它是带领我们进入"未知世界"的钥匙。

如果将分析图表产生的所有疑问进行解答，可能需要搜索大量的数据。但事实上，有些疑问可以帮助我们发现问题，有些疑问则不能。麦肯锡具备高超的分析能力，擅长在众多的疑问中进行取舍，快速地发现真正的问题。

那么，麦肯锡是如何进行取舍的呢？那就是将着眼点放在最本质的问题上。

从上面的图表中我们可以看出，老王的减肥效果不是很理想，体重还是呈现上升趋势。我们对此也提出了六点疑问，在问题六中也提到"老王真的能被称为'肥胖'吗？"这其实是最本质的问题，先明确老王是否处于肥胖状态、是否需要减肥，再分析"老王是否属于易胖体质，体重又为什么反弹"，等等。

判断老王是否处于肥胖状态,不是凭感觉或经验,而是要依靠数据。将老王的体重与同龄人的体重平均值以及肥胖程度的判断标准进行对比,能够判断老王的烦恼是不是成立。

第一,与平均值对比。

表 5-2 2019 年老王的体重与平均值对比

性别	年龄组(岁)	身高(厘米)	体重(千克)
男	50~54	168.8	71.0
	55~59	168.4	69.5
女	50~54	158.5	58.9
	55~59	158.0	69.0
基于2019年的调查数据			

老王,性别男,身高170厘米,2020年1月体重为79.2千克。与平均值进行对比,生成的图表如下图:

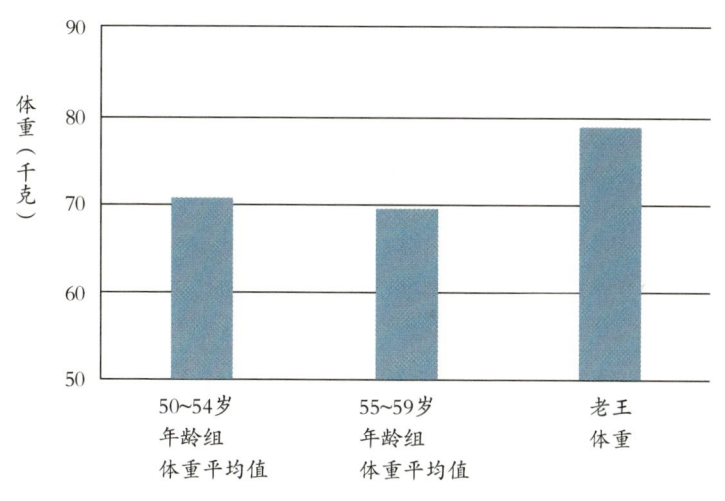

图 5-16 2020 年 1 月老王的体重与不同年龄组体重平均值对比

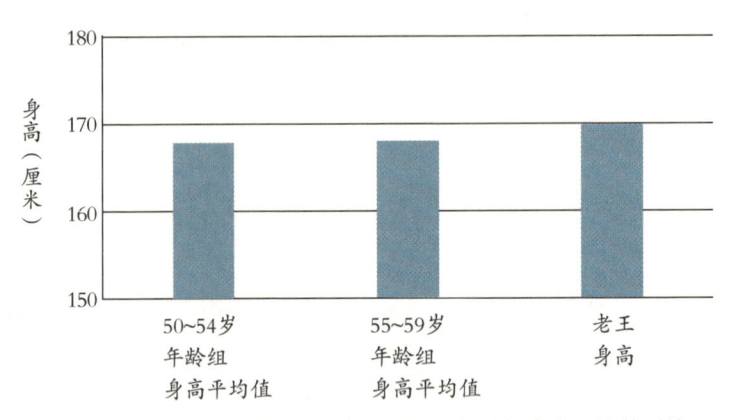

图 5-17　2020 年 1 月老王的身高与不同年龄组身高平均值对比

第二，与肥胖程度的判断标准相比。

表5-3　BMI参数

阶段	肥胖程度的判断标准（BMI评分） WHO 标准	亚洲标准	中国参考标准	相关疾病发病的危险
体重过低	<18.5	<18.5	<18.5	低（但其他疾病危险性增加）
正常范围	18.5～24.9	18.5～22.9	18.5～23.9	平均水平
超重	≥25	≥23	≥24	增加
肥胖前期	25.0～29.9	23～24.9	24～26.9	增加
Ⅰ度肥胖	30.0～34.9	25～29.9	27～29.9	中度增加
Ⅱ度肥胖	35.0～39.9	≥30	≥30	严重增加
Ⅲ度肥胖	≥40.0	≥40.0	≥40.0	非常严重增加

由老王的身高体重数据可以计算出他的BMI=79.2/1.70^2=27.4。根据亚洲以及中国肥胖参考标准，老王都是处于Ⅰ度肥胖阶段。

老王的体重无论是与同年龄层的男性平均体重还是与肥胖程度标准值相比，确实超重了。即使在老王减肥最努力的阶段，即体重最轻的时期，也比同龄男性的体重平均值还要高，我们确定老王真的处于"肥胖"的状态。

确定了老王确实处于"肥胖"状态，接着要分析其他的疑问，"是什么原因导致老王体重增加？""老王每月的体重呈现出什么样的特点？"

表 5-4 2014—2019 年老王体重增减幅度对比

月	2014（年）	2015（年）	2016（年）	2017（年）	2018（年）	2019（年）	平均值（千克）
1月	0	0.6	−2	1.8	0.6	0.6	0.3
2月	0	−0.1	3.1	0.3	0.3	0.2	0.6
3月	0.1	0	0.3	0.1	−0.2	0.1	0.1
4月	0.3	0	0.3	0.4	0	0.2	0.2
5月	−0.1	0.2	−0.3	−0.3	−0.1	0	−0.1
6月	0.1	0.3	−0.5	0.3	0.4	0.2	0.1
7月	0.1	0.3	−1.5	0	0.2	0.3	−0.1
8月	0.1	0.3	−3.2	−0.5	−0.3	0	−0.2
9月	0.1	0.1	−2	0.3	0.2	0.1	−0.2
10月	0.2	0.1	−2	0.3	0.4	0.3	−0.1
11月	0.3	0.1	−1	0.4	0.3	0.2	0.1
12月	0.3	0.2	−0.5	0.5	0.1	0.6	0.3

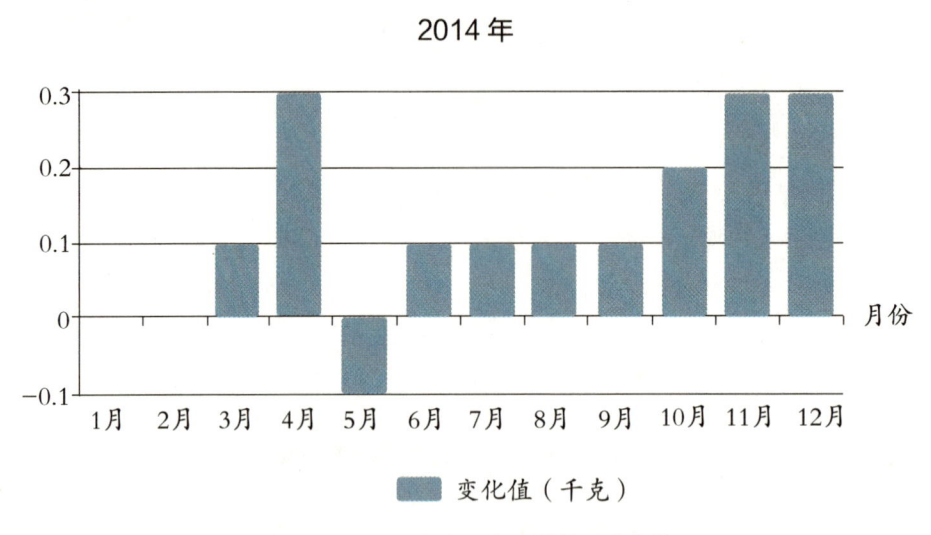

图 5-18　2014 年老王每月的体重变化值

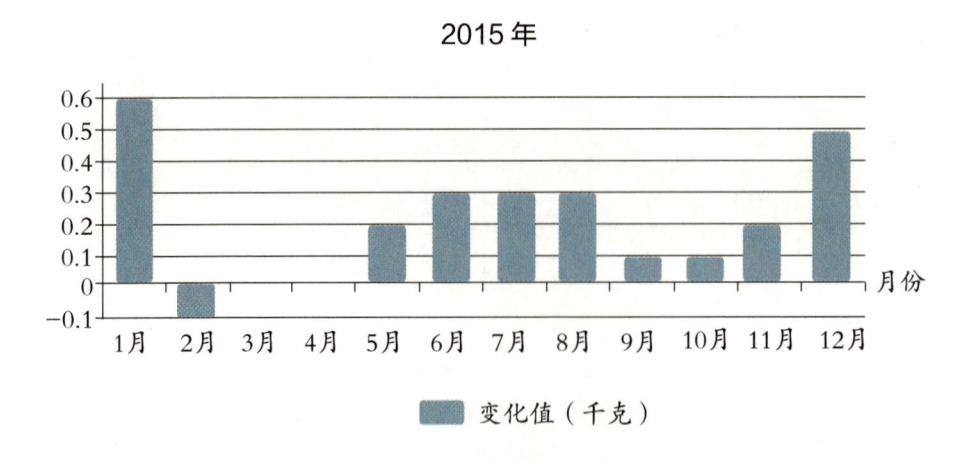

图 5-19　2015 年老王的体重变化值

2016 年

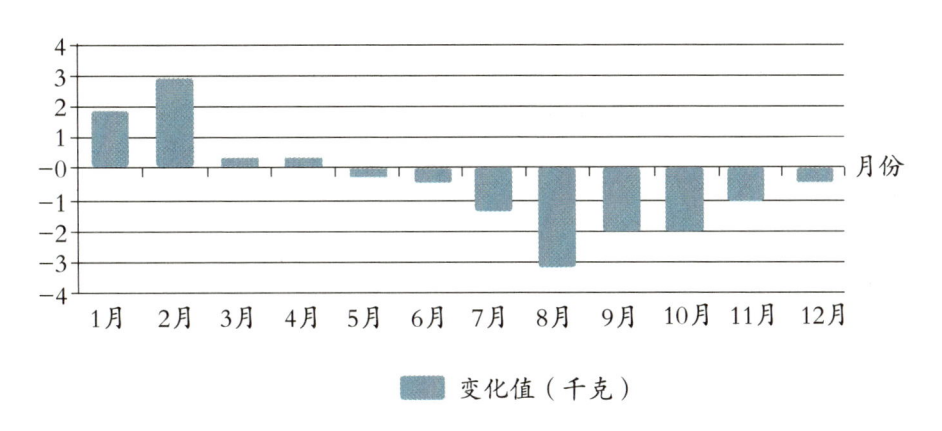

图 5-20　2016 年老王的体重变化值

2017 年

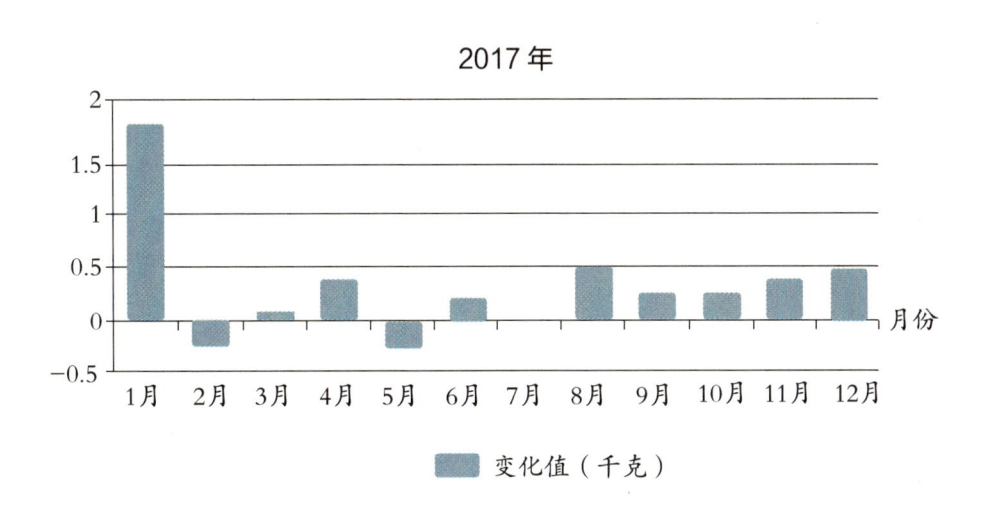

图 5-21　2017 年老王的体重变化值

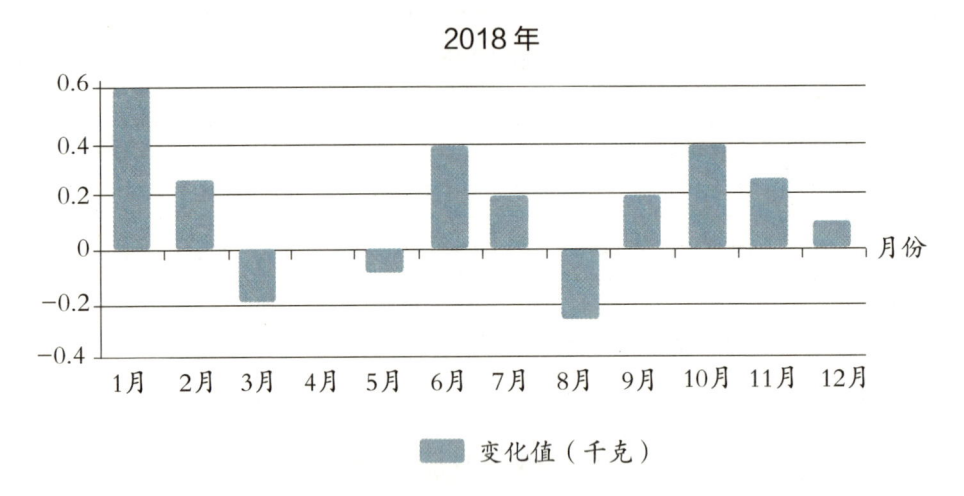

图 5-22　2018 年老王的体重变化值

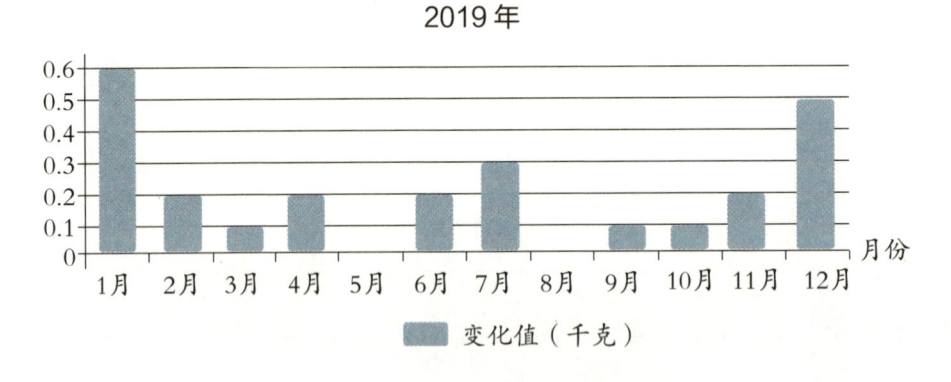

图 5-23　2019 年老王的体重变化值

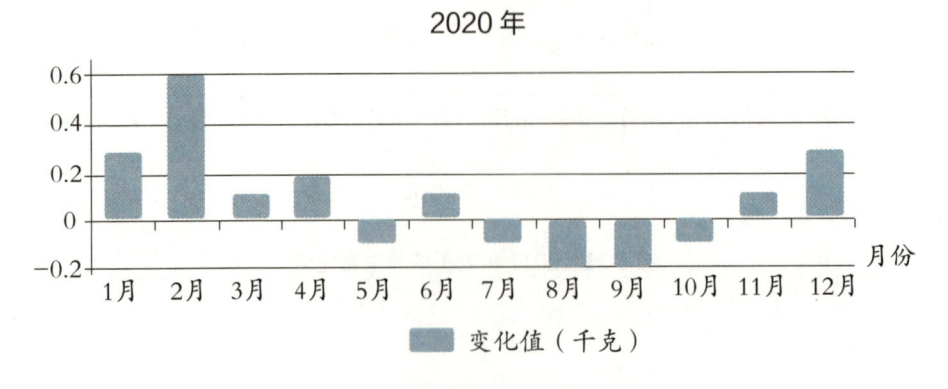

图 5-24　2020 年老王的体重变化值

从图5-24的增减平均值来看，1月、2月以及12月的体重增幅较大，而8月、9月体重有大幅度降低。接着，仔细看每年的增减幅度，除2016年下半年因为减肥，体重整体呈现下降的趋势外，其他阶段体重一直都在增减中反复，且整体上呈现增加的趋势，其中1月、2月以及12月体重增加的幅度最大。

1月、2月和12月天气寒冷，运动量可能会有所减少，而且接近年底，聚餐的机会增多。也就是说，摄入的热量超过了老王消耗的热量，建议适当增加运动量。当然，考虑到老王的年纪，可以多采取散步这样的有氧运动，将摄入的超标热量消耗掉。同时，减少热量的摄取则更为关键，尽量减少因在外进餐而摄取过多的热量。

不仅如此，我们对于老王如何在几个月时间减掉11千克体重这件事，仍保持疑问。正如在问题三中提到"11千克，老王是通过什么方式减肥的呢？运动？节食？还是运动加节食？"

在图表中我们无法得出这个问题的答案，但根据减肥成功后又继续反弹的状况来看，他的减肥过程，很有可能并没有制订系统性的计划。

我们需要对老王有深入的了解，而访谈是最有效且权威的方式。

在与老王的交流中，老王先提到当初之所以决定减肥，是因为体重的增加导致体检报告中有很多项目的数值超标，他强烈地意识到减肥的必要性。这同时也解答了我们的第二个疑问"老王又是因为什么原因决定要减肥的呢？是单纯的体重数据的增长？还是体检结果不佳？"

老王随后提到他是如何减肥的。说起减肥，大家通常想到的就是健身房、减肥餐、健康食品，等等。由于工作忙碌，老王没有时间去健身房，只是自己制订了一个饮食及运动计划。也就是说，老王是仅靠自己的意志改变生活习惯而减肥成功的。

这种减肥方法往往非常难以坚持，为什么老王坚持下来了呢？

在详细询问下得知，原来减肥动力来自老王和朋友的一个约定。老王有一个同样患有轻度肥胖症的朋友，两人约定"谁能在半年内减10%的体重就算成功，失败的一方要给对方5000元"，这也能解释为什么半年后老王的体重又反弹了。

很多人都有和老王一样的烦恼，对此我们经常看到这样的建议"体重之所以增加，是因为生活习惯出现了问题，只要改变生活习惯并控制饮食，结合适度的运动体重就会降下来了"，这种人尽皆知的结论，完全无法解决任何问题。

既然是生活习惯出了问题，那么"出现了什么问题？""又为什么会出现问题呢？"不分析这些深层次的原因，烦恼永远也无法解决。

前文提及的都是分析问题所使用的最基本的方法，也就是将数字转化为图表。其实，很多时候我们要传达的不能仅仅是数字，还要用文字传达我们的思考与分析，这样有利于提升受众的理解程度。通过图形传达信息，重要的想法、概念则用文字表现出来，这种图形和图表，就是"概念图"。

所谓的深层次的思考和分析，就是指按照一定的规律进行思考，不能毫无头绪地随意分析。例如，当我们思考自己的生活习惯时，就可以按时间顺序绘制概念图。再将生活习惯进行分解，思考"生活习惯具体指哪些方面？""到底什么才是正确的生活习惯？"等问题。我们可以选用圆形的流程图，将这些要素关联起来，形成一个环状的循环逻辑，如图5-25所示。

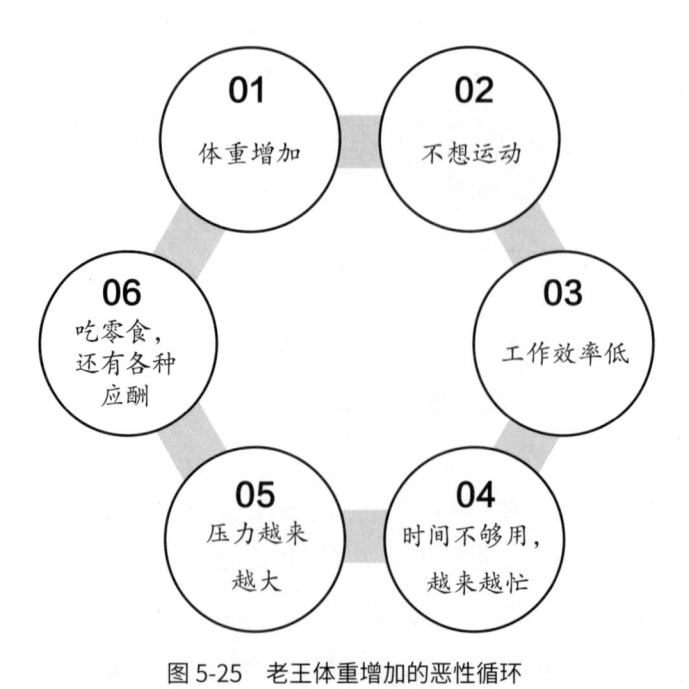

图 5-25　老王体重增加的恶性循环

下面的图表则被形象地设计成金字塔的样子，将老王减肥过程中遇到的要注意问题罗列出来，然后从金字塔底部开始，自下而上解决一个个问题之后才能登上金字塔顶端。

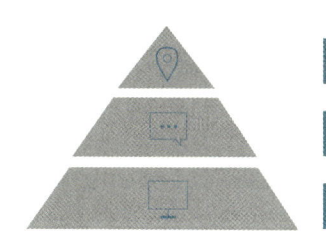

将数据转化为图表，分析体重变化，发现问题并予以必要纠正。

利用Excel表格记录每天的运动量、饮食以及体重情况。

与朋友打赌：规定减肥的目标、时间以及相应惩罚。

图 5-26　老王减肥过程中遇到的问题

除了这两种类型的概念图外，商务领域还会采用箭头形式的流程图、分层级的树形结构图、组织图，等等。如图5-27至图5-30所示。

图 5-27　箭头形式的流程图

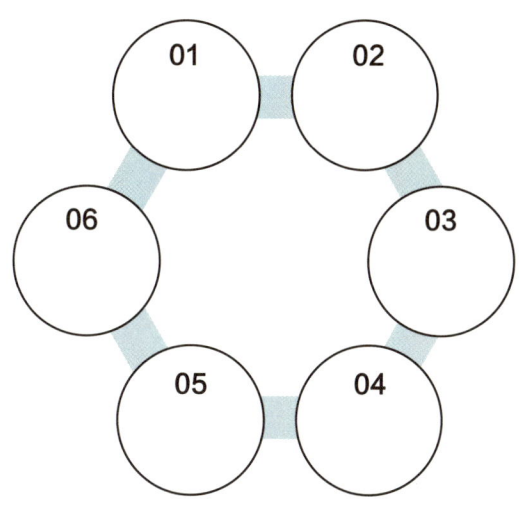

图 5-28　圆形流程图

图 5-29　组织结构图

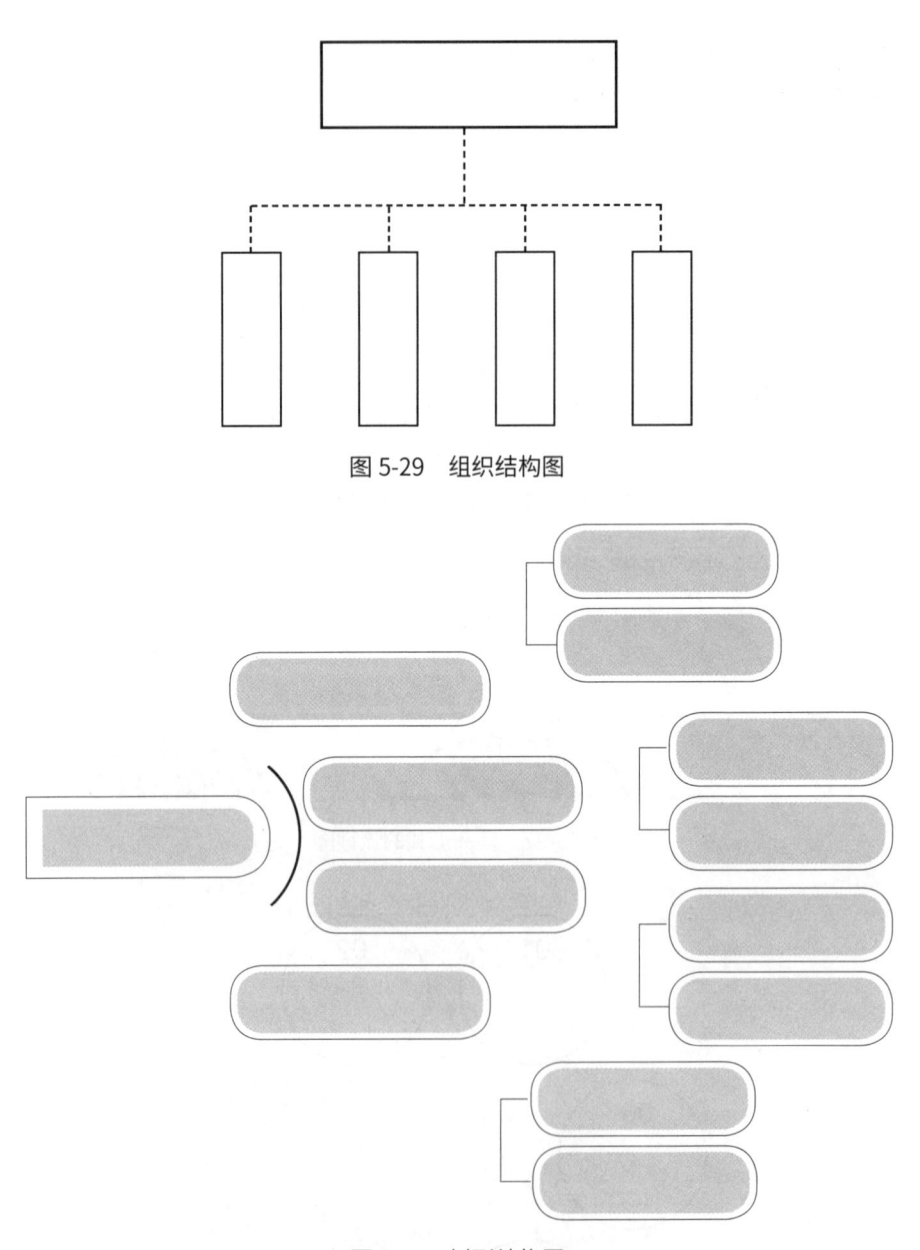

图 5-30　树形结构图

概念图，是为了向受众传达想表达的内容。这是一种更利于读者或观众理解的形式，所以形式不要太过复杂，否则就会让人无法明白想表现什么，进而陷入"为了使用而使用"的误区。

第六章　路径营造
——打破弱势的壁垒

没有执行力就没有竞争力，如果接到任务后迟迟不开始执行，会浪费许多宝贵时间；如果没有执行力，再好的蓝图和方案也无法实施。

执行和实施是关键。一本蓝皮书只是蓝皮书，除非你在上面写些什么。具体的实施永远是最重要的。

——原麦肯锡纽约办公室项目经理

第1节　专家与专业主义

很多人都在问："我没有资源也没有背景，该如何逆袭？"答案就是两个字——"专业"。很多时候强者与弱者之间的差距，就体现在做事情时能不能做到专业。

麦肯锡聚集着诸多独一无二的"专家"，但是他们不喜欢标榜自己，他们认为自己的成绩完全取决于工作结果。相比于争名逐利，他们更重视如何获得更高的专业水平；相比于"巧言善辩"，他们更喜欢用行动证明自己。

专业，是唯一的生存之道。

对于"专家"，通常大家都这么理解：在学术、技艺等方面有专门技能或专业知识全面的人；或者是特别精通某一学科或某项技艺有较高造诣的专业人士。

几乎所有对专家的定义都聚焦在知识和技能上，专家可以是激励自己迈向更高境界的升压器。那么，我们应该如何成为专家呢？

原麦肯锡亚洲太平洋地区董事长大前研一认为："专家要控制自己的情感，依靠理性展开工作。他们不仅具备较强的专业知识和技能以及较强的理念，而且无一例外地以顾客为先，具有无穷的好奇心和永无止境的进取心，并且严格遵守纪律。以上条件全部具备的人才，我才把他们称为专家。"

专家要控制自己的情感，依靠理性展开工作。他们不仅具备较强的专业知识和技能以及较强的理念，而且无一例外地以顾客为先，具有无穷的好奇心和永无止境的进取心，并且严格遵守纪律。以上条件全部具备的人才，我才把他们称为专家。

图 6-1　大前研一眼中的专家

专家不喜欢以敷衍的态度对待工作。他们从基础知识开始系统学习，亲身实践；他们对新事物持有好奇心，对变化采取开放的态度并不断地积累经验，重塑自己；他们不断学习，持续地训练自己，用自己学到的知识向别人提供合适的建议。

2018年5月14日，微信朋友圈被川航迫降的险情刷屏，从重庆飞往拉萨的四川航空3U8633航班，在9800米高空中，随着"砰地一声"，驾驶舱挡风玻璃突然破碎，机长刘传健立即向地面管制部门发出信息，并示意副驾驶徐瑞辰发出遇险信号。此时飞机开始剧烈抖动，机组身处高寒、缺氧和巨大噪音的恶劣环境中，情况非常危急，飞机仅能进行人工操作，可以说情况异常艰难，但刘传健在整个机组的紧密配合下完成了一系列准备工作，最终操控飞机以近乎完美的曲线安全降落，128人全部平安归来。

近万米的高空，每小时800公里的速度，挡风玻璃破碎、驾驶舱释压、副驾驶半个身子被吸出窗外、仪表大部分已经不能显示、必须依靠手动操作飞机备降。飞机处在青藏高原的边缘，要越过高原才能下降高度，这意味着刘传健还要在低温缺氧的环境中坚持一段时间。

在事件发生后的调查过程中，事件调查组判断，在当时的环境中坚持那么长时间，正常人势必会失去意识。但刘传健却能将自己的每一个操作步骤完整而准确地还原，令人感到不可思议。而且后来在模拟机上对这次事件进行了多次模拟，每一次的结果都是坠机，大家都震惊他是怎么做到的。对此，刘传健说："再坚持一下，再完美一点。"

危急之时无法佩戴眼罩，在缺氧状态下刘传健之所以能保持清醒，是因为他常常用憋气的方式来锻炼自己的意志力。在当时的情况下没有了仪表显示就没有了飞行参照，必须把每一个细节都做到完美，做到极致，才有机会成功备降。这里没有什么秘诀，全靠他在十几年的飞行生涯中一点点积累、一遍遍实验、一次次总结，不断夯实自己的专业技能。专业的人总是尽善尽美地工作，他们不敷衍不含糊，哪怕一件很简单的事情也会做到极致。

专业主义

专业的人总是尽善尽美地工作，他们不敷衍不含糊，哪怕一件很简单的事情也会做到极致。

图6-2 专业主义的定义

稻盛和夫说："我一直坚持努力，埋头从事'看似平凡'的工作，因此，取得了今日的成就。"

在飞机起飞、上升、驶入航线的过程中，需要助推力提供动力。同样地，任何成功的背后都少不了看似平凡的努力。通过看似平凡的努力积累，都会产生魔法般的加乘效果，取得成就，从而唤起更为强烈的奋斗意识。在不知不觉中，量变产生质变，便成为独一无二的专家。

人生最痛苦的不是失败，而是连尝试的勇气都没有。很多人习惯于给自己设限，认定自己的能力有限，暗示自己没办法做到，拒绝去努力，还认为这是一个现实而聪明的做法，不会惹人嫉妒，更不会被别人看不起，最重要的是还可以避免失败。

这就是轻视自己智慧的人，他们无一例外地属于防御性心智，不愿意探索世界，对新事物缺乏兴趣，总在想办法回避失败。对于变化或者是不擅长的事物，采取抵制的态度，浅尝辄止地完成工作，因此永远在原地踏步，得不到成长，就无法成为专家。

轻视自己的智慧，惧怕挑战，拒绝努力，就意味着放弃自我成长，也就很难成为专家。

如果一个人纠结于周围人对自己的评价，苦恼于平庸，却又不甘于平庸，把失败归结于外界，那么建议大家要果断摒弃这些想法，立即开始行动，去升级你的知识体系和认知体系，保持强悍的学习能力和适应能力，最重要的是脚踏实地地去努力，一步一个脚印前行，将每一个细节都做到极致，你看到的世界就是另外一个样子了。

第2节 没有执行力就没有竞争力

麦肯锡有着强大的执行力文化，当他们接到一个项目以后，会立即展开工作。没有执行力就没有竞争力，如果接到任务后迟迟不展开工作，会浪费许多宝贵时间；如果没有执行力，再好的蓝图和方案也无法实施。

对于一家企业来说，执行力是成败的关键；对于一个领导来说，执行力是领导能力的一部分，是建立威信的重要途径；对于每个普通职员来说，执行力是职场生存的必备技能。

发挥执行力，要抢时间。在日常生活和工作中，一旦发现问题或者有了好的想法，就应该及时解决问题或采取行动，一定不能拖延。所谓"抢时间"，就是要把握住"今天"，把握住"今天"，就把握住了人生。

那么，如何把握住"今天"呢？

一、积极的心态

有了积极的心态，就能战胜懒惰和被动，把每一天都当成崭新的一天，斗志昂扬地去奋斗。

二、乐观的心态

很多人喜欢抱怨工作中的各种问题，与其把时间花费在抱怨上，不如用来做更有价值的事情。如果拿出用来抱怨的1/10的能量，应用到解决问题的过程当中，很多问题也就能解决了。在工作中，要学会用思考代替抱怨，拥有乐观心态的人，往往离成功最近。

三、制订完善的计划

"今天"是短暂的，为了把握住这稍纵即逝的"今天"，需要我们制订严谨的、切实可行的计划。有了计划，工作就会少一些漏洞以及空白。

四、制订好了计划，就抓紧行动

美国成功学家格林经常在演讲时和观众开玩笑，说联邦快递是他发明的。联邦快递是美国最大的快递公司，其实这也不算假话，他确实有过这个主意，不过是弗列德·史密斯真正地把这个主意付诸实际行动。

成功地将一个好的想法付诸行动，比空想100个好主意还要有价值得多。这个世界上至少还有上万个创业者和格林一样想到同样的主意，但真正付诸行动的没有几人。

在工作中，有了想法或计划之后，就应该付诸实践，以便发挥其价值，否则这个想法或计划再完美，也没有实际的意义，永远也不会有收获。

今日事今日毕，不要拖延到明天。每天都有每天的事情，今天的事情与昨天的事情不同，而明天也有明天的事情要做。

如果等所有条件都完美了才开始行动，那么你可能永远都不会开始。在现实世界中，没有绝对的完美，随时都可能会遇到各种各样的问题，最好的行动时间就是"现在"。

五、在指定时间内完成工作

工作过程中，可能会因为工作量、工作时间或其他外界因素，而无法在指定时间内完成任务。这就需要我们采取相应的措施，尽可能在指定的时间内完成工作。例如，提前列出工作计划、步骤及时间，等等，争取在保证质量的前提下，以最快的速度完成规定的工作任务。

六、提高硬实力

不断学习以提升自身的综合素质和能力，自然会提高工作的效率以及质量。

七、激发创造力

如果等有了灵感才工作，那工作的时间就会变得很少。创造力是可以去主动激发的，如果你需要写文章，就强制自己坐下来写，也许落笔的一瞬间，灵感就来了。

八、专打一个垒

做事情就好像打棒球一样，要一垒一垒地打，不要把球击出场地。如果有一次你设法做了所有的工作，周围的人就会对你产生不切实际的期望，每次工作大家都会期望你有同样好的表现，假如有一次没能满足大家的期望，那么将很难重新获得信任。

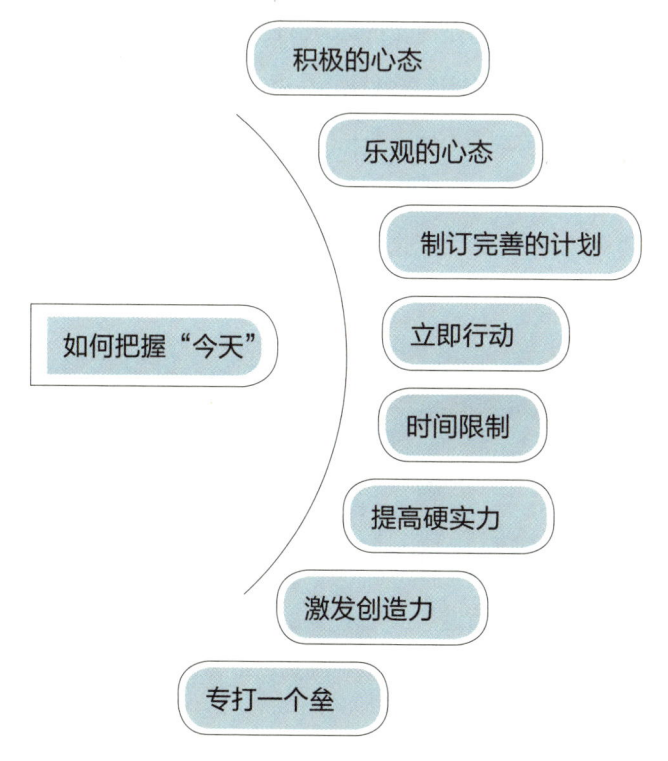

图 6-3 "抢时间"，把握"今天"

第3节 在擅长的领域"精耕细作"更容易取得成绩

做擅长的事情并做到极致，更容易取得成绩，并实现自我价值。擅长意味着个人的动机、兴趣、能力与职位的匹配。麦肯锡的职责就是为客户预测以及解决可能遇到或者已经遇到的问题，拥有这样能力的麦肯锡精英们，毫无疑问每个人都在自己擅长的事情以及领域中"精耕细作"。了解自己擅长什么，对自己擅长的技术精打细磨，揣摩在什么时候使用最佳，这对于工作是很关键的一点，但是不要过早地为自己贴标签以及设限。

如果你是擅长数据分析的人，前期准备花费时间做一些重要的数据分析，这无可厚非。但是，如果你擅长的是与人交往，与其将时间花费在数据的分析和制作上，不如选取重要的人物以访谈的形式获得创意上的启发，虽然可能会花费更多时间，但在自己擅长的领域精心打磨，更有利于取得突破和成果。

做自己擅长的事情，并不代表要锁定自己的技能树，把自己框定在某一个领域，这样会失去探究更大的世界的机会。

我们需要从以下三点来反思这件擅长的事情是否能为我们带来长远的益处与发展。

精心打磨擅长的事
做擅长的事情并做到极致，更容易取得成绩，并实现自我价值。

图6-4 在擅长的领域"精耕细作"

第一，能否带来更高效的产出。从事自己擅长和爱好的工作，本身就是一种幸福的体验，这样更容易集中注意力，也能带来更高效的产出。当然，这和兴趣、能力、知识经验储备都有关系。

第二，是否能够改变外界对你的预期以及定位。如果你所擅长的事情得到了领导和同事的真心认可，同时为你获得了更多融入团队的机会，以及获得显性的荣誉、奖励、加薪以及晋升，那么这些擅长是值得及时发挥的，这可能就是你将来要依赖的优势。

第三，这件擅长的事情是否有足够的深度、厚度和广度。擅长的工作，应该能丰富你的思维框架、完善你的知识体系，最终这些知识以及经验可以完成相关领域的迁移。如果擅长的事情只面向某一单项任务，不能帮你建立起工作、生活、人际等方面的认识与理论知识框架，可能就是一口不值得浪费时间的枯井。

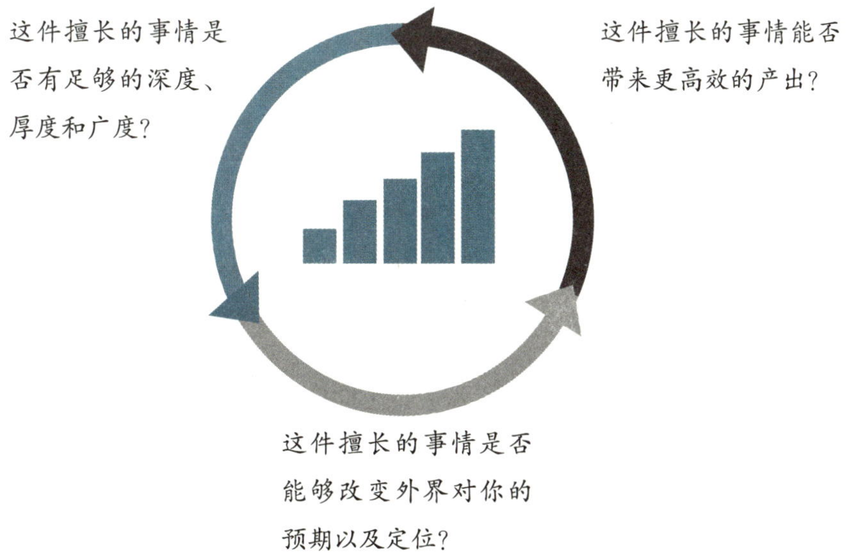

图 6-5　擅长的事情是否能带来长远益处的"灵魂三问"

第4节　成就麦肯锡式精英的七要素

看《欢乐颂》的时候，有一些人不喜欢曲筱绡。认为她刁蛮任性、口无遮拦，做事全凭自己痛快，不考虑他人感受，甚至还有人认为"她不就是'拼爹'吗？就是个不学无术的富二代"。

吸金力开挂的曲筱绡，真的是"拼爹"吗？

她看似拼的是"爹"，但她管得了公司，拿得下大单，把那个小公司经营得风生水起。

她看似刁蛮任性，但当男朋友多次在约会中接到手术通知而爽约的情况下，她没有抱怨男朋友没有时间陪自己，而是撒撒娇就让赵医生回去工作。

很多人认为这样一个不学无术的人配不上帅气有才的赵医生，但是曲筱绡真的配不上赵医生吗？

在与赵医生的恋情中，她不会因为赵医生工作爽约而吵架，也不会因为谈恋爱而耽误自己的工作。她在这段感情中始终保持了完整的自我。

她看似口无遮拦、不顾及他人感受、只凭自己痛快，但每次的结果呢？是不是事情的发展都正如她所说的那样呢？人间百态，她从小看过太多，她看似口无遮拦，其实是人情练达。

还有一点，我们真的应该向她学习，那就是"脸皮厚"。在工作中，当我们遇到困难向他人求助时，会有很大的心理负担，会不好意思、难以开口。但曲筱绡不会，"死缠烂打"、撒娇卖萌应用得得心应手，从她求助安迪帮她解决GI项目这件事上就能看出来。

她看似"脸皮厚"，但也侧面反映出她做事果决，不会因为所谓的面子而放过机会，她有着超强的执行力。

曲筱绡临时被母亲叫回国争夺家产，在这之前她在国外每天就是吃喝玩乐、享受生活，所以回国后明显感觉自己业务能力不足。但是，她非常懂得利用资源，让专业人士解决一切。比如，让好友姚滨帮她搜集市场信息；让安迪给自己指导以及出谋划策；让关关帮忙翻译英文资料；找王柏川合作，当他不能马上报价的时候，她懂得找樊胜美来给王柏川施加压力。

……

她性格跳脱、不受拘束，那些刻板的规定她统统不放在眼里。她的员工，她不会以加班作为评判标准，哪怕你迟到早退，只要工作做好、业绩突出，就能得到认可；反之哪怕你加班到半夜，工作做不好照样要走人；只要工作做得好、项目完成得不错，该有的福利一点也不会吝啬。这样的老板，员工是开心的，每个人的价值也都能得到最好的体现。

看来，吸金力开挂的曲筱绡，还真的不是"拼爹"，她拼的是"思维力"，也就是解决问题的能力，而这正是麦肯锡擅长的，是每个麦肯锡精英都需要具备的技能，也是成功的必备要素。

那么，到底如何才能成为像麦肯锡一样的精英呢？你要同时具备以下七点。

一、将目标设置得高一些

如果工作目标含混不清，工作的积极性就会大打折扣。相反地，当工作目标清晰明了，要达到什么样的目标都清清楚楚，那么，更容易享受整个工作过程。

在设定工作目标的时候，我们会在不知不觉中忧虑"我们能做到多少"，于是很轻易会给自己设定一个较容易达到的低水平目标。

设置工作目标时还是要尽可能地放远目标，把目标设置得高一些。目标设置得越高，我们的思考就会相应地越开阔，我们的创意就会更加丰富多彩，我们的工作也会更加高效。

只有因地制宜、设置好高标准的目标，我们才会在不断自我优化的过程当中催生出更大的变化。

将目标设置得高一些：目标设置得越高，我们的思考就会相应地越开阔，我们的创意就会更加丰富多彩，我们的工作也会更加高效。

图 6-6 设置工作目标

二、随时与上司确认工作进程

上司安排的工作，需要每位员工在规定的时间内，保质保量甚至超额完成。在执行任务的过程中，要随时与上司保持沟通，确认工作进程，这样才能高效地完成工作。

首先，确认工作任务的时间限制。发布工作任务时，上司更多时间是在说明工作内容，可能忽视了对时间限制的明确性，这时你就必须要与上司进行确认。否则，几天后上司询问工作的进度，你却还没有进行，上司会如何看待你？

其次，确认上司的想法和意图。接受任务后，必须进一步确认上司的想法和意图。如果你的理解与上司的指示有偏差，那你按照自己的想法埋头工作、辛苦半天，只能白白浪费精力和时间，不仅拖慢了工作的进度，也无益于解决问题。

最后，确认工作的品质是否合格。在过程中也要与上司保持沟通，比如，工作从什么方向开始？工作计划做得如何？工作的品质是否合格？得到肯定回复后再继续进行，如果出现错误的话，及时作出修正就不会浪费时间。

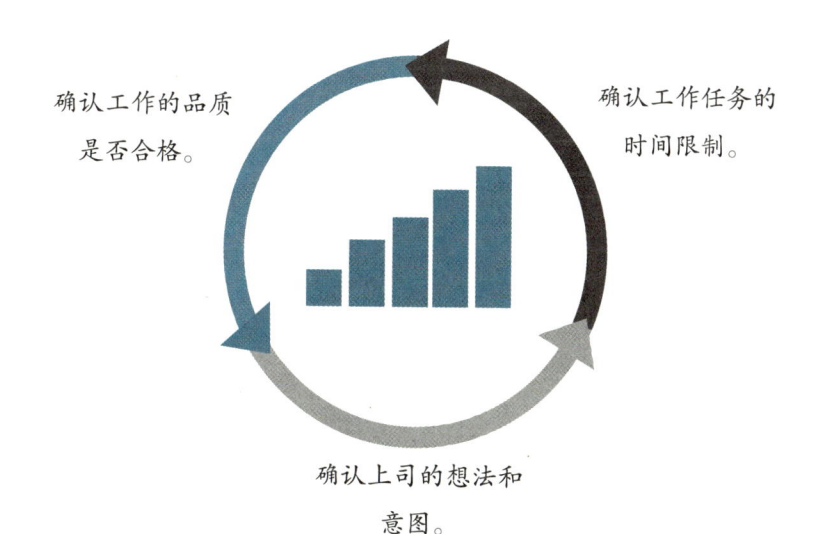

图 6-7　随时与上司确认工作进程

三、合理安排工作，将任务可视化

想要有效地利用有限的工作时间，需要我们对工作进行合理的安排。麦肯锡大都善于安排工作，他们可能会同时处理多项工作，但每项工作都井然有序、有着各自的进度。

工作安排得当，就能获得充足的时间，一个小时的工作可能20分钟就做完了，节省下来的时间就可以用来做其他工作，工作的自由度以及灵活性都会有所提高。

如何合理安排工作，将任务可视化？

首先，制作"To Do列表"：最简单的就是准备便签或笔记本，列举出需要完成的工作，制成一个"To Do列表"，再根据事情的紧急程度进行处理。

其次，整洁的工作环境：在麦肯锡，几乎没有人的桌面乱成一团却从不整理，办公桌的状态代表了一个人头脑中的状态，如果周围的环境很混乱，思考也会变得杂乱。需要的资料、等待处理的数据等信息，如果因办公环境的杂乱，不能及时找出来，必然也会造成时间的浪费，降低工作的效率。

最后，扔掉过去的成果：在麦肯锡，除了最终的报告书，会将已经结束的工作和项目资料全部处理，客户资料也会全部返还。经过的时间越长，市场的环境以及局势发生的变化就越大，曾经收集的资料就会变得毫无价值，因此麦肯锡从不会参考自己两三年前思考过的内容，他们会每隔几个月甚至每周就进行一次彻底的清理。

扔掉过去的成果：麦肯锡从不会参考自己两三年前思考过的内容。

制作"To Do表"：根据事情的紧急程度进行处理。

整洁的工作环境：办公桌的状态代表了一个人头脑中的状态。

图 6-8　合理安排工作，将任务可视化

四、灵活运用面谈、邮件和电话

面谈、邮件和电话，是工作中向对方传递信息的三种方法。资历浅的年轻人，喜欢依赖于邮件，但邮件常常难以传达我们的真实意图，更无法揣测对方的意图。尤其是遇到比较重要或是紧急的问题时，邮件无法传达紧张感或迫切感，这时候应该打电话，在通话中根据对方的语言判断对方的意图并表达自己的想法。

对电话的使用也要恰到好处，可以尽量放缓说话的语速，等待对方的反应。边交流边思考，更能准确传达、接收彼此的意图。当然面谈效果会更好，尤其是负面问题一定要当面解决，尽量不要用邮件或电话处理。

面谈、邮件和电话，是工作中向对方传递信息的三种方法，它们往往有着不同的适应情境。

图 6-9　灵活运用面谈、邮件和电话

五、提高工作热情，将注意力完全集中在工作上

对工作始终抱有热情的人，任何工作都可以完成得很好，否则工作是很难取得进展的。只要团队中有这样一个人，团队的气氛也会随之高涨。

被上司训斥、客户提出不合理的要求、同事拒绝提供帮助，甚至私人问题，都可能导致个人丧失工作热情。因此，必须学会控制自己的情绪，将自己的注意力集中到解决问题上。

图 6-10　将注意力完全集中在工作上

六、阅读是必要的工作习惯，会帮助人思考

知识上的细微差距，会导致出现完全不同的结果，对知识了解得越多、掌握得越深，建立的假设就越接近本质。在麦肯锡，战略论、金融、市场营销以及经营学等都是经营顾问必不可少的知识，而这些知识通常可以由阅读获得。

选书的范围要广，不必局限于畅销榜的书，主要看自己的需要和感觉。在阅读的过程中，最好一边阅读一边标记，再进行重点阅读。

读书不一定非要读完，读到一半发现没用，就要毫不犹豫地扔到一旁，不必浪费时间。

> 知识上的细微差距，会导致完全不同的结果，对知识了解得越多、掌握得越深，建立的假设就越接近本质。

图 6-11 阅读是必要的工作习惯

七、自省

在等车、坐车或者午休这样的空闲时间里，你会做什么？我猜大多数人会选择打开手机刷刷网页或者打游戏。但如果没有紧急情况，尽量不要浪费时间看手机，这些空闲时间可以用来自省：

今天的工作计划是什么？

工作能够按时完成吗？

哪个地方做得不够好？

为什么会出现那些问题？

……

不考虑具体内容，完全随心所欲地思考被称为"发散性思考"；而结合实际工作的自省，被称为"聚集性思考"。随着你不断重复这些动作，思考会不断深入，脑海中就会逐渐出现创意的雏形。

自省 ⋘ 空闲时间 ⋙ 不考虑具体内容，完全随心所欲地思考被称为"发散性思考"；而结合实际工作的自省，被称为"聚集性思考"。随着你不断重复这些动作，思考会不断深入，脑海中就会逐渐出现创意的雏形。

图 6-12　自省

第5节　构建人际网络，拓展工作机会

在麦肯锡看来，无论你在职场处于怎样的地位，拓展属于自己的人际关系都尤其重要，人脉将成为你立足其中最为重要的资源之一。

人脉不是立刻就能获得的东西，它的建立需要技巧。

一、记住对方的姓名

不管与对方之后是不是还有进一步的交流合作，都要尽力记住对方的姓名，这是拓展人脉的根本。想象一下一个不太熟悉、有过几面之缘的人，一见面就能亲切地叫出你的名字，你有什么感受？是不是觉得很开心，感觉自己得到了重视与尊重。在这样的感受下，你自然会对对方印象深刻、好感加倍。

二、主动、真诚

与人交往，记住对方的名字之后，就进入相互了解的阶段了。这个时候可以主动进行交谈，谈一些对方感兴趣的话题，这样会让对方感觉轻松。主动谈论别人感兴趣的话题更能激发对方的交谈兴趣，如果一开始就问一些目的性特别强、明显只对自己有利却与对方无关的话题，很容易引起对方的反感，进而

对与你的交往产生抵触情绪。而当你抱着诚挚的态度，以对方为出发点提问的时候，对方一定会感受到你的善意以及真诚的关心，慢慢就会对你打开心扉，两人的交往也就慢慢步入了正轨。

除了对方日常生活中的一些兴趣点，更要关注你能在对方身上学习到哪些自己不具备的技能和优点。每个人都有自己独特的优势和思维体系，都具备一些自己欠缺的能力，我们应该持有好奇和谦虚的态度去探究和发现对方的不同之处，将其吸收并转化为技能。当然，不光要吸收，还要给予对方必要的帮助，双方取长补短。在这个过程中，双方的距离才会拉近，能力才会有所提升，这便是人际交往最好的状态。

三、留意并牢记双方交往的细节

当交往双方不涉及利害关系时，交往起来往往更轻松自在，也更容易报以真诚的态度，关系自然也更容易维持下去。这也是为什么学生时代的感情更真挚和长久的原因。所以，在工作中想要和同事更好地相处，要多利用工作闲暇的时间，更容易拉近距离，建立友谊。在麦肯锡，上司经常会在家里举办聚会邀请下属们一起聚餐，大家褪去同事的身份以朋友的姿态相处，会看到各自和工作时不一样的一面。通过多次聚会，团队成员之间很明显变得更亲近、融洽，合作意识也更强了。

四、有公司前辈和上司参加的酒会

很多人对于是否应该参与与公司前辈和上司的酒会这个问题有疑惑。在麦肯锡看来，适当参与这样的场合是有必要的，这可能是一次与前辈和上司进行交流学习的机会。如果你想拓宽你的眼界和人脉、拥有更多学习和成长的机会，或是想要开发职业生涯中更多的可能性，这无疑是个合适的场合，而公司前辈和上司更是能给予你指导的最佳人选。所以，不要刻意躲避这样的场合，多跟随他们的步伐，找准机会进行交谈，他们的建议以及经验对于下属来说非常有价值，一定会让你受益匪浅。不只要珍惜这样的交谈机会，在平时也不能忽略对他们的观察，观察他们工作的习惯和方法，等等。

五、公司之外的人际关系

想要拓展自己的人际关系，除了与工作范围内的人进行交往外，还需要积极与公司之外的人进行交流，包括那些与自己专业和擅长领域不同、兴趣爱好不一样、生长环境有很大差别、年龄不同拥有不同生活经验和价值观的人，等等。通过与这些人的交流和相处，也许会发现"新大陆"或者发现新的人生方向，而且这些与自己截然不同的人，会给你的职业生涯带来更多的可能性。

麦肯锡作为世界顶级的管理咨询公司，为各行各业的人提供服务和帮助，自然需要涉猎各行各业的咨询和知识，所以麦肯锡非常注重公司之外的人际交往。通过与各行各业的人才的交流，可以获得大量有价值的信息。为此，他们总结出三种能够促进与公司之外的人进行交流的方法。

第一，每周至少安排一次聚会。每周不管多忙，都要空出一定的时间与工作之外的人碰面。当你一周都陷在自己琐碎的工作中摆脱不出来时，这样的一场聚会，可能会让一切的愁云都散开，工作中的难点也会克服。因为工作之外的人，与你拥有不同的视角和看待问题的方式，通俗来说就是旁观者清。他们不同角度的分析往往会让你豁然开朗，即使不谈论工作，只是单纯地交谈，也会缓解你一周紧张焦虑的情绪，有助于你调整好心态迎接下周的挑战。

第二，参加交流会。朋友往往会成为你拓展人际关系的桥梁，可以通过朋友"搭桥"多参加各种类型的交流会，参加的越多建立人脉的可能性就越大，当然也要有所选择，应该挑选那些有助于你拓宽眼界和知识的场合，纯粹娱乐消磨时间的聚会还是少参加为好。

第三，约定下次见面的时间。如果你对新结交的人感兴趣，想深入了解的话，一定记得要约定下次见面的时间，而且最好是近期。当两人正处于较好的交流状态下，趁热打铁，更有利于关系进一步发展，从而缩短两人相互了解所需的时间。

公司之外的人际关系

通过与这些人的交流和相处，也许会发现"新大陆"或者发现新的人生方向，而且这些与自己截然不同的人，会给你的职业生涯带来更多的可能性。

有公司前辈和上司参加的酒会

不要刻意躲避这样的场合，多跟随他们的步伐，找准机会进行交谈，他们的建议以及经验对于下属来说非常有价值。

记住对方的名字

这是拓展人脉的根本。

主动、真诚

当你抱着诚挚的态度，以对方为出发点提问的时候，对方一定会感受到你的善意以及真诚的关心，慢慢就会对你打开心扉。

留意并牢记双方交往的细节

在工作中想要和同事更好地相处，要多利用工作闲暇的时间，更容易拉近距离，建立友谊。

图 6-13　建立人脉的技巧

第6节　用笔记找出"行动的死角"

我们的大脑需要存储很多记忆，记忆可以分为两种类型：陈述性记忆和动作性记忆。

陈述性记忆，就是"用大脑记住"的记忆。这一类型的记忆很难稳定下来。当我们想用大脑记忆时，位于大脑边缘系统的"海马体"会对信息进行处理，只将重要性高的内容输送到负责记忆的"大脑新皮质"中保存，所以很多想要记住的信息不一定都会被记忆。例如，考试前我们拼命背诵，可一旦做了其他的事情，刚背下来的东西就想不起来了。

动作性记忆，是"用身体记住"的记忆。动作性记忆的印象一般比较深刻。这类记忆不是通过"海马体"，而是通过对"大脑基底核"和"小脑"的神经回路网进行处理，它们位于大脑更深处，是控制人类运动所必需的肌肉。当动作被记忆在神经网回路后就很难被忘掉。例如，我们学会骑自行车，即使很久不骑，身体也不会忘记骑自行车的方法。

图 6-14 记忆的分类

"记笔记"这个行为，不只是用大脑记忆，还用到了身体的一部分——手。所以相比较于只用大脑记忆，记笔记这种用身体记忆的方式更有利于记忆。夸张地说，笔记也成为大脑的一部分，是打开大脑记忆空间的"第二大脑"。

从发现问题到解决问题，有一套流程。尽管我们能够清楚地了解这套流程，但我们能一开始就直接在脑海中准确构思出这个流程吗？

很少有人能一开始就在脑海中整合所有的状况并找出解决问题的办法，即使是麦肯锡解决问题的天才，也没有办法只在大脑中完成一切工作。如果解决问题只是使用大脑构思，不借用工具的话，在后面真正开展工作的时候会遇到各种问题和困难。

在麦肯锡，非常注重记笔记的作用，他们认为"用笔记思考"是解决问题很关键的一步，用笔在笔记本上记录的过程可以让人更深入地整理思路。不论是问题的界定与分析，还是假设的建立与解决问题的具体方案等，麦肯锡咨询顾问们都会使用笔记。

记笔记不能仅用来单纯记录课程和会议内容，也不是只记录过去发生的事情和内容，而是一边记录一边思考接下来应该做什么。记笔记的目的是取得成果，无法取得成果，也就是不能用来解决问题的笔记，是无效的，那只是单纯地使用笔记而已。记笔记不能是毫无根据地主观希望和单纯地猜测，应该按照解决问题的流程整理思路，根据发现的有根据的假设，找出"接下来应该这样做"的解决办法。

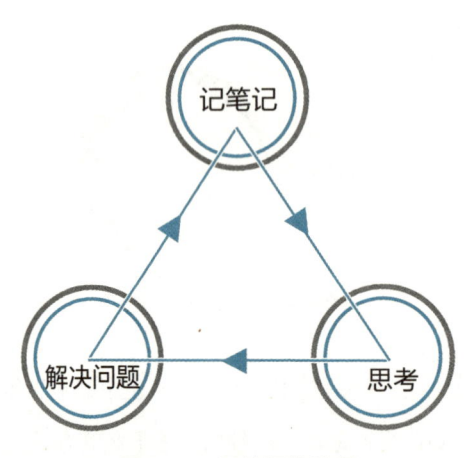

图 6-15　记笔记的流程

养成动手记笔记的习惯之后，能帮助大脑形成一个"笔记思考"的回路，就算手边没有笔记本也可以分解问题的结构，时刻以取得成果为目地整理问题。

在解决问题的时候，用笔记整理思路很重要，但事实上整理我们的行动也同样重要，可以帮助我们找出行动的死角。比如，以30分钟为单位分割我们一天的活动，就能够准确地得出这一天我们具体做了些什么；如果以几个小时为单位，我们只能大概回忆起"9点到10点开会，10点到12点一直在工作，中途与客户针对项目进行了沟通，吃完午饭下午继续工作，然后……"从这种"不够准确的回忆"中，我们很难看出自己的活动之中有哪些需要改善的死角，因为无法具体看到事物，就无法得到真正的改善。

将信息记在笔记本上的行为，可以非常具体地把握容易被忽视的内容。通过较短的时间单位，细致审视自己的活动，找出具体的问题以及为了改善这些问题建立起的活动假设,然后将自己的行动记在笔记本上进行分析,最终发现问题解决的方法。

找到自己活动的死角,可以第一时间发现问题的解决办法。但是如果知道自己的活动存在问题却不愿意采取行动,那么永远也找不出"真正的问题"所在。还有很关键的一点,假设与验证是密不可分的,多次建立假设与验证,假设就更精准。但假设与验证的建立不能是凭自己的感觉或猜测,这需要准确的书面材料。

使用笔记整理信息和思路,能够找出"活动的死角",建立起"准确的假设",从本质上改善问题。

不管看起来多么灵光一现的工作方法,追根到底都是笔记思考。不动手在笔记上书写,只靠大脑思考,就会出现很多活动的死角,不利于形成解决问题的思考回路。只存在于大脑中的思考往往处于近乎混沌的状态,当我们使用笔记时,将笔和纸变成思考的时间机器,将零碎的思维碎片整理起来,可能会通过意想不到的方式获得问题和假设的灵感,最终找到解决问题的方法。

> 当我们使用笔记时,将笔和纸变成思考的时间机器,将零碎的思维碎片整理起来,可能会通过意想不到的方式获得问题和假设的灵感,最终找到解决问题的方法。

图 6-16 利用笔记进行思考

记笔记是为了取得成果,但是这个成果如何取得,大家可能认为这是一件很难的事情,实际上完全不用担心,麦肯锡的"解决问题笔记术"可以帮大家解决这个问题。

麦肯锡的解决问题笔记术最大的特点,就是按照解决问题的流程来区别使用笔记,可以概括为四种笔记类型。

一、找出真正问题的笔记

比如某公司面临"A产品销量不佳"的情况，产生这一状况的因素包括市场、销售渠道、公司以及产品销售人员、产品本身乃至顾客等，我们需要在这众多因素中找出真正的问题所在。

找出真正的问题不是那么简单就可以实现的。在实际工作中，需要从上司和客户那里获得问题的背景、解决问题的意图以及解决问题的时限和目标等。掌握这些信息之后，要在此基础上进一步彻查过去的案例以及报告，或者借助外界专业人士的力量，收集能够找出真正问题的参考信息。

大前研一先生经常和刚进入麦肯锡的员工说："首先要读完和你的身高一样高的报告。"因为随着报告阅读量的增加，在解决问题的过程中，会很自然地联想到应该采取什么样的解决方法，建立怎样的假设会更有效果。

任何工作如果没有相应的信息收集，都无法取得令人满意的成果，而仅凭自己手中的信息就建立假设，则很难发现真正的问题，更别说解决问题了。

寻找真正的问题，需要将收集到的信息按照"Where""Why""How"三个层面进行分类。

"Where"就是问题所在，也就是问题的本质。如果没有找到问题所在就开始思考原因和对策，就会没有针对性，提取出的信息也可能毫无用处。

但是只收集关于"Where"的信息也不行，需要结合"Why"和"How"的信息。根据多方面综合的信息，在笔记本上将所有信息进行整理和连接，最终找出问题所在。

Where （问题出在哪）	☺ 专卖店销量稳步上升？ ☺ 量贩店销量急剧下降？
Why （原因）	☺ 产品落伍，跟不上市场的发展？ ☺ 门店位置太偏，客流量少？ ☺ 促销力度不够大？ ☺ 价格过高？
How （对策）	⚙ 开发新产品； ⚙ 停止销售； ⚙ 降价； ⚙ 促销活动。

利用笔记整理信息，进行信息连接

▼

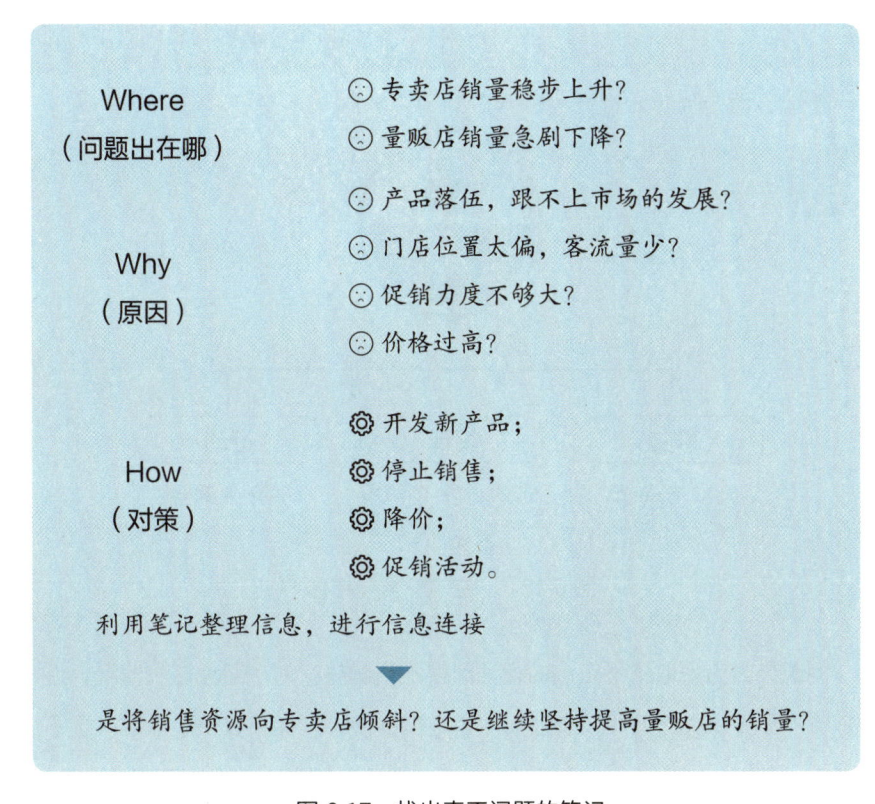

是将销售资源向专卖店倾斜？还是继续坚持提高量贩店的销量？

图 6-17　找出真正问题的笔记

二、建立假设的笔记

发现真正的问题后，就应该建立"如果这样做或许可以解决问题"的假设。首先需要在笔记本上分组整理收集到的信息，与前面的"Where""Why""How"区分方法相同，将信息分为"事实""解释""行动"三组。

"空·雨·伞"结构无处不在，也可以很轻松地对"事实""解释""行动"进行分组以及建立最终的做法，也就是建立解决问题的假设。分组的关键在于不要将不同的问题和信息分为一组，如果我们将"空·雨·伞"结构这样分组：

"天空有乌云"属于事实，"我每次带伞出门都不会下雨"这种解释只是个人的主观看法，但如果将这一"解释"与"天空有乌云"的事实分为一组，最后的"行动"会有偏差——就"不会带雨伞"。最后很可能因为错误的主观臆断而淋雨。

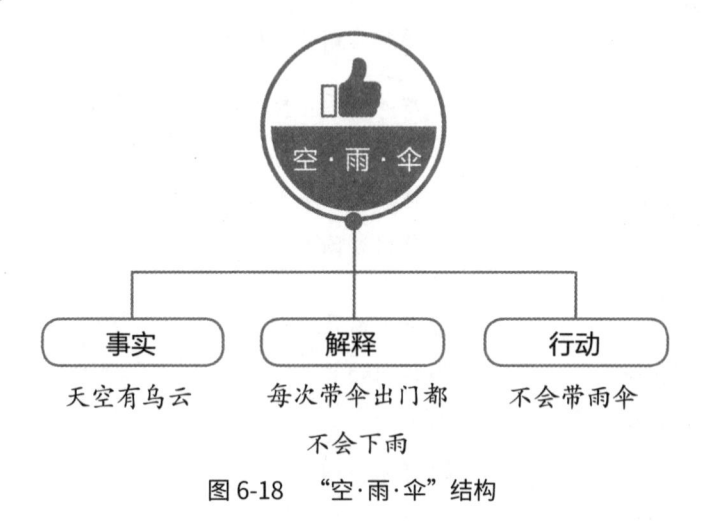

图 6-18 "空·雨·伞"结构

问题会因为采取了不正确的行动而得不到解决。为了避免这种情况，通常需要从"真的是这样吗？"的批判性角度验证假设。如果我带了伞就一定不会下雨吗？这两者并没有必然联系，所以我们建立的假设存在很大漏洞。

在这个阶段，假设确实不一定完全正确，但通过批判性思考，能够更精准地验证假设。

专卖店 A 产品的销售方法

事实（空）
- 与量贩店相比，专卖店接待顾客的时间更长；
- 对于顾客的咨询，问题再刁钻也能有很好的应对；
- 很多顾客是专门前来，而不是出于促销活动的考虑；
- 顾客很少要求打折。

解释（雨）
- 在意服务态度和能否进行详细介绍的顾客会更倾向于专卖店；
- 解答顾客疑惑的专业能力可以提高下单率；
- A产品有忠实的购买者。

行动（伞）
- 将销售资源集中到专卖店，并提供强有力的支援，以提高A产品的销量。

图 6-19　建立假设的笔记

根据建立的假设，真正的问题不是A产品本身销量不佳，而是"将销售资源分散到量贩店，造成资源的浪费"。

三、验证假设的笔记

想知道建立的假设是否正确，最基本的做法就是带着"假设"和笔记本亲自前往现场进行验证。

麦肯锡有一条非常重要的法则——没有提问列表，就不要去现场调查。

为了在现场验证假设，需要提前在笔记本上做好提问列表。提问列表可以将"Where""Why""How"三个要素完美结合。

针对"Where"的提问
- 专卖店接待顾客的平均时间是多少？
- 30分钟（而量贩店接待顾客平均时间不足10分钟）。

针对"Why"的提问
- 接待内容是什么？
- 详细解答顾客疑惑（产品使用方法、用途以及注意事项等）。

针对"How"的提问
- 如何回答顾客的询问？
- 产品小册子（这种小册子量贩店并没有，这也是顾客来专卖店的动机之一）。

图 6-20　验证假设的提问列表笔记

通过现场验证，从针对假设提出的问题中找到答案，如果相互之间没有矛盾，就可以验证这个假设，最后快速执行解决方案。

像这样的验证非常重要，因为"How"是否正确，完全是由"Where"决定的。当我们遇到某个问题的时候，首先会想到"How"。例如"我明天需要早起，但是起不来"，面对这个问题，人们一般选择"只要今天早点睡就好了"的"How"，完全没有考虑"Where"，如果起不来的真正问题是没有认识到早起的重要性，那么早睡也无法解决早上起不来的问题，只是延长了睡眠时间而已。所以必须针对"Where"，思考"How"才行。

除了事前的"提问列表笔记",现场验证过程还需要不断地追问,使提问进一步升华。一个高水平的提问不能单纯地到答案就停止,而是要引发更多接近问题本质的提问,一步步加强验证的深度。

四、取得成果的笔记

麦肯锡牢记要向客户提供提案资料等最终成果物,包括为了取得成果而使用的笔记。在假设验证完成之后,终于到了用笔记取得成果的第四步,开展总结概要的作业了。

在麦肯锡,整理需要发表的资料时,不能马上打开PowerPoint等软件,这是基础中的基础。麦肯锡精英们会首先使用笔记彻底整理思路,然后准确描绘出故事线,之后动手在笔记本上描绘出图表的草图,最后才用PowerPoint等软件制作资料。

有人可能认为他们是咨询顾问,需要严格要求自己,但实际上所有工作的本质都是为了解决问题,使用笔记的过程实际上就是推算解决问题的过程。

用笔记取得成果,秘诀在于概括意识。所谓概括,就是将信息用简单易懂的形式综合,使其能够立刻传达给对方。将自己想要表达的信息准确、快速地传达给对方非常重要。越具有高度概括能力的人,越能更多地进行信息共享,而且共享的内容既准确又印象深刻。

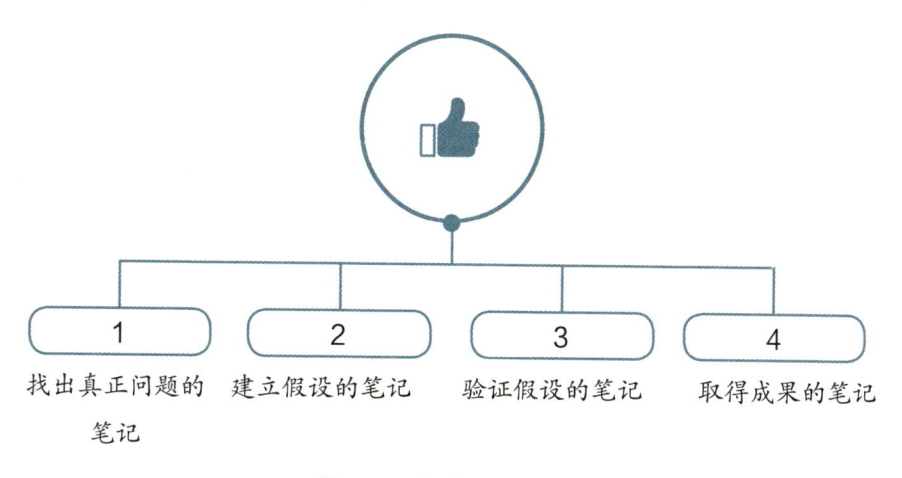

图 6-21 解决问题笔记术

第七章　超越框架
——锻造高段位团队

那些优秀的足球运动员，不管个人的带球能力多么优秀，都要结合精彩的短传，才能最快地将足球传出去。

我更愿意和一大群聪明人一起工作，而不是给我一大笔预算。聪明人会让你更快达到目的。

——原麦肯锡伦敦办公室咨询顾问

第1节　在麦肯锡，没有真正的等级

麦肯锡的员工，从上到下可以分成四种职业：合伙人、项目经理、咨询顾问和分析师。合伙人，相当于一个国家或地区的负责人，负责管理公司、开拓当地客户以及维护客户的关系；项目经理，负责管理具体的项目，并对该项目的客户负责，相当于公司的中层管理人员。

刚刚入职的新员工会在一些具体的项目中担任分析师，负责收集、调查以及整理基础数据，当他们工作了一段时间，积累了一定的工作经验并取得了一些成果以后，就会自动被晋升为咨询顾问。如果足够优秀，将来还可以晋升为项目经理。

在麦肯锡，没有真正的等级，大家很少能够见到比麦肯锡更平等的企业。麦肯锡不会允许那些强加于人的工作作风存在，上司不会凭借自己的高职位指手画脚。职位只是一个称呼而已，职位的高低并不代表地位的高低，只意味着承担不同的工作。即使是新入职的员工，也只是称呼合伙人为"先生"或"女士"。

作为一名顾问，可以事先不预约就走进项目经理的办公室，与其探讨最近的项目；在会议上，哪怕是最年轻的分析人员，也可以发表自己的观点，这些观点与资深合伙人的观点，有着同样的分量。

同时，麦肯锡又有明确的指挥链。高级合伙人、较低职位的合伙人负责公司发展方向的决策。项目经理、顾问、分析师以及职能人员和他们在一起工作，项目经理或者顾问可以不同意合伙人的某个论点，但最终的决策者是合伙人。

即使合伙人是最终的决策者，他们也非常清楚，要充分激励和调动部下，发挥部下最大的潜能，而不是奉行独裁主义，这样才能为公司取得更大的效益。

麦肯锡也有一套非官方的层级，这个层级建立在学历以及工作经验的基础上，也就是优秀的程度。在每一个层级，都有一些人被称为"明星顾问"，他们有更多的项目选择权，可以挑选项目；另一方面，表现不好的顾问在公司不会工作太久，没有项目经理和合伙人愿意把变现不好的人安排在自己的团队中。同样，顾问们一般也会知道哪些合伙人在公司没有才能，以及要避免和哪些项目经理合作，因为所有人都想要向优秀的人靠近。

麦肯锡公司的层级关系由此可以总结为三点。

第一，麦肯锡层级关系的评价标准，是工作成果。

第二，无论职位高低，只要取得成果就会被尊重。

第三，没有人会提及成果以外的要素。

在任何层级制组织中，老板都是最重要的人，他或许是公司中唯一能注意到你的人。让他高兴，最好的方式就是让他满意。如果你让老板满意，老板也会让你满意，这就是层级制度中的交换。

让老板满意意味着要做到下面这三件事。

第一，尽自己最大的努力做好工作。你的工作质量很高，老板的工作就会轻松很多。

第二，在工作中要毫无保留。当老板想知道你所了解的事情时，毫不保留地告诉他。

第三，要确保信息畅通。让老板知道你在哪里，正在做什么，可能会遇到什么问题。但是，没必要透露的信息可以不告诉老板，告诉他他需要知道的东西就好，可以采用电子邮件或者语音留言的方式告诉他。

第2节　努力≠一个人独自完成所有工作

很多人认为"努力就是一个人兢兢业业地完成所有工作",其实还缺少另外一个重要的因素,就是团队协作。如今,单枪匹马独自打天下的时代,早已一去不复返,个人还是需要融入团队才能取得更大的成绩。

面对工作任务,有的人能力精湛擅长单打独斗。但是对于一个团队来说,某一个环节或许一个人可以独立完成,但全部的工作不可能由一个人独自完成。"这项工作我一个人就能完全搞得定!"这种想法既自大又低效。一个人,既没有这样的精力,更是难以达到那样的能力,团队性的协作往往会需要五种,甚至是十种高超的技术,而一个人不可能具备这么多种高超的技术。

那些能力优秀的经营者,在完成某项工作任务的同时,还能结交朋友,经常有意识地参加各种团体性活动,将其他行业的人士、商务行业外的朋友都悉数纳入自己的工作圈。朋友之间的相互帮助和启发,总能不断催生出新的创意和激励。

那些优秀的足球运动员,不管个人的带球能力多么优秀,都要结合精彩的短传,才能最快地将足球传出去。企业运营与个人进阶也同样如此,只有做好团队协作,才能更有效地接近工作目标。随着与他人协作方面能力的加强,与他人交往的问题也会迎刃而解,工作的领域也会大幅度的拓宽。

假如在工作中遇到了复杂的问题,应该组成一个团队来解决。面对复杂的事物,人多不仅好办事,还能办好事。一个人去解决复杂的问题很不现实,更多人就意味着有更大的力量可以收集和分析数据,更重要的是,有更多的思想来思考数据的真实含义。

麦肯锡,就是那一支具有超强团队协作能力的足球队。在麦肯锡,没有人会独自作战。成员各司其职、密切配合,从前台的客户项目工作到后台公司内部的决策制定,公司中的每件事都是由团队来完成的。

这样高效的团队,往往需要具备几个要素。

第一，成员为数不多。一个团队如果人数过多，配合起来难免出现问题，很难达到共识。

第二，召开的会议要尽量保证所有团队成员都参加进来。

第三，团队成员都能以诚相待、相互配合并频繁地进行交流和沟通。

第四，团队成员之间要做到相互熟悉，能够清楚地知道其他人的长处以及拥有的技能。

第五，团队之间拥有互补技能。这些技能通常包括三种类型：技术性或职能性的专家建议、解决问题的技能或决策能力、善于交往的技能。这三种类型的技能，无论是实际显示出来的还是潜在的，都能够反映团队成员的资格。

第六，团队成员拥有共同的目标。所有人具有共同的目标，团队就有了共同奋斗的方向。

第七，所有团队使用共同的工作方法。将个人技能与提高团队业绩联系起来，并达成共识，形成共同的工作方法。

第八，相互承担责任。团队每个成员都愿意为团队的目标和方法等承担责任。但也需要成员明确哪些是个人的责任，哪些是共同的责任。

第3节 整合现有资源，建立最佳的人员组合

麦肯锡拥有一个在全球范围、精明睿智的人才队伍。项目经理和合伙人掌握着人才选拔的艺术，他们不会随意挑选几个人就让他们去解决问题，麦肯锡对每个人的优势和劣势一直保持着密切追踪。他们会根据客户所面临问题的不同，考虑具备哪种技能和个性会对项目最有帮助，然后仔细挑选团队成员，组建不同的咨询团队，也就是建立最佳的人员组合。

要想高效解决商业问题，必须谨慎地选择你的团队，对现有资源进行最好的组合。要根据什么标准选择团队成员呢？

首先，团队人数以3~4人为宜。

其次，要具有一定的选拔思路。根据面临问题的不同，思考团队需要哪种技能和个性的成员组合，更利于真正地解决问题。

再次，具体问题具体分析。比如，需要分析海量的数据以及复杂的资料时，就需要选择擅长数据计算和统计的人才；当遇到大型的组织架构重组的项目，就需要选择擅长人际交往且具有实施变革的经验和影响力的团队成员。

最后，为潜在成员排序。在麦肯锡，会有一个清单，上面列出了每一位咨询顾问的详细经历，并按照他们的分析能力、管理技能等进行排序。当一个项目刚刚开始时，项目经理或主管会根据这个清单选择合适的成员进入团队。还有不可或缺的一点，项目经理需要与这些潜在的团队成员进行面谈，以便更清楚地了解他们。

团队人数
3~4人为宜。

为潜在成员排序
在麦肯锡，会有一个清单，上面列出了每一位咨询顾问的详细经历，并按照他们的分析能力、管理技能等进行排序。

选拔思路
根据客户面临问题的不同，思考团队需要哪种技能和个性的成员组合。

具体分析
根据需求的不同选择相应的人才。

图 7-1　团队成员选择标准

选择出合适的团队成员之后，团队成员要如何相处呢？

第一，每个成员之间都要和谐相处、积极合作、彼此尊重，让团队的每个成员都能感受到自己存在的价值以及意义。

第二，麦肯锡经常开展团队活动，有利于放松大家的心情，还有利于进一步了解团队中的成员。可以组织团队聚餐、一起去看一场音乐会或者组织周末游玩，等等。

第三，作为项目经理或负责人，要懂得关注每位成员。了解他们对自己的工作是否满意；有没有遇到什么问题；如何解决遇到的困惑；如果他们感到不愉快，就要立刻采取补救的措施。除了这些，也要多了解成员们的家庭、兴趣爱好，等等，这样可以增强团队的凝聚力、提升团队士气。

第四，每一位成员都要时刻清楚项目的整体进程，避免在进行过程中对项目产生困惑，这样有利于项目的顺利进行。

第4节 落地：团队的四条关键性执行规则

为什么有些团队在工作的过程中总会出现各种障碍，无法高效解决问题呢？根据麦肯锡多年的经验，这样的团队往往缺乏具体的执行规则，只要掌握了以下四条关键性的执行规则，会对问题的解决起到很大的促进作用。

一、过度沟通远远好于沟通不足

沟通是团队互动的关键要素，虽然不至于对项目成功与否起决定作用，但其影响力也不可忽视。根据麦肯锡的经验，沟通不足所隐藏的潜在成本是远远高于过度沟通的。

通常过度沟通所面临的的"困扰"，就是需要反反复复处理邮件或电话等信息，以及可能面临解决方案的不断修改等时间成本；但是沟通不足的情况不同，除了时间成本之外，还有很大的可能引发其他的问题，例如因为团队成员间没有对接导致多人重复做同一件事情、缺乏交流沟通没有办法碰撞出新的观点和想法、各做各的导致错误频出无法取得成果只能重新返工等情况。

在麦肯锡，沟通会贯穿于团队处理项目的始终，团队成员之间会定时交流沟通或是开讨论会，讨论项目的进度、交付、遇到的问题以及客户方面的情况，等等。

二、学会倾听

很多人能做到定时交流沟通，却很喜欢在过程中打断别人，难以学会倾听，因为他们认为自己很聪明，能猜出来对方接下来要说什么。麦肯锡团队很注重倾听的习惯，甚至会对成员进行相关的专业培训。

三、人事分离

每个人都是不同的个体，会对同一问题产生不同的观点和见解。所以，在解决问题的过程中，团队成员出现一些不同的见解非常正常，并且对解决问题有益。但关键问题是，如何权衡这些不同的观点，最合理的方法就是人事分离，也就是提出不同观点的人和问题本身要分离开来，所有成员在不掺杂个人情感的情况下，针对观点进行讨论，而不是针对提出问题的人展开讨论。

成员之间相互尊重，对不同的见解持支持和和鼓励的态度，这有利于所有人都敢于发表自己的见解，对个人的成长以及问题的解决都很有帮助。而且这种人事分离的原则，能真正发挥讨论的意义，不用顾忌得罪某个人，而是把关注点集中到见解本身的优势和缺点上。

四、必不可少的团队评价体系

在麦肯锡的培训中，如何进行评价是其中必不可少的一项内容。在麦肯锡看来，评价对团队成员来说，是一项礼物，可以达到鼓励和鞭策的效果。但是需要有一个前提，评价必须是富有建设性的评价，而不是只为打击成员自信的不良评价。

图 7-2 团队的四条关键性执行规则

所以，评价是一门艺术。麦肯锡之所以拥有良好的团队评价体系，源于三点重要的成功因素。

第一，拥有良好的团队评价文化。一个团队想要拥有良好的评价体系，首先要确保成员们都愿意并接受来自于其他成员的评价信息，这离不开良好的团队评价文化。而良好的团队评价文化，离不开对团队合作情况自由和开放的讨论，包括团队中每个人的性格及工作习惯、如何面对观点不一致的情况以及项目进展的讨论，等等。在团队形成之初，很多人会认为这样的讨论没有必要，不值得也不善于进行讨论。但在麦肯锡，这样的讨论必不可少，体现在项目启动时的商议、项目中期的追踪、后期的审查以及对团队成员的评价等方面。形成这样一种开放的团队评价文化，会在很大程度上提高团队工作的效率、促进成员之间的相处以及有助于形成一种更主动踊跃的工作氛围。

第二，团队有明确的评估标准。不是所有的评价都有价值，不是所有的事情都值得评价，团队的评价体系需要明确、一致的评估标准，这样的评价才有效。

在麦肯锡，评价有其特定的步骤。第一步，要确立团队的共同目标，每个人都明确哪些任务是首要的、哪些行为是合理的、哪些行为是不合理的、每个人都应该负责哪一部分，等等。这些都是进行评价与讨论的依据。第二步，要对目标和任务进行记录与跟踪。通过对团队成员工作完成情况的记录和跟踪，就能明确了解每个人都做了什么，有什么贡献或者不足，确保了团队工作的透明化，更能以任务的完成情况为标准评价个人及团队的表现。

第三，评价客观和公正。当团队的每个成员都能对自己以及其他成员的优势和不足进行客观公正的评价，成员就能对自己有更清晰的认知，进而更大限度地发挥自己的优势并运用自己的优势去协助团队的其他成员，使得每个人都能在团队合作中弥补自己的不足并获得成长，而这些最终都会成为团队的有利因子，促进团队的发展。

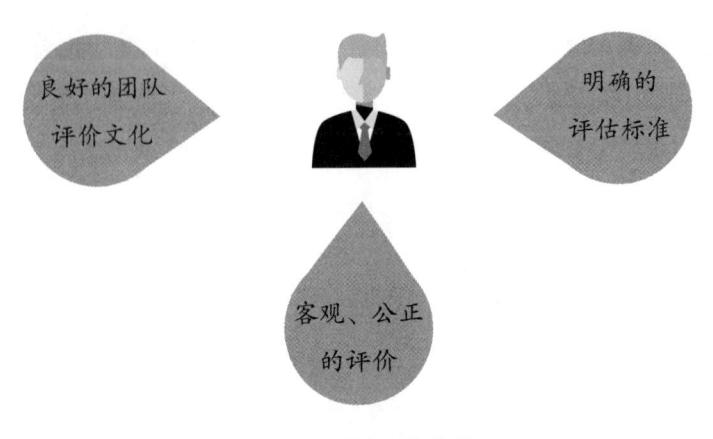

图 7-3　团队评价体系

第5节　最大限度激发每位成员的能力

在一个团队中，当每个成员的能力都能得到最大限度地体现时，那么，创造出的价值就最大，而这对团队的领导者有一定的要求。在麦肯锡，上司的工作就是对项目进行管理和监督，为客户提供成果。为此，上司需要使每位员工的能力充分发挥。

要想最大限度激发员工的能力，最好的方法就是懂得认可自己的员工。认可与称赞不同，称赞在员工达到自己的期望后进行。而认可，指的是承认员工本身，相比于有条件的称赞，员工更重视承认自己存在的"认可"。一旦得到认可，员工会充满干劲、信心十足，激发出潜在的能力。

但是仅仅认可是不行的，适当的"训斥"也很有必要。"训斥"不代表"愤怒"，"愤怒"是单纯地发泄自己的情绪，而"训斥"是希望对方做出改变。

在麦肯锡，上司训斥下属有三个原则。

一、控制情绪，不能感情用事

不要将训斥变为情绪的发泄，训斥的目的是为了让下属做出改善，促进工作更顺利地进行。大发雷霆，大声呵斥，也无法改变目前的结果，只会让下属产生压力，甚至激发逆反心理，更有甚者会产生恨意，这非常不利于提高工作的效率。

二、在单独的场合训斥下属

当着他人的面训斥下属，下属会感到尴尬和难为情，甚至对上司产生怨恨。

三、让下属思考具体的解决方案

训斥是为了解决问题，要让下属发现自己的问题，并思考问题发生的原因。对此进行整理，建立假设，并采取具体的行动。当然，上司需要对此进行指导和监督。

上司的重要工作之一，就是给下属安排工作。在工作的过程中，上司没必要事事亲力亲为。"自己做比较快"的想法更是不能有，认为自己处理效率更高，质量更好，不愿意将工作安排给下属，结果就是超出自己的承受能力，下属也没得到成长的机会，团队更是无法取得成果。委任工作可以提高下属的能力，并加强彼此的信任。

发挥每位员工的能力，才是真正的精英上司。

第6节 保证每一名成员得到发展

在麦肯锡的企业文化中，个人发展的概念根深蒂固。一家令人满意的企业，应该给员工提供广泛的发展空间。个人发展目标的实现，也有利于企业实现发展目标。在麦肯锡的团队管理方面，最重要的一项职责就是保证团队每一名成员得到发展。

个人发展是持续的、循环的。个人发展的实现，除了依靠经验的积累，还要借助目标设计、绩效评估以及反馈程序，等等。

根据麦肯锡的经验，可以通过两条指导原则，实现有目的性的发展。

一、制订远大目标

在一个项目开始之初,对麦肯锡来说,最重要的一项工作就是制订发展目标,也就是明确团队最主要的任务是什么。

制订的这个目标要宏伟,当你有了坚定的决心和远大的目标时,所能取得的成绩会是令人震惊的。这也就是所谓的"抱负越大,成果越大;预期较差,效果也差",它适合团队,同样适合每个人。通过制订远大目标,能够激发团队或者个人的创造性与活力,为了实现目标充满斗志、不懈努力。例如,当团队制定了要削减一亿美元成本的宏伟目标时,整个团队就会积极进取,努力实现这个远大的目标。

通过制订远大目标,能够激发团队或者个人的创造性与活力,为了实现目标充满斗志、不懈努力。

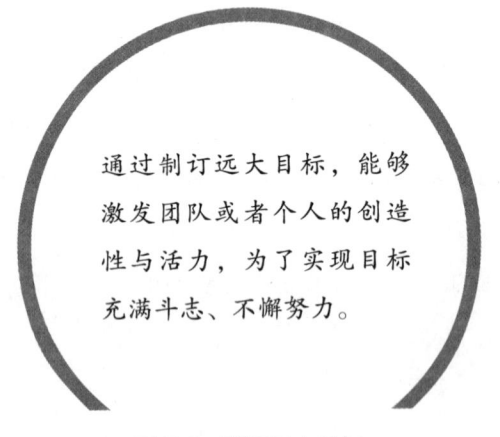

图7-4 制订远大目标

二、定期评估,保持平衡

在麦肯锡,绩效评估是个人发展的一把利器。麦肯锡的每位咨询顾问都有一名指定的导师,负责跟踪他们在公司的发展情况,形成相应的绩效评估,然后与项目团队针对这些评估展开讨论并提供反馈。麦肯锡的有些办公室甚至实施全方位的反馈计划,与咨询顾问有联系的任何人都要对其进行评价。

麦肯锡还有正式的评价表,评价表包含一系列的技能评价以及期望,如分析能力、人际交往能力、领导能力,等等。项目经理或合伙人在项目完成后,会为项目团队的每名咨询顾问填写这张表格。

除了针对咨询顾问个人的评估，麦肯锡也会运用团队绩效评估的工具，明确对团队合作的整体进行绩效评估。

在麦肯锡，不会存在反馈不足的问题。麦肯锡员工认为，反馈机制非常有效，真正的团队都要具有开放的双向反馈渠道，才能带动团队整体地大幅度提高。

需要注意的是，反馈是一把双刃剑，一方面可以帮助进行自我提升，另一方面，当面对自己的不足时，心理上有可能会产生不安。发展过程中难免会遇到一些障碍，严格性的经常性评估和发展建议，不是人人都适用。

麦肯锡的每位咨询顾问都有一名指定的导师，负责跟踪他们在公司的发展情况，形成相应的绩效评估，然后与项目团队针对这些评估展开讨论并提供反馈。

图 7-5　定期评估，保持平衡

在进行评估的时候，有以下几点因素以及标准需要考虑进去。

首先，需要考虑的是数量因素。所谓数量因素，就是指多少评估才能算充分。评估太少的话，员工只能依靠自我评价能力；评估太多，员工又会觉得压力太大，对士气产生负面影响，甚至可能因为过于在意评估，忽略了本职工作。

其次，评估必须要客观，不能让个人感情影响工作。以事先制订的目标为依据，从员工的角度出发，事先就自己的预期进行沟通，这样员工会提前有所准备。

最后，要有积极的评价。许多人以为评估就是展开批评、指出错误，并提出改进建议。但积极的评价更能对个人的发展发挥重要的作用。适当指出不足，积极赞扬优点，更有利于发挥正面作用，有利于个人的成长。

积极
03 评估不是只展开批评、指出错误。积极地赞扬优点，也很有必要。

客观
02 不能让个人感情影响工作。

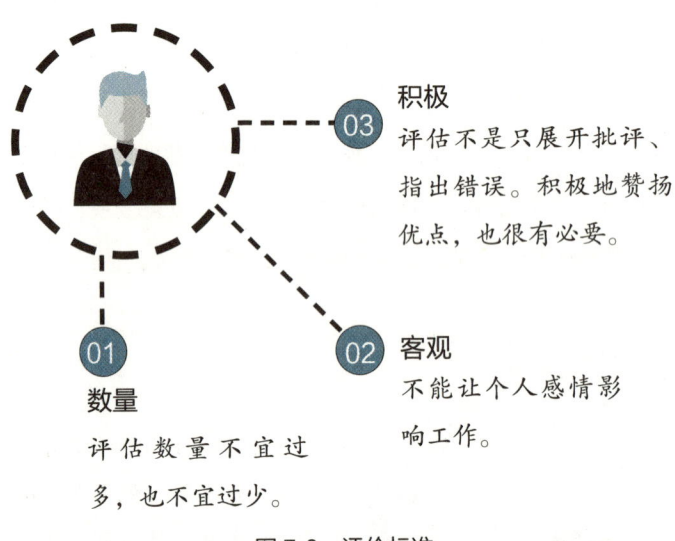

数量
01 评估数量不宜过多，也不宜过少。

图 7-6　评价标准

第八章　心智占领
——冲破用户心理防线

没有发现苍蝇的人不会对灭蝇器有兴趣,直到苍蝇现身了他们才需要灭蝇器。如果知道你有灭蝇器,客户自然就会纷至沓来。

> 麦肯锡从不推销，但却有着持续和不断增长的业务量。
>
> ——麦肯锡公司咨询顾问　艾森·拉塞尔

第1节　等着生意自己找上门

我们说麦肯锡从不推销，大家可能会奇怪："一家公司怎么可能不做推销呢？"但事实确实如此。在麦肯锡刚刚成立的那个时期，专业服务公司做广告或者主动招揽生意都被认为是有失身份的。虽然现在时代变了，但不推销的这个传统还是保留了下来，因为这个传统确实十分奏效。

麦肯锡从不招揽客户，也不会为自己的服务做广告。如果要求客户为麦肯锡做广告或推荐其他客户，必然需要向客户做出某种承诺，这不符合他们的专业形象。

被拉来的客户与主动寻求帮助的客户相比，前者往往会摆出高傲的姿态，等着你证明给他看你的工作是否真的对他有所帮助；而主动寻求帮助的客户不同，他会很配合地按照你的计划与建议行动，还很乐意给你的工作予以协助。因为他不是被推销来的，而是因为你的专业被吸引来的。

麦肯锡始终坚持为客户提出一系列可以确保解决问题的成功方案，这样可为公司带来持续和不断增长的业务量，而且麦肯锡总能在合适的时间出现，并与合适的客户一起合作，共同解决问题。

没有发现苍蝇的人不会对灭蝇器有兴趣，直到苍蝇现身了他们才需要灭蝇器。如果知道你有灭蝇器，客户自然就会纷至沓来。当客户发现企业内部存在问题，而咨询公司刚好具备解决问题的能力时，客户自然会主动找到咨询公司，寻求解决问题的办法。

麦肯锡从来都是等待客户自己主动找到他们，这自然不是借助冰冷的电话和频繁发邮件，而是从几个方面做营销做到的，这几个方面都可以保证一旦某位高级主管认为自己有商业问题需要解决，就会首先把电话打到最近的麦肯锡办公室。

这几个方面包括出版书籍、发表文章、媒体报道、主办一些主题演讲和研讨会，等等。麦肯锡还一直维持着与潜在客户进行非正式交流的庞大网络，鼓励合伙人参与"业余活动"，诸如慈善基金会、博物馆和文化组织等，这些组织的很多成员都是潜在客户。这就是麦肯锡的间接营销法，不是拿脚堵住门，生硬地讨价还价，而是树立信誉，让信誉为你生利。让客户觉得你是能满足他们需求的人，他们就会主动找上门来。

所以，有时候推销产品的正确打开方式不是拿着大堆的试用装闯进客户家里，而是在合适的时间出现，并确保合适的人了解你的存在。借用射击技术的一项专业用语"有意瞄准，无意击发"来阐述，长期有意瞄准自己的目标，到时无意击发就会命中。

说到瞄准自己的目标，其实就是挖掘潜在客户。挖掘潜在客户，首先要明确目标客户群，了解哪一部分人群是潜在客户。一般来说，潜在客户可以分为三类，即不了解产品或服务、了解产品或服务却因经济能力无力购买，以及产品或服务不能满足其需求。

根据潜在客户的类型，可以针对性地做出相应的解决方案。

第一，对于不了解产品或服务的潜在客户，可以从两方面做起。可以通过树立良好的企业形象，激发客户的兴趣，从而产生购买行为。还可以通过现代的一些媒体进行宣传和推广，例如电视、报纸、杂志、微信、微博、抖音、快手，等等。

第二，针对了解产品或服务却因经济能力无力购买的潜在客户，可以采取一些特殊的方式。例如分期付款、以旧换新，等等。

第三，对于产品或服务不能满足其需求的潜在客户，可以通过改良产品或服务，或者打造新的产品或服务以满足这类潜在客户的需求。

第2节　确保最终的项目建议书适合你的客户

在麦肯锡看来，即使你的项目建议书很精彩，有大量的数据支撑，有巨大的收益前景，堪称"完美的解决方案"。但是，如果不适合你的客户甚至无法实施，那也毫无价值。

要全方位了解客户的优势以及不足。例如，能做到什么，不能做到什么。最后做到因人而异，根据不同的客户、不同的问题情况，采取不同的方案。

麦肯锡认为，要做到解决方案适合客户，需要做到以下几点。

一、获得客户团队各方面的支持

麦肯锡的咨询项目团队，会先对问题进行分析，然后为客户制订一套准确、严谨、逻辑清晰的解决方案。这套方案需要得到客户各个方面的支持，以便麦肯锡团队真实地了解客户的需求以及情况。

二、尊重客户

首先，需要向客户解释根据方案要做些什么、为什么要这样做，等等。此时，可以把项目的整个画面全部展示给他们，以便让客户团队了解方案的情况，让客户根据方案提出自己的建议和不同的看法，再对面临的问题进行更深入地分析和探讨，最后对方案进行适当调整。

三、共同决策

麦肯锡有这样一句话叫"从后面包抄"，意思是说，在完成分析后，要去寻找向你提供数据的人，请他们帮你解释。利用这种方法，客户共同经历了整个过程，可以确保最终的解决方案适合客户，这就是共同决策的优势。

四、严格规划项目，量力而行

当客户带着问题找到麦肯锡时，麦肯锡会对这个项目进行规划，也会面临在最短时间实现最好结果的压力。但是，项目团队既要考虑到客户的需求，又要考虑到工作的质量。所以需要严格规划项目，量力而行，不能一味追求速度，那样会导致工作质量下降，甚至导致项目失败。

规划项目时，要量力而行，目标要明确，最重要的是要可操作、可实现，不要做出不符合能力的许诺。虽然麦肯锡咨询顾问很努力，但每个人的能力也是有限的。麦肯锡精英要具备将客户的需求和团队的能力平衡到最佳的能力。

如果项目经理对项目的最终成果概念模糊，对客户许诺太多，就会想当然地给团队安排任务，这会导致团队处境艰难。例如，项目经理告诉客户"我们可以根据A方案和B方案实施，我们也可以根据C方案实施"，可这样实施团队会吃不消。项目经理需要告诉团队："我们已经向客户许诺实施C方案，我们得拿出成绩来。"这样的话，团队会很努力地工作，客户也会认为麦肯锡的服务物有所值。

获得客户团队方面的支持
客户团队的支持对解决问题有极大的促进作用。

量力而行
每个人的能力也是有限的。麦肯锡精英要具备将客户的需求和团队的能力平衡到最佳的能力。

尊重客户
尊重是合作的前提。

共同决策
让客户参与决策，更有利于项目的进行。

图8-1　合适的解决方案

方案开始实施时，需要做大量的工作，这个过程需要非常严谨且周全。这要求每个人都能够各司其职完成自己的工作，以下几项是我们需要注意的。

第一，按计划执行，将实施细节和条理描述清楚。比如，具体要做什么、怎么做以及什么时候做。

第二，方案需要有专门的人负责。要保证选择一个对方案能够"切实负责"的人，也就是确保执行人具备完成这项工作所需的技能。

第三，强调完成项目方案的最后期限。在规定时间内完成相关的任务，除非发生意外情况。

第3节 项目的成功往往取决于客户关系

咨询项目的成功往往不是通过一份项目建议书，而是取决于客户关系。对麦肯锡来说，如果给客户、公司以及员工这三者进行排序，客户永远都会被排在第一位。没有客户就没有麦肯锡，麦肯锡的价值观文化之一就是"把客户利益放在第一位"，无论是有经验的人还是新人，都要彻底贯彻这一价值观。

作为一个具有高专业度、高服务能力的管理咨询品牌，麦肯锡咨询顾问的工作，就是帮助客户显著、持久并实质性地改善组织绩效。简单来说，就是帮助客户解决他们解决不了的问题，这就是麦肯锡存在的意义。

麦肯锡懂得与客户的相处之道，客户团队的成员都认为与麦肯锡合作是很棒的经历，而且与麦肯锡的成员一起工作，可以学到很多在其他公司学不到的知识，这对他们的职业生涯有很大的帮助。

麦肯锡曾经为华尔街的一家经纪行服务，进行重组项目。麦肯锡的项目组与客户的IT部门员工组成了团队进行合作。客户团队中有一位名叫莫蒂的程序员，他平时比较严谨、不善言辞，他并不想参加合作团队，因为他认为还有很多其他的"真正重要"的工作要去做。

麦肯锡的工作人员带着莫蒂做了几次访谈，接触到了公司里业务部门的一线人士，包括银行家、经纪人及交易员，等等。通过向这些人询问一些问题，莫蒂了解到了自己部门应该承担的工作。另外，莫蒂还学会了运用自己的技能去解决问题，而很多问题都是他在平时工作中意识不到的。通过与麦肯锡工作人员的合作，莫蒂开阔了眼界、收获了不同的知识。随着研究的逐步深入，莫蒂变得自信、健谈了。

客户团队与麦肯锡项目组之间没有相同的经历，与客户团队合作，双方可以通过开展一些相应的社交活动，拉近彼此的距离，同时也使工作变得更容易，有利于项目顺利地推进。比如，大家可以放下"办公室面孔"，一起到球场打球、到饭店大吃一顿、一起去听一场音乐会，等等。这能够让每一个人意识到，除了工作中认真严谨的一面，大家还有生活中放松的一面。

不要让两个团队之间的合作单纯变成一种连续不断地工作、聚餐、休息的无限循环。展开相应的社交活动，能使大家在繁忙的工作之余释放压力、调整状态，工作的推进也会更加顺利一些。

通过麦肯锡这样的服务原则，给我们一个很大的启发：良好的客户关系需要双方的共同参与。

在麦肯锡的每个项目中，每个小组都会主动请客户全程参与整个过程。同时，麦肯锡也要求客户公司的管理层必须积极参与所有的研究。毕竟麦肯锡在世界各地所宣传的使命之一，就是帮助领导者显著、持久并实质性地改善组织绩效。

客户愿意参与进来，这意味着客户支持麦肯锡的工作，愿意提供有价值的资源，并且关心麦肯锡所取得的成果。很难想象离开客户的参与，有哪些项目能够做到成功。

客户参与项目，一方面，麦肯锡可以根据客户的实际情况提供独一无二的观点和见解；另一方面，有利于加深对客户公司的深入理解，这对于方案的落地实施会产生积极的影响。

有一些项目中，麦肯锡要求必须对客户的参与进行战略管理，这样可以确保有效地解决问题。

项目开始前，如果问题没得到明确界定，没有实现客户经营绩效大幅提升的可能性，或者客户不能充分参与项目，麦肯锡是不会轻易承接该项目的。

咨询顾问的首要目标就是帮助客户，虽然每个项目都有自身特定的一套方案，但所有的执行步骤都要提供具体的改进意见。在没有形成一个详尽的执行计划、没有确定变化会对客户产生怎样的影响之前，麦肯锡绝不会开始任何项目。

项目开始后，让客户参与进来的第一步，就是理解客户的计划以及意图。只有我们的工作符合或有助于他们自身的利益，客户才会放心地支持我们的工作。但也要注意，客户的计划以及意图可能会随着时间的改变而发生变化。因此，我们必须与客户经常保持联系，及时了解他们对项目进展的各种想法。

在项目进行过程中，可以借助客户访谈实现客户的参与。访谈一方面可以收集客户资料、了解客户信息；另一方面可以实现对假设的检验以及关系的建立。关于访谈，被访者清单很重要，必须确保关键知识拥有者、持不同意见者、最后的执行者都参与其中。

访谈之外，还要举办阶段性汇报会。按照项目进程，安排好与客户的定期会议，分享建议报告草案、调查结果以及相关资料，积极讨论计划的执行及其影响。频繁的接触和定期的更新，有助于加强你和客户的联系以及项目的推进。如果要与客户见面，应提前预约时间，如果中途有变动，可以调整会议时间。

项目推进的前期，如果取得了一定成果，会激发大家工作的热情和自信心，客户也会以更加积极的态度参与到项目的进展中。同时避免在项目最后的汇报会议上出现全面推翻观点、不接受提案等预料之外的事情，确保项目朝着高效正确的方向进行。

项目结束后的关键，在于维持与客户的长期关系。在麦肯锡，每位客户都有一位负责客户关系的合伙人，会在项目完成后继续跟进。既能确保项目真正产生了影响，也能讨论其他可以帮助客户实现企业目标的方法。

第4节　如何应对访谈中一些棘手的问题

访谈的目的，是为了了解别人的信息、经验以及故事，是去倾听，而不是侃侃而谈。麦肯锡咨询顾问学到的访谈技术第一课就是让受访者清楚你一直在倾听。可以通过使用一些口语，比如"是的""明白了""好的"，甚至是"嗯"等语气词，表示你在倾听，同时也给受访者一个组织思想的空隙。

除了一些口语，还可以使用肢体语言。在受访者讲话时微微向他们倾斜，每说完一句话后，点头示意理解，并掏出笔和纸做些记录，表示我们一直在倾听。

最后还有一个小窍门可以尝试——沉默。自然界害怕真空，大多数人也害怕沉默。如果认为受访者遗漏了一些重要信息，或者想要听到更多，那就什么也不要说，沉默一会儿，这会起到超乎想象的效果。

除了要注意倾听，关于访谈技术还有很重要的一课，那就是"策略"。有效的策略可以帮助你在访谈中快速并顺利地达到目标。

下面就是几条实用的策略，能够帮助你快速获取需要的信息。

一、请受访者的上司安排会面

借此让受访者了解这次访谈的重要性，避免受访者误导和敷衍访问者。

二、访谈提纲

访谈提纲，是从被访者那里成功获取信息，并使大家的时间都得到充分利用的最佳工具。在完成一份访谈提纲时，往往需要考虑三个方面的问题。

首先，明确访谈要提问的问题。在不考虑顺序的情况下，将它们记录下来。在这些访谈问题中，可以加入一些你知道答案的问题，有利于对受访者的要求有大概的了解。

其次，确定访谈的目的，也就是你想从这次访谈中获得什么信息，这会帮助你把问题排好顺序，并对其进行正确地表述。

最后，提前了解被访者。被访者是一个什么样的人？是个随和的人吗？假如你问及敏感问题，他会不会大发雷霆？对于不同的人，需要采用不同的采访方式。

三、两人共同进行采访

一个人完成一次有效的访谈并不容易，在访谈的过程中忙于记录，可能会忽略一些非语言的信息，甚至在提问中出错。而由两个人采访，可以轮流提问和记笔记，但不管谁做记录，都要与另一位步调一致。

四、不要对受访者进行引导

大多数访谈，不仅是为了寻求特定问题的答案，还要获取尽可能多的信息，获得开放性的详尽答案。受访者对自己的行业了解得比你多，对方提供的所有信息最终都可能以这样或那样的方式起作用。所以，少说多听，不要引导，只要保证访谈内容没有偏离主题即可。

五、问一个开放式问题，让信息流动起来

如果你的提问是判断题或选择题，只能得到是或否，或者选项中的答案。但如果你问一个开放性的问题，你能得到更好的答案。例如，你问一个饭店的老板"您的店里一般是上午忙还是下午忙？"一般他的回答是"上午"或者"下午"。但如果你问"店里一般什么时候忙？"他可能会回答"我们最忙的时候是上午，尤其是11点到下午1点，因为……"这比你以判断题或选择题的方式提问得到的答案要丰富得多。

六、复述、复述、复述

在访谈中，麦肯锡咨询顾问都会用一种不同的形式复述被访者的答案。一方面，有利于确认自己的理解是否正确；另一方面，复述也给了受访者补充信息和强调重点的机会。

七、旁敲侧击

时刻关注受访者的感觉，不要单刀直入地提问刁钻的问题，在重要问题上用不同的方式多问几次，会取得不错的效果。

八、不要问太多问题

不要幻想一次访谈就得到受访者知道的所有信息，只要掌握访谈目标中的

重要问题就好。对很多人来说，接受访谈，尤其是商业问题的访谈，都有很大的压力。如果你问得问题过多，很容易造成采访者的不愉快，甚至影响双方的合作。

九、哥伦波策略

所谓哥伦波策略，是指利用受访者放松警惕的时候，提问关键的问题，可以在访谈要结束时或者过两天再次访谈时，或许可以问出其他的信息。

十、尊重被访者的感受

对很多人来说，被采访可能是一件令人紧张和焦虑的事情，尊重受访者的恐惧和焦虑，并为之消除这种不安感，是你应有的职业责任。

在麦肯锡，访谈不会一开始就碰触敏感地带，通常会从一个一般性的问题开始。例如，"你的工作职责是什么？已经做了多久？"等行业概况之类的问题。先问一些平和的问题，然后再转入到具体问题的提问上，这有利于形成一个比较轻松、和谐的氛围，引导受访者一步步进入状态。

当问完所有的问题，或者访谈的时间已经所剩不多时，把访谈提纲收好，提问受访者还有没有什么想要告诉你的，或者是不是忽略了一些问题，有时候可能会有意外的收获，因为受访者往往比你更了解他们的公司情况。

访谈进行多了，总会遇到一些棘手的问题。

麦肯锡曾经服务过纽约的一家大型经纪行，这家经纪行邀请麦肯锡为其业务进行一次全面检查，看看自己的利润率是否已经落后于它的竞争对手了。对此，经纪行中的不同利益方形成了支持和反对麦肯锡的两个派别。

在与经纪行的高级经理及其管理团队的一次会面中，有一个管理人员质问道："是不是你一直告诉董事会，我完不成成本缩减目标的？"

在工作中，当你积极地寻找商业问题的解决方案时，也可能会遇到这种棘手的问题，那么，要如何处理这种受访者的公开对抗呢？

这种情况下，不能生气，更不可能放弃，访谈还是必须要进行下去。可以先简单地向对方解释他其实是误会了，接着再将对方的错误指出来，提出我们的解决方案。面对这种情况，绝不能打退堂鼓。

这个策略很有用，不意气用事，用尊重和实力解决问题，同时也建立起彼此的信任，这对接下来的工作也很有帮助。

还有一种情况，就是当受访者拒绝向你提供信息时，虽然敌意没那么大，但同样棘手。他们不回答你的问题，或者拒绝提供相关的文件和数据。

一旦发生这种情况，先要表明你的态度，要让他们认识到，之所以会有这次访谈，是接受了公司中某些人的邀请。如果仍然拒绝合作，这时候就要采取强硬手段了，必要的话甚至可以打电话通知上司。

访谈有时候也会遇到一些受访者，他会不断讲述你已经知道的事情，不会告诉你任何实质性的内容，麦肯锡通常将这种受访者称为"沙袋"。

面对"沙袋"要使用间接法，找到公司中的其他人，让他们告诉你想知道的事情。如果这些信息其他人也不了解，只有"沙袋"知道的话，这时候只能再次麻烦上司出手帮忙了。

第5节　谈判：如何在博弈中获利？

很多人认为谈判不就是辩论吗？在麦肯锡看来，这两者其实不是一回事。

谈判，是一个通过不断调整各自需求，使谈判双方的需求得以调和，最终意见达成一致、双方都满意的过程，可以说是"合作"与"冲突"共存。其要点在于，保护彼此的利益，以此建立新的社会关系或者巩固已有的社会关系。谈判的过程实际上就是寻找共同点的过程，是一种协调行为。

而辩论，双方观点是对立的，两种对立论调正面交锋，或者正确或者错误，这样才有辩论的可能，摧毁对方的论调是在辩论中取胜的关键，否则就是谈判。其要点在于，不仅要强调己方主张的正当性，还要指出对方主张以及论据的错误。

谈判和辩论还有一个本质区别，也是谈判与辩论的决定性差异，那就是最终的裁决者不同。

辩论的最终胜负是由独立的第三方决定的，而谈判最终是否能够达成一致，谈判双方都有决定权，谈判中并不存在第三方这样一个角色。

在辩论中想要取得胜利，需要明确而且强硬地指出对方主张的漏洞以及不当之处，彻底击垮对方才是上策，无需对方的认同，只要第三方认可就行了。

在谈判中，如果采用辩论的做法，一味指出对方的漏洞和不当之处，那么就会失去客户。要知道，谈判不是辩论，最终是需要对方的认可，一旦忽视对方也有决定权这一事实，谈判几乎都会不可避免地破裂。

在谈判的过程中，不仅对方的问题要得到解决并得到收益，我方的问题也应得到解决并得到收益，这才是谈判的真谛，才可以称之为"良性谈判"。在麦肯锡，只有以提高双方满意度为目标的良性谈判，才能确保自身在博弈中获利。

尽管在短期的交易中可能存在例外，但是想要长期维持良好的关系，实现双方利益最大化，除建设性谈判外别无他法。即使有人做出让步，只要双方都觉得满意，就是理想的谈判。

以买家和卖家的关系为例，如果卖家只想自己获利，并不想长远发展，总是让买家觉得自己在交易中受到了欺骗，买家肯定会转身离开。反之，如果卖家总是牺牲自己，一味满足对方的要求，长此以往恐怕也会破产。

为了让每个人都能理解谈判的真谛，真正做到在博弈中获利，麦肯锡总结出几条经验。

经验一：谈判的基本操作步骤

第一，在准备阶段，要考虑谈判的目的，明确谈判破裂时的备用策略。

第二，了解对方真正的意图，仔细分析并找出双方的优势和劣势。

第三，以提高彼此满意度为基点，制订客观、标准的替代方案。

第四，在实际谈判中，完善替代方案。

第五，达成双方满意度最高的协议方案。

```
05  确立最终方案
    达成双方满意度最高的
    协议方案。

04  实际谈判
    完善替代方案。

03  制订替代方案
    以提高双方满意度为
    基点，制订客观、标
    准的替代方案。

01  准备阶段
    考虑谈判的目
    的，明确谈判
    破裂时的备用
    策略。

02  分析阶段
    分析对方真正的意图，
    并明确双方的优势和
    劣势。
```

图 8-2 谈判的基本操作步骤

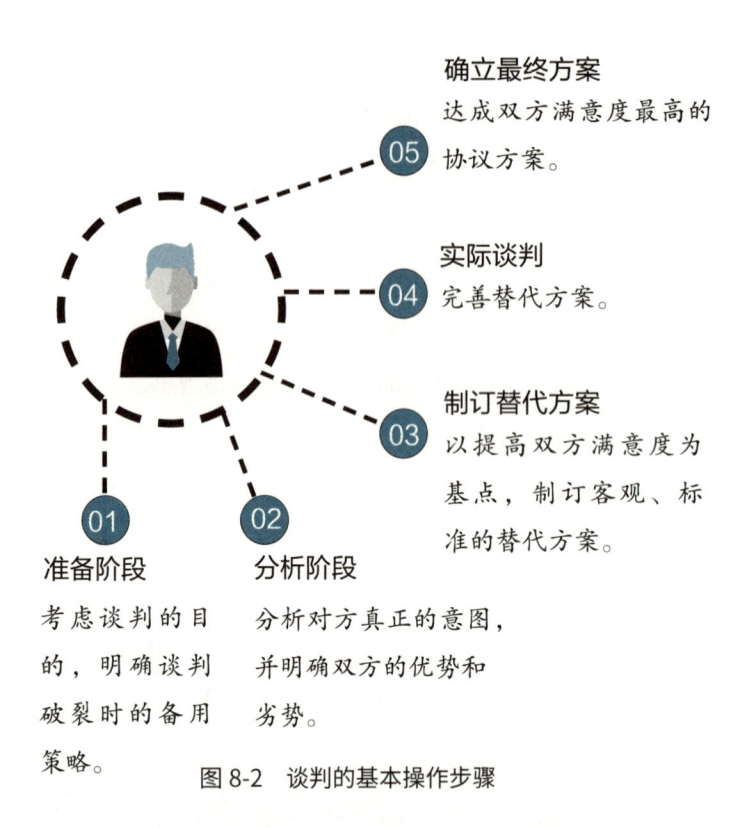

经验二：如何确认对方的需求和兴趣点（即真正意图）

对方的真正意图，往往隐藏在其表面立场和具体要求的背后。如果谈判双方没有准确了解彼此的真正目的、兴趣点和价值观，谈判就无从谈起。

认真倾听，是开展良性谈判的出发点。所谓"认真倾听"，是指聚精会神听对方发言，努力了解对方的真实意图，而不是仅仅被动地聆听对方的主张。认真倾听，同时也是发现问题的过程，在对方零碎的信息中把握整体，在此基础上梳理出问题的本质。

在其具体要求背后，除了隐藏了对方的真正意图外，还隐藏着利害关系的优先顺序。通过了解对方的目的、兴趣点的优先顺序，我方可以思考出双方都满意的利害组合，有可能争取到对方的让步，进而提高我方满意度。作为卖家，如果最看中销售量，可以通过大量采购的方式争取打折优惠。如果对方看上去似乎想尽快签订协议，那么可以通过快速决策，争取对方的让步。

根据麦肯锡多年的经验，良性谈判的条件可以归纳成三条，即尊重谈判双方的利益、做法公平，以及遵守谈判双方的协议条款。只要满足上述三个条件，谈判双方都会认为自己是谈判的赢家，自然容易促成合作。即使谈判暂时破裂，今后也完全有可能促成新的谈判和交易。

经验三："BATNA"——谈判决裂时的次优策略

对麦肯锡来说，真正的谈判力并不是来自各方面的压力，而在于其他方面。真正的谈判力由谈判破裂时有何种替代方案决定。即使谈判真的破裂了，如果有替代方案，损失也可以降到最低，更重要的是，可以让你的谈判更加自信。

"BATNA"，就是"Best Alternative to Negotiated Agreement"的首字母缩写，表面意思就是"最佳替代方案"。在良性谈判中，"BATNA"是一个很重要的概念，被称为是"谈判决裂时的次优策略"。

"BATNA"的优劣，会在很大程度上影响谈判代表的谈判力。"BATNA"好，谈判代表就能以强硬的姿态面对谈判。反之，"BATNA"差，谈判代表就只能以软弱的姿态面对谈判。

我们可以用一个例子学习在不同情况下，如何制订"BATNA"。

假设你是电脑厂商A公司的一名员工，负责采购零部件。如今，你正在针对CPU的采购条件与B公司进行谈判。

第一种情况是即使现在的谈判破裂，A公司也可以从C、D等其他多家CPU厂商那里采购相同品质的CPU，而且价格也很合理。

在这种情况下，如果谈判失败，"BATNA"就是有很大的可能性以不错的条件从其他多家公司采购。"BATNA"显然是好的，你就能以强硬的姿态与B公司进行谈判。

第二种情况是假设你想采购的CPU只有B公司独家生产，没有其他的采购渠道，而且还有多家电脑厂商也试图从B公司采购CPU。

如果与B公司的谈判破裂，"BATNA"是什么呢？就会变成无法采购必要部件。显然"BATNA"是坏的，你可能无法采取强硬的态度，只能以软弱的姿态面对谈判。

关于"BATNA",有一点需要注意,无论存在多少个谈判决破裂时的替代方案,可选择的只有一个。因为,"BATNA"是谈判破裂时的"次优策略",即"最佳替代方案"。也就是说,在多个替代方案之中,最好的那一个才是"BATNA"。千万不能因为有这么多的替代方案,就轻易认为自己的"BATNA"是好的,可以以强硬的姿态面对谈判。替代方案的多少,不是评价"BATNA"优劣的标准,选择最有利的情况,尽量实现利益最大化才是最重要的。

作为谈判破裂时的次优策略,根据"BATNA"的优劣,可以在很大程度上认知自己的谈判力。当"BATNA"差的时候怎么办?切记不要一味悲观,悲观和绝望是谈判的大敌。即使"BATNA"很不好,也要采取冷静的态度,这时候最重要的是寻找能够提高自己谈判力的因素。

经验四:沉默是"禁"

我们一直被教导"沉默是金",多做事少说话。但在谈判场上,麦肯锡从不会这样要求员工,反而不断强调沉默不是金,沉默是"禁"。

学习谈判技术时,大家容易把时间花费在学习掌握便捷工具以及战术上。在麦肯锡看来,想要开展卓有成效的谈判,工具和战术终究只是手段,如何坚定地将自己的信息传达给对方才是关键。就像英语学习一样,即使掌握了很多的词汇量以及表达方式,也无法保证一定能够用有效的英语开展有效的英语社交。开展有效的社交,需要坚定地向对方表达有效的观点。

在麦肯锡看来,想要开展卓有成效的谈判,工具和战术终究只是手段,如何坚定地将自己的信息传达给对方才是关键。

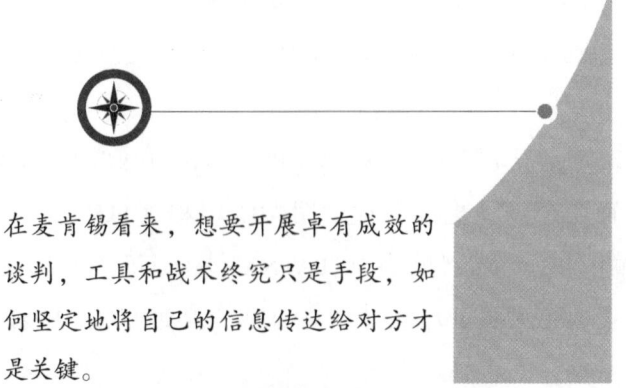

图 8-3 沉默是"禁"

经验五：怎样让步才能既不造成损失，又让对方满意？

一提到"让步"，很多人认为这是屈服对方的压力做出的消极行为。客观来说，让步本身并不一定就是消极的、懦弱的行为。

让步是谈判过程中的重要因素。因为，在毫无让步余地的谈判中，即使谈判代表的能力再强，他的能力也无用武之地。

归根结底，让步是谈判中的一种策略，是使自己获利的战术。谈判代表如何灵活使用地让步战术，正是谈判中关键的一环。不要忘记，良性的谈判是以提高双方的满意度为目标。

有一个常见的例子，在生活中，我们去购物时发现一件很喜欢的衣服，但是觉得价格有些超出了预期，想要争取折扣，但是卖家回答只能按照标价出售。这时，我们肯定还会想要争取一下，卖家同意可以送一件品质相对不错的赠品，这样双方都做了让步。

卖家通过赠品这一让步，最终留下了买家，这一战术性的让步绝不是消极行为，即使送了赠品，买家肯定还是有利润的，而且还积累了客户。

从买家的角度来说，其实也做出了让步。接受赠品的行为就是让步，降低隐性期望值同样也是让步。从这个意义上来说，买家接受赠品的行为就是让步。

买家的这一让步是消极行为吗？换句话说，买家的让步是对卖家"不能打折"这一压力的屈服行为吗？明显不是，通过接受赠品，买家避免了无效的价格谈判，节省了时间和精力，这样的让步绝非单纯的消极行为。

所谓让步，其实是使自己获利的一种策略。

思考一下，谈判双方在所有争论点上都毫无让步余地，这种情况存在吗？虽然不能绝对否定，但无疑是非常罕见的。如果存在，恐怕谈判者的目标并不是让谈判成功。可以说，谈判是通过让步的组合来解决问题的过程。

虽说谈判是让步的组合，但这绝不意味着一味地让步到底，这样对方极有可能"得寸进尺"，借机索取更大程度的让步。应该利用让步使谈判朝着提高双方满意度的方向发展。

在做出让步时，应该尽量循序渐进，一点点地进行，有助于控制对方的期待值。而且，一旦自己做出让步，就应该要求对方也做出让步。

让步是谈判中的宝贵的"弹药"，使用时要有针对性，要倍加珍惜。即使真的遇到毫不让步、谈判必然决裂的充满压力的状况，谈判代表也必须坚持，不轻言放弃，摸索能与双方目标保持一致的让步组合。

让步的策略 ≪ 让步 ≫ 所谓让步，不代表损失，而是谈判中的一种策略，是使自己获利的战术。在做出让步时，应该尽量循序渐进，一点点地进行，有助于控制对方的期待值。而且，一旦自己做出让步，就应该要求对方也做出让步。

图 8-4　让步的策略

经验六：如何应对无德谈判战术

前面提到，建立在双方满意基础上的谈判才是良性谈判，但有些时候难免会遇到一些难缠的谈判对手。对此，麦肯锡总结了八种无德谈判战术，并给出了相应的应对技巧。

第一种，无德谈判战术之"最后通牒逼迫战术"。

对方战术内容：谈判初期，对方就给出超过预期的固定价格，强硬提出"不喜欢您就别买，不能再降价了"。

优势：避免与毫无诚意的顾客进行徒劳的谈判。

劣势：谈判以不惜决裂为前提，很可能丧失难得的商谈机会。

如何应对：

a.针对战术内容，要做好谈判前的充足准备，信息是谈判力的重要源泉之一。例如，产品的优缺点、销售情况、价格情况，等等。

b.还需要测试对方决心的程度，这一点可以通过暗示谈判可能决裂来测试。例如，向对方说"要不就算了"；也可以说"拜托了，您给我便宜一点"的讨价还价术。

c.验证对方的"最后通牒"是真是假以及坚持程度。如果对方所说属实，从单一焦点转向多个焦点，即在不允许谈判破裂的情况下，扩展谈判项目，就价格之外的项目进行谈判；如果对方所说并不属实，那就意味着在该项目上还有谈判的余地。

谈判初期，对方就给出超过预期的固定价格，强硬提出"不喜欢您就别买，不能再降价了"。

先验证对方的"最后通牒"是真是假以及坚持程度。如果对方所说属实，从单一焦点转向多个焦点；如果不属实，意味着还有谈判的余地。

图 8-5 最后通牒逼迫战术

第二种，无德谈判战术之"分饰角色扰乱战术"。

对方战术内容：对方团队成员通过分别饰演"好人"和"坏人"，也就是"一个唱红脸，一个唱白脸"的方法，达到引诱我方妥协的心理扰乱战术。

基本流程：对方"白脸"提出非常刁难的要求，然后"红脸"出场劝导"白脸"，进而提出妥协方案。

心理分析：谈判者在收到"白脸"的强硬态度施压时，会产生很大的压力，感到沮丧和疲惫。一旦接触到接下来登场的"红脸"和善的态度，自然就会觉得对方是"救星"，觉得他的提案不错。

如何应对：

a.首先要看透对方的战术。即使"红脸"的提案看起来不错，但"红脸"和"白脸"终究是同一个团队的成员，好人也好，恶人也罢，都是对方团队里的"演员"。

b.要敢于质疑对方战术。首先应该直接质问对方："你们不会是一个唱"白脸"，一个唱"红脸"，在这唱戏吧？"也就是对其战术的正当性提出质疑，让对方清楚他们的伎俩已经被识破。但是不要追问到底，或者一口咬定，可以采取"你们应该不会这样吧？"的提问，给对方一定的空间。对方一定会否定，但是识破之后，就只能放弃这个战术。

c.不要迫于"白脸"的压力做出大幅让步。

d.验证"红脸"的提案是否符合双方利益最大化。不要只跟"白脸"的提案做比较，即使比"白脸"的提案好很多，也不一定就是最好的。

战术内容

对方团队成员通过分别饰演"好人"和"坏人"，也就是"一个唱红脸，一个唱白脸"的方法，"白脸"会提出非常刁难的要求，然后"红脸"出场劝导"白脸"，进而提出妥协方案，达到引诱我方妥协的心理扰乱战术。

应对策略

◆看透对方战术："红脸"和"白脸"才是一个团队；

◆质疑对方战术；

◆不要迫于"白脸"的压力做出大幅让步；

◆验证"红脸"的提案是否符合双方利益最大化。

图 8-6 分饰角色扰乱战术

第三种，无德谈判战术之"含糊试探战术"。

对方战术内容：通常是在招标结束阶段，买家向卖家不提出具体要求，而是提出"投标方案还不错，但需要继续完善"这样的说法。

潜台词："还能再便宜点吗？""能不能再想想办法？"

应用领域多见于石油制品和化学制品等难以实施差异化的商品的谈判中。目的是一边让投标方抱有获得订单的可能性，另一边施加来自投标方其他竞争对手的压力。

劣势：可能会过犹不及。卖家争取到订单后可能会反击，例如，降低品质、服务质量等。

如何应对：

a.尽量将对方含糊不清的要求具体化。也可以直截了当地询问"我们该在哪方面怎么做？""便宜多少钱我们能拿下订单？"不要轻易放弃，一定要确定对方真实的想法。

b.强调提案或商品的优越性，找出自己与其他竞争公司的不同，在此基础上提出自己的优势。

c.强调提案或商品整体的优惠。不要把困难的原因都看成价格的问题，应强调整体的价值。除价格以外，商品品质、配送费、稳定供给、支付条件、实际业绩、业界地位等整体优势，都是可供谈判的筹码。

d.需要让步时，要一点点地进行，绝对不能在压力面前轻易承诺。

战术内容

招标结束阶段，买家向卖家不提出具体要求，而是提出"投标方案还不错，但需要继续完善"。一边让投标方抱有获得订单的可能性，另一边施加竞争对手的压力。严禁做得太过，过犹不及。

应对策略

◆尽量将对方含糊不清的要求具体化；

◆强调己方提案或商品的优越性；

◆强调提案或商品整体的优惠；

◆需要让步时，要一点点地进行，绝对不能在压力面前轻易承诺。

图8-7　含糊试探战术

第四种，无德谈判战术之"兼具收集情报的逆向拍卖战术"。

对方战术内容：逆向拍卖就是买家从标价最低的卖家手中购买商品。让多个卖家提出策划方案，对这些方案进行分析后，通过竞争压力降低价格。即利用从其他公司得到的信息，给另外一家公司施加压力。

潜台词："其他公司的价格可是×××。"

常用于买家不熟悉商品或服务的内容，不清楚向卖家提出何种要求的情况，一般是不熟悉业界或工作内容的新人。应用领域不适用于那些在哪里购买都没有差别的通用商品，适用于个性化服务或产品。例如，个人建造的房子、管理咨询项目等。

劣势：需要买家仔细研究多家公司的提案，在对这些方案进行消化的基础上，还需要提出新的要求，整个过程非常错综复杂，还很消耗时间，所以要控制时间和劳动力成本。

如何应对：

a.买方其实也存在很大压力，而且通常情况下使用这种战术的买方一般是外行。

b.把握买方需求及其在谈判项目上的优先顺序，用清楚明白的语言明确告知买方提案的优势和合理性。

c.将双方的关系变成为买家解决问题的过程。

战术内容

让多个卖家提出策划方案，对这些方案进行分析后，通过竞争压力降低价格。即利用从其他公司得到的信息，给另外一家公司施加压力。

应对策略

◆使用这种战术的买方一般是外行；

◆把握买方需求及其在谈判项目上的优先顺序，用清楚明白的语言明确告知买方提案的优势和合理性；

◆将双方的关系变成为买家解决问题的过程。

图 8-8　逆向拍卖战术

第五种，无德谈判战术之"追讨赠品战术"。

对方战术内容：一般是在协议即将达成或协议达成后，追讨相对购买的商品价值较小的赠品。例如，买西装希望赠送领带。

如何应对：

a.增强成本意识。赠品多了也是成本，不要因为看似价值小就觉得无所谓。

b.不要把免费赠送作为对对方的善意，对于免费服务的需求是没有止境的。面带微笑但坚决回绝。

c.将免费赠送要求的制度设计排除。例如，提前设定赠品的价格。

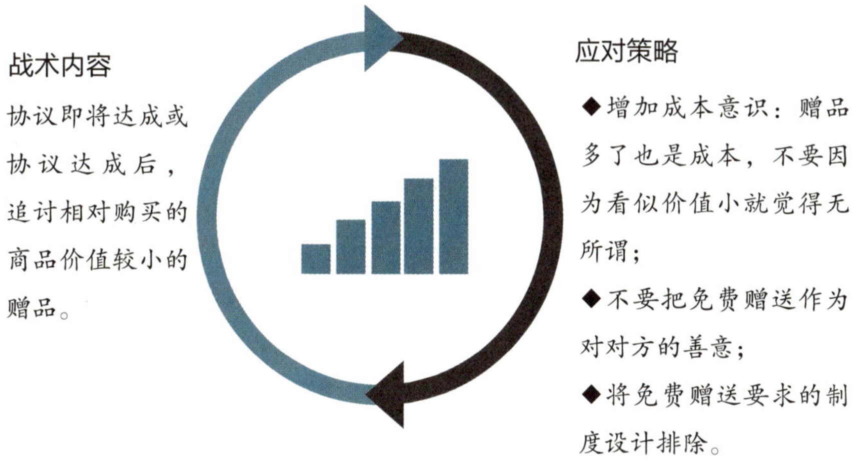

战术内容

协议即将达成或协议达成后，追讨相对购买的商品价值较小的赠品。

应对策略

◆增加成本意识：赠品多了也是成本，不要因为看似价值小就觉得无所谓；

◆不要把免费赠送作为对对方的善意；

◆将免费赠送要求的制度设计排除。

图 8-9　追讨赠品战术

第六种，无德谈判战术之"预算有限战术"。

对方战术内容：一般是买家一边夸奖卖家，一边提出预算有限，要求卖家帮助（或打折）的"讨价还价术"。这种做法的目的是激发卖家的自负心（通过这一行为夸赞卖家）和同情心（预算有限）。

如何应对：

a.冷静应对，不能轻易接受对方的"夸赞"，更不能轻易被同情心和热心左右。

b.通过暗示谈判破裂对买家的预算上限进行测试，判断其预算上限是否属实。

c.如果预算上限属实，也不要被同情心摆布而直接做出让步，应该在相应预算范围内摸索出最佳的协议方案。

战术内容

一边夸奖卖家一边提出预算有限，要求卖家帮助（或打折）的"讨价还价术"。

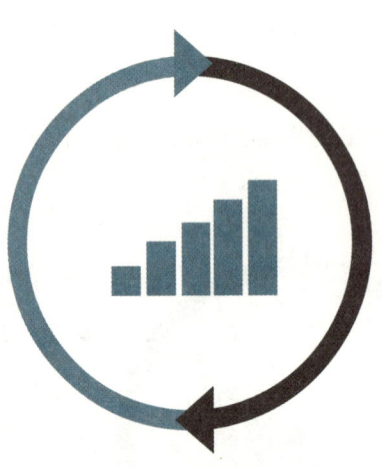

应对策略

◆冷静应对，不能轻易接受对方的"夸赞"，更不能轻易被同情心和热心左右；

◆通过暗示谈判破裂对买家的预算上限进行测试，判断其预算上限是否属实；

◆在相应预算范围内摸索出最佳的协议方案。

图 8-10　预算有限战术

第七种，无德谈判战术之"木已成舟战术"。

对方战术内容：买家声称某件事情已经公布或者已经定下来，提出"希望你这样做"，没有其他选择的半胁迫式的压力战术。

原理：以既成事实和没有其他选择为由，向谈判对手施加心理压力，强行要求其配合。巧妙地利用了人们一般"不想把事情搞砸"的心理。

如何应对：

a.冷静应对，避免正面冲突，但是拒绝忍气吞声。

b.对对方表示理解，但不接受，摸索保全对方面子的替代方案，同时要求对方提供协助。

战术内容

声称某件事情已经公布或者已经定下来，提出"希望你这样做"，没有其他选择的半胁迫式的压力战术。

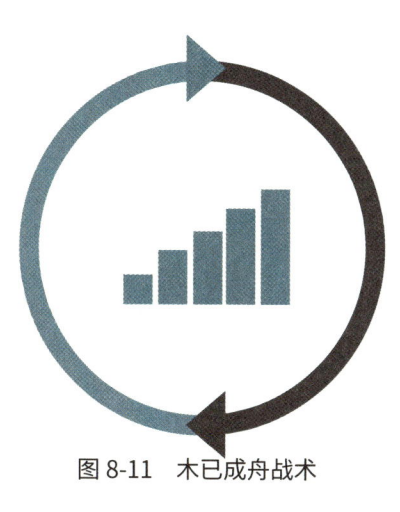

应对策略

◆ 冷静应对，避免正面冲突，但是拒绝忍气吞声；
◆ 对对方表示理解，但不接受，摸索保全对方面子的替代方案，同时要求对方提供协助。

图 8-11 木已成舟战术

第八种，无德谈判战术之"电话奇袭的先发制人战术"。

对方战术内容：使用电话，单方面喋喋不休地提出要求，并在电话中结束交谈的战术（打电话的人准备充足，接电话的人措手不及）。

原理：接电话的一方准备不足突然被迫应对谈判，面对电话谈判在短时间内必须结束谈判的压力。

如何应对：

a.拒绝。在没有准备好之前不进行谈判。

b.不建议直接挂断电话，而是要问清楚对方的要求，陈述适当的理由之后再挂断电话。

c.如果无法避免，那么事先准备好可能需要的物品，例如必需的文件、备忘录、计算器、纸笔等用具，同时保持冷静，缓慢地进行谈判。而且在电话谈判结束后，一定用传真等形式确认协议事项。

战术内容

使用电话单方面喋喋不休地提出要求,并在电话中结束交谈的战术(打电话的人准备充足,接电话的人措手不及)。

应对策略

◆ 拒绝,在没有准备好之前不进行谈判;

◆ 不建议直接挂断电话,而是要问清楚对方的要求,陈述适当的理由之后再挂断电话;

◆ 如果无法避免,事先准备好可能需要的物品,例如必需的文件、备忘录、计算器、纸笔等用具,同时保持冷静,缓慢地进行谈判。而且在电话谈判结束后,一定用传真等形式确认协议事项。

图 8-12　先发制人战术

经验七:回答难题的方法

谈判过程中,己方会向对方提出大量问题,对方也会向己方提出大量问题。那么,当对方提出难以回答的问题时,应该如何应对呢?

第一,隐晦的提问,常见于提问者抱有疑问,但想法还没有落实到具体提问事项上的情况。也就是说提问者还没有明确自己想问什么,想要达到什么目的,提问者还在思考或者还没有思考就提问。这种提问多以"你对这一点怎么看?"之类的"广角型提问"形式收尾。

面对隐晦的提问,试图直接回答是很不明智的。

那么这样的隐晦提问应该如何应对呢?先通过仔细询问,确认提问者的意图，将其转变成含义更明确的设问。例如，"也就是说，您想询问的是×××，对吗？"用这种提问的形式加以确认。也可以把问题扔回给对方。有时候对方的问题很难理解，不妨偶尔扔回给对方。可以郑重地对提问者说："不好意思，您能不能再说一遍？"从而给提问者一个缓冲的空间。尽管第一次提问含义很不明确，但经过前面第一次提问的思考，第二次往往就能提出更具体的问题了。而且，让对方二次提问，有助于对方更明确地表达某部分观点，或者做出明确的定义。

第二，关于负面因素的提问，是把焦点聚集在否定部分的提问。例如，"生产成本为什么增加了""订单为什么会减少""销售额为什么严重下降"，等等。这种提问多为"限定性说明型提问"，目的是了解那些具体问题发生的理由或见解。这类提问，直接回答就相当于承认事实。

面对这样的提问，首先需要确认提问者的问题是否属实。

如果提问者对事实的认识不正确，就要在考虑提问者的立场的前提下，以温和的形式让对方改正认识。可以这样回答："多谢提出如此重要的问题。"再接着回答："根据我们的调查，并不存在×××的问题。"

如果提问者的问题属实，需要正面做出回答。针对提问者的提问，客观地陈述理由。需要注意的是，在陈述理由时，应该同时说明正在采取的对策。如何解决提问者的问题才是真正的关键，也正是提问者最关心的问题。

第三，无法回答的提问，不是指不知道如何回答的问题，而是指无法直接回答的提问。针对这类问题，需要先消除负面因素，转移提问焦点，然后再进行间接回答。

例如，"贵公司的产品为什么比其他公司的产品价格贵很多？"相比机械地说明理由，阐述高价格的前因后果以及意义更有说服力，也更能让提问者满意。

可以先重述问题，"贵方是在询问本公司产品的价格对吧？"以此来消除负面因素，然后回答："产品的价格反映了产品的高品质和可靠性，相对于产品能够提供的价值，可以说物超所值了。×××就购买了本公司的产品，而且很满意。"

把回答的焦点从价格高转移到了产品的质量和价值上,从而间接做出了回答。

无法回答的问题

针对这类问题,需要先消除负面因素,转移提问焦点,然后再进行间接回答。

隐晦的提问

面对隐晦的提问,试图直接回答是很不明智的。

关于负面因素的提问

面对这样的提问,首先需要确认提问者的问题是否属实。

图 8-13 回答难题的方法

第九章　沉默螺旋
——磨炼精准表达的艺术

一段电影独白的经典流传，在于能够穿透浮在表面的剧情，鞭辟入里地表达价值观；一场爱情告白的顺利，在于赤诚地表达情意以引起对方爱之弦地轻轻震颤。真正会表达的人，都懂得精准表达。

在商业合作的领域中，人们都不认可特别烦琐、啰唆的沟通方式。而只有那些简明扼要且行之有效的沟通方式，才符合时代发展的潮流。

——麦肯锡公司资深合伙人　罗勃·洛威茨

第1节　回避争论、不习惯争论，是致命的弱点

通用汽车CEO艾尔弗雷德说过一段话："我高薪聘请一位高级管理人员，目的就是要向我提出不同意见。如果我的高级管理人员在开会的时候，或者是在我做决策的时候，都是同意我的意见，都是说我说的对，那我还要这些人干什么呢？"

麦肯锡与传统团队不同，受到批评的不是提意见的人，而是不提意见的那个人。专家的行为规范之一便是"Obligation to Descent"（反驳的义务），对于自己不认同的看法和意见，都有反驳的义务。这种义务是麦肯锡所有成员必须履行的。

大前研一曾说："回避争论，不习惯争论，对于具有国际水平的专家而言，是致命的弱点。"

不同见解的碰撞，往往会成为解决问题的基础。

在麦肯锡，无论是对待客户，还是公司的前辈；无论对方年龄大小、地位高低，公司要求每一位员工都要敢于明确表达自己的观点。如果因为怕影响对方的情绪，便歪曲事实，随波追流，这种行为是不对的。

每个人都有反驳的义务，同样地，每个人也应该听取不同的声音。

在麦肯锡，各种讨论和会议是必不可少的，尤其是需要集体共同决定一个

事项的时候。

不论是小型碰头会，还是较正式的大型会议，都是对我们已有工作的检验以及新工作的展望。在每个时间节点，我们的工作进度怎么样？接下来应该取得怎样的成果，又应该怎么来开展？大家一定要瞄准既定目标，按照自己的节奏有条不紊地展开工作。

会议，就是各抒己见的场合，要发出自己的声音。参会者不是一个人，不可能对一个问题产生一模一样的观点，会议不是单纯为了让提案全体赞成通过，而是开诚布公地对提案进行讨论。在共同讨论、互相指正的过程中，会发现项目可能存在的问题，再进行提升和修改。

在会议中大家要热火朝天地讨论，如果所有人都没有意见，不发出自己的声音，那么会议只是白白地浪费了大家的时间，没有存在的意义。没有争议和讨论的会议是没有进步的，只有每个人都发出"自己的声音"，会议才能有好的结果。

很多时候，大家也在会议上热火朝天地讨论，感觉很有成效，但其实并没有实质性的价值。例如，很多项目都可能遇到这样一个问题，"为什么最近某地区的销售量持续下降呢？"这时候如果在会议中提出"提高相关部门的组织能力""既要增加新顾客，还要提高核心用户的比例"类似这样的提案，是没有实质性价值的。

在提案中，光提出问题是不够的，还要根据问题提出相应的解决措施。例如，提高相关部门的组织能力、增加新顾客，等等，具体要怎么做呢？

对此，有以下三点可以帮助我们完成优秀的提案。

一、提案中要有具体的行动

例如，"给每个营业点配备能照章办事的负责人"这样的提案，就很明确地提出了用什么手段解决问题。通过对提案的了解，我们会知道具体该怎么办。

二、结合具体情况制订出有针对性的提案

要在提案中做到有针对性，就要抓住什么是主要问题，根据实际情况提出相应具体的提案，而不是将那些泛泛之谈当作提案。

三、有清晰的工作目标，能看到"之前"和"之后"的问题

例如，想要"提高某地区的销售量"，那么想要达到什么样的程度？以几年为期呢？这就有一系列的问题需要细化。在目标笼统、模糊的情况下就匆匆提案，是极为不妥的。

```
           ┌─────────────┐
           │  优秀的提案  │
           └─────────────┘
          ／       │       ＼
         ／        │        ＼
     提案中要有具体的    结合具体情况制订出    有清晰的工作
     行动。           有针对性的提案。       目标。
```

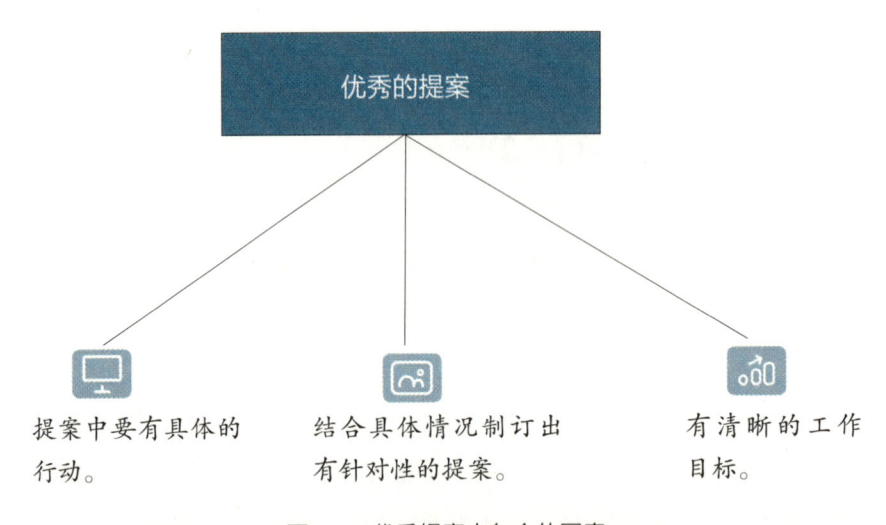

图 9-1　优秀提案中包含的因素

所有的提案都要有一个清晰而具体的工作计划，都要具备"结构合理""业绩拓展""消费者增加""提升品牌效应"等要素。就像我们打保龄球，不仅要瞄准好击打目标，还要确定一系列问题之后再去投球。例如，清楚应该在哪里站位、以怎样的角度投球、当球击中目标的时候它的大概位置在哪里，等等。此外，在制订提案的时候还有三点需要注意。

首先，判断你的方案能为客户带来多大的增值。每条建议可以带来多少利润？是否值得投入时间、精力和资源？与其他建议相比呢？确定会有什么大的效果吗？这真的很重要吗？如果答案是否定的，就应该优先考虑其他更好的方案。

其次，不要问你的分析可以为你带来什么，要问你的分析能不能为客户带

来什么。

最后，尊重客户能力的局限性。如果你的战略客户无法实施，那么即使再好的建议也没有任何意义，所以要确保你的建议书对客户的可行性。

在讨论或者会议中，我们要敢于对别人的提案提出自己的想法。在会议上不发言，这和没有出席会议是一样的，对于会议的讨论毫无贡献，那还不如利用开会的时间做些有价值的事情。大家的奇思妙想相互碰撞，才有利于擦出灵感的火花，也有助于提高提案的精准度。

如果会议仅仅是投"赞成或反对"的例行公事，那会议实质上就成了有决定权的人夸夸其谈的会议，团队的成员没不能发出自己的声音，讨论的提案更是缺乏多样性，会议也就失去了意义。

第2节　别让你说话的方式，毁掉你的优势

在职场中，是否懂得说话、会表达，甚至可以决定你能走多高、能走多远。

会表达的人，能够完美地汇报自己的工作，拥有更多晋升的机会，获取更多人脉和资源，时刻吸引人们的眼球，成为众人的焦点。

不会表达的人，即使能力再强，也很容易失去很多好的机会。

别让说话的方式，毁掉你的优势。举这样几个例子。

当你咨询一个问题时，对方喋喋不休、东拉西扯，话说了一箩筐，但就是没有一句在点子上，你不光没得到答案，耳朵都快起茧子了，可他还在说。出于礼貌你也不好意思打断他，只能无奈地听下去。

你和他，都是不会表达的人。他不会精准表达、直达重点，而你则不懂得拒绝。

公司开讨论会，老板突然点名让你发表意见，你慌慌张张、吞吞吐吐，结果说出来的话毫无逻辑、没有重点。这怎么能让老板认可你的能力呢？即使你平时工作做得很不错，但你的表达能力，也会让你整体的能力减分不少。

和客户对接工作,对方突然丢出一个疑问,你一时语塞,回答得没自信。准备好的项目,因为表达能力的不足,给客户留下了不好的印象。

甚至是平时工作中,和身边同事沟通时,问一个问题,你说了一大堆,解释半天,就是说不到点子上。这不是浪费彼此的时间和精力吗?

我们与人沟通时,不是想说什么就说什么。会表达的人,都懂得这三点:谁是我的听众?他想听什么?想怎样听?也就是达到"想清楚、说明白、说什么、怎么说"的境界。

表达不精准,等于射击没有瞄准。不要让不会表达,成为你成功路上的绊脚石。

精准表达是沟通的一个重要技巧。所谓"精准表达",指的是逻辑清晰、条理分明、观点鲜明,有节奏、有策略地把观点表达清楚,让人找不出错误和漏洞。

汇报要想获得成功,就要让听众按照清晰、明确的步骤,顺着你的逻辑听下去,也就是精准地表达你的观点。

想要做到有逻辑,要有明确的主张以及能够支持主张的论据。有些人讲话是很缺乏逻辑性的,他们没有"提出明确主张,然后陈述论据支持主张"的习惯。即使偶尔提出明确的主张,通常也缺乏支持主张的论据,而且就算有论据,也往往缺乏普遍性,不能正确地支持主张。这些人普遍认为,把话说得模棱两可是无可厚非的,他们是暧昧表达的高手。

在谈判中,清晰地表达自己的观点,是重中之重。但是,强调清晰表达不代表蔑视暧昧表达,完全可以在掌握清晰表达的基础上,灵活地、有战术地使用暧昧表达。

确保表达出清晰的信息,麦肯锡建议灵活掌握这三个变量。

一、明确主语和谓语

句子清晰表达的前提,就应该明确主语。比如,"这个方案应该尽快实施"这句话，什么是主语？"这个方案"吗？方案能脱离人自己实施吗？

谓语我们能明确看出，就是"实施"这一动作，而做出"实施"这一动作的主体，便是主语，显然这句话并没有主语。因为缺乏主语，我们不确定"实施这个方案"的主体是什么？可能是"公司""某人""某部门"，等等。

明确主语和谓语，才能确保信息能够清晰地传达。

二、使用逻辑连接词

逻辑连接词，不能模棱两可，要确保表达清晰。

比如，在"本企业处于成熟期，而发展稳定"这个句子中，"而"作为连接词，无法将两条信息间的关系明确。"企业处于成熟期""发展稳定"这两个信息间究竟是什么关系？是相互独立？还是因果关系？

如果这两条信息是相互独立的，那么，这句话应这样表达："本企业不仅处于成熟期，而且发展稳定。"

如果是因果关系，则应该是："因为本企业处于成熟期，所以发展稳定。"

三、降低表达的抽象度

上司下达了一条命令"要提高我们的销售能力"。所有同事不明所以，不知道应该采取怎样的行动。结果有的小组扩招了一倍的员工；有的小组加大了一倍的销售任务……每个小组各行其是。

"销售能力"的表达过于抽象，看似很有道理，但相当于把解释权交给了对方。清晰表达，应该注意降低表达的抽象度，尽量采用具体的表达方式。比如，"为了提高我们的销售能力，请适当加大销售任务"。

这不是说绝对不能使用抽象的表达方式，而是在使用时要做出具体的说明，避免歧义，确保信息的精准传达。

```
                    ┌─ 03 降低表达的抽象度
   (人物图像)      │     避免歧义，确保信息的
                    │     精准传达。
        │           │
        01          02
  明确主语和谓语   使用逻辑连接词
  明确主语和谓语， 没有逻辑，就没办法
  才能确保信息清晰 实现清晰表达。
  传达。
```

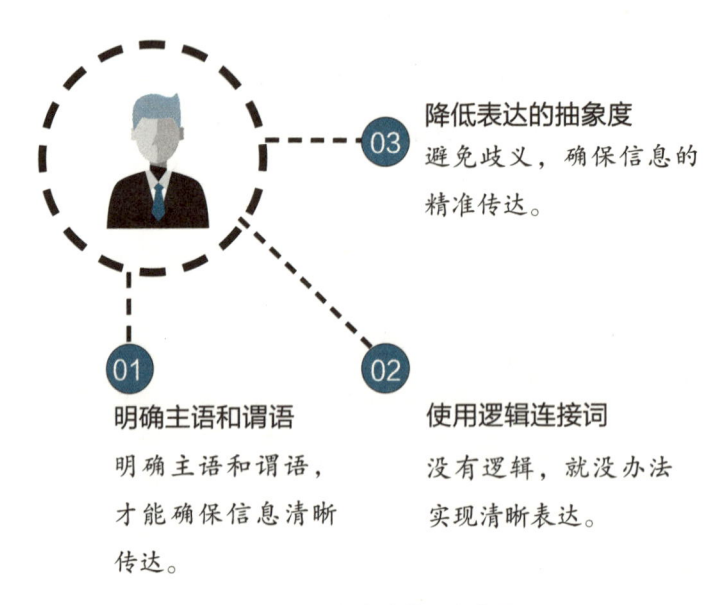

图 9-2　清晰表达的三个变量

第3节　表达模式："知、感、行"+"30秒电梯理论"

我们每天可能会面对很多人，很多时候还需要与他们进行沟通。如果我们的谈话引发了他们的兴趣，或者他们接受了我们的意见并采取了相应的行动，那么表述是成功的。反之，如果只是一些毫无重点、语无伦次的谈话，那就毫无意义，表述自然就会失败。而且，客户一般只会给我们很短的时间讲述，这就要求我们运用精简、浓缩的沟通方式，使沟通有所侧重，避免浪费处理问题的时间，也不会给客户留下"思路不清、表达不明"的印象。

针对这种情况，麦肯锡总结出以下两种优秀的表达模式。

表达模式一："知、感、行"沟通模式

所谓"知"，就是指突出重点，让对方立刻就能明白我们在说什么；"感"，就是感受对方的需求；"行"，就是根据对方的需求，立即采取适当

的行动。

当我们在把所思所想传递给对方时，"知、感、行"这一沟通模式，能够做到把距离缩减至最短。"知、感、行"营造了一种良好的对话氛围，而不只是一种单方面传递信息的"传话"模式，毕竟没有人会喜欢喋喋不休地被"训话"的感觉。

在快节奏的工作环境中，我们应该有意识地训练自己"知、感、行"的表达能力。通常经过一段时间的训练，就可以实现在快速变化的环境中，与他人进行有效沟通的能力。

在训练"知、感、行"的沟通模式时，可分为以下三个步骤。

第一步，我们所要表达的观点就是对方想要确认的事情。在表达自己的观点之前，先要清楚对方的需求，这也是进行有效沟通的一个前提。

第二步，我们表达结束后，还要让对方表达出他们的想法。我们不能强迫对方表达意见，可以通过改变自己的表达方式，影响对方的情绪，再主动做出表达。

第三步，当双方都做出表达后，就可以采取行动了。

如果经常进行"知、感、行"的沟通模式训练，就会很自然地学会换位思考进行表达，也就是可以站在对方的角度，按照对方的心态和要求，组织我们表述的重点与思路，进行沟通和交流。例如，对方最想听到什么？最希望在哪个时间段、哪个情景下进行沟通？

```
        知、感、行
              03  行
                  当双方都做出表达后，就
                  可以采取行动了。

    01          02
    知           感
    在表达自己的观    我们不能强迫对方表达意见，可以通
    点之前，先要清    过改变自己的表达方式，影响对方的
    楚对方的需求。    情绪，再主动做出表达。
```

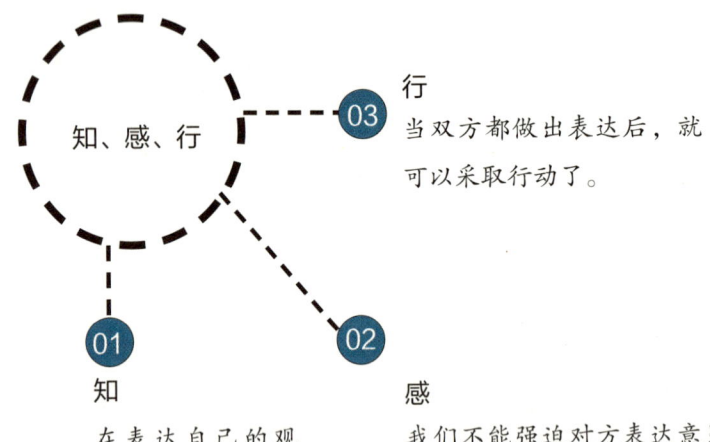

图 9-3　知、感、行模式

这三个步骤，操作起来非常简单，效果却很明显。麦肯锡经常在与客户沟通前，运用"知、感、行"这三个步骤来整理交谈的提要，既严谨又高效。很多人都会发现，如果自己没有在沟通的过程中严格遵守这三个步骤，表达的信息就可能出现偏差，甚至不能清楚地表达自己的观点。

表达模式二："30秒电梯理论——凡事归纳在三条以内"

麦肯锡曾经有过一次非常惨痛的教训。在为一家重要的大客户做项目咨询的时候，麦肯锡的项目负责人在电梯间偶遇了对方的董事长，这个董事长提出了这样一个问题，"你能不能简单说一下现在的结果呢？"

由于这件事突然发生，项目负责人没有准备，而且即使有准备，在电梯从30层到1层的30秒内把结果说清楚，这也比较困难。这位项目负责人支支吾吾地回答了一些不重要的问题，电梯门很快就打开了，这位董事长扬长而去。最终，麦肯锡失去了这一重要客户。从此，麦肯锡要求公司员工任何问题都要归纳在三条以内，并具备在30秒内向客户推介方案的能力，这就是商界著名的"30秒电梯理论"，或称"电梯演讲"。在企业的整体运营中，这也是麦肯锡

用于沟通的一项重要原则，是一种能保证时间得以有效利用的方式。

例如，用一句话简单介绍公司或者部门的年度营销报告；用一段话阐述公司品牌的定位和未来的发展方向；用三分钟阐述商品销量下滑的主要原因，并提出几个相应的解决方案。

通常，"30秒电梯理论"有三种用法。

第一，高度总结法，即抓住重点信息，忽略次要信息，把重要信息进行高度浓缩。

第二，激发思考法，有些问题不能在短时间内阐述清楚，那就抓住其中几个亮点，激发对方的兴趣。

第三，语出惊人法，开头要特别吸引人，使对方竖起耳朵，产生继续听下去的欲望。

要想实现在乘电梯的30秒内完成描述，千万不能被不重要的信息困扰，要紧紧抓住问题的核心。把讨论的主题以及对方关注的核心问题进行突出、强调，接着再直奔主题，迅速、简洁、有说服力地表达出来，不必进行冗长、拖沓的解释。例如，上司想要了解针对某个问题的建议，如果你的建议有很多，这时候不要没有计划地乱说一通，要有所侧重，侧重说三条最为重要的，也就是能带来最大收益的那三条建议，再在时间充裕的情况下，适当地介绍一下支撑你论点的数据。

第4节　结构化表达：金字塔原理在汇报中的应用

麦肯锡解决问题流程的最后阶段，就是进行汇报，包括所有的研究、分析、假设以及工作规划。这需要一套行之有效的汇报和表达技巧，精准地向客户表达自己的观点，而不是简单地将所有的商业观点随意堆砌。金字塔结构是一项层次性、结构化的思考、沟通技巧，可以帮助我们更好地向上司汇报工作。掌握了这项技巧，我们可以实现透过结构看世界。

"夫物芸芸，各复归其根"，结构就是芸芸万象背后的根。20世纪60年代，芭芭拉·明托提炼的金字塔原理，使得麦肯锡的工作效率大大提升，超越了其他咨询公司。

芭芭拉·明托认为，金字塔原理强调的是一种突出重点、逻辑清晰、主次分明的逻辑思考能力。基本结构是结论先行、以上统下、归类分组、逻辑递进，而且中心思想明确。

金字塔原理有纵向和横向两条逻辑。

一、纵向关系：结论先行、以上统下

"结论先行、以上统下"的意思就是说，以结果为导向的论述过程，所有的论据都要支撑论点，所有的原因都要支撑结论。

我们用一个例子来说明，"在公司中，基层员工的工作内容也会被关注，业绩卓著的公司的CEO往往也是公司真正的人事主管，只要你足够优秀他就会看到，他也能将重要岗位的优秀员工留下来。"

请问以上表达的中心思想是什么？你看完之后，会不会摸不着头脑？怎么把上面的话变为结论先行的表达呢？

我们可以将这个例子改成"疑问-回答式的对话关系"。

"业绩卓著的公司的CEO往往也是公司真正的人事主管。"

"为什么呢？"

"因为哪怕是基层员工的工作内容他也会关注，还能够发现优秀的员工，并且会在重要的岗位上任用优秀的员工。"

```
                    ┌─────────────┐
                    │业绩卓著的公司的│
                    │CEO，往往也是公│  为什么？
                    │司真正的人事主管。│
                    └──┬────┬────┬──┘
         ┌─────────────┤    │    ├─────────────┐
┌────────┴────┐  ┌─────┴────┐  ┌─┴──────────┐
│关注基层员工的工│  │发现优秀员工。│  │在重要岗位上任用│
│作内容。      │  │          │  │优秀员工。    │
└─────────────┘  └──────────┘  └────────────┘
```

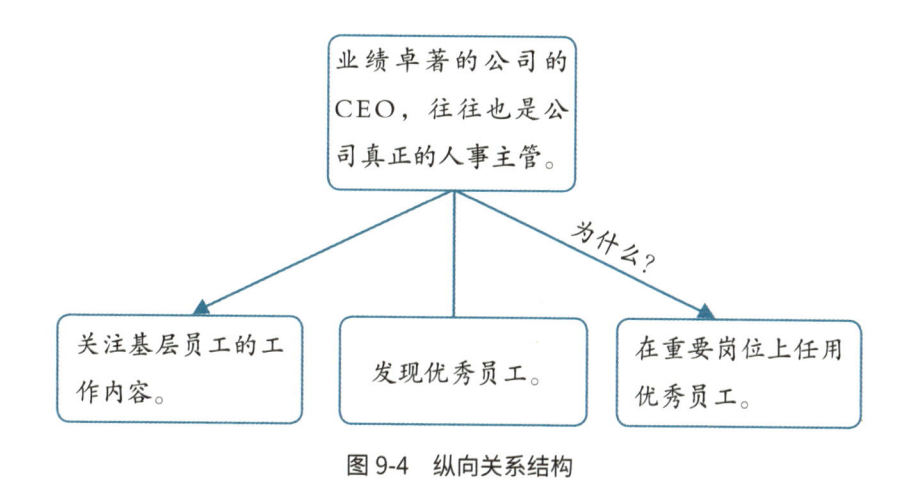

图 9-4　纵向关系结构

这种纵向关系可以引导一种"疑问-问答式"对话，使读者按照你的思路产生符合逻辑的反应，能够很好地引发读者的阅读兴趣。

金字塔结构的每一个方框就是一个思想，金字塔的顶端表达你的中心思想，在下一层次上横向回答读者的疑问，所有的原因都支撑着中心思想。

二、横向关系：归类分组、逻辑递进

当我们在金字塔上一层级提出一个观点时，会在读者心中引发一个疑问，需要我们在下一层级横向回答这个疑问，同时还要保证我们的表述符合逻辑，层层递进。

在表述时必须具有明确的演绎和归纳关系，但二者又不同时存在。

第一，演绎推理。演绎推理具有三段论的形式。

大前提：一般是对当今世界上某种现象的表述。

小前提：对大前提的主语或谓语所做的表述。

结论：说明以上两种表述同时在世界上存在时所具有的隐含意义。

我们举例来进行说明。

大前提：所有马都是动物。

小前提：白马是马。

结论：白马是动物。

概括演绎论点,要把最后的结论放在最顶端,再加上"因此",涵盖其他两个论点。必要的话需要进行重新改写,以保证表述的流畅度。用金字塔结构表示,如图所示:

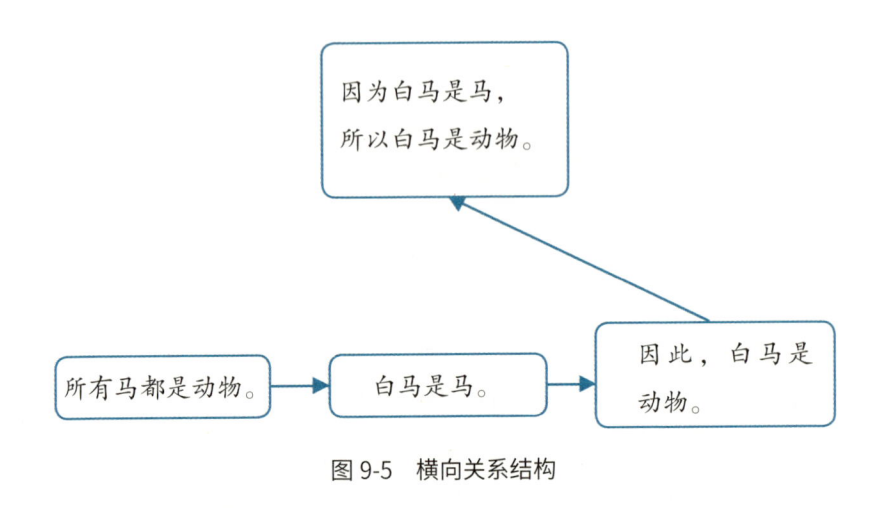

图9-5 横向关系结构

第二,归纳推理。归纳法回答由某个思想引发的疑问,必须保证该组思想在逻辑上有共同点,可以由同一个单一名词来表示,这一单一名词可以概括该组所有思想。

这一单一名词可分为三类,通常回答三个标准问题:

问题	单一名词
◇为什么◇如何◇你如何知道	◇理由◇步骤◇证明

图9-6 归纳推理法

生活中有很多归纳推理的例子,下面以一个大家熟知的数学例子来介绍归纳推理。

一切三角形的内角和都是180°。

↓为什么？（单一名词：理由）
→直角三角形的内角和是180°。
→锐角三角形的内角和是180°。
→钝角三角形的内角和是180°。
（众所周知，三角形包括直角、锐角和钝角三角形。）

把这个例子用金字塔结构表示，如下图所示：

```
            ┌─────────────────────────┐
            │ 一切三角形的内角和都是180°。│
            └─────────────────────────┘
           ╱            │            ╲
  ┌──────────┐   ┌──────────┐   ┌──────────┐
  │直角三角形的│   │锐角三角形的│   │钝角三角形的│
  │内角和是180°│   │内角和是180°│   │内角和是180°│
  └──────────┘   └──────────┘   └──────────┘
```

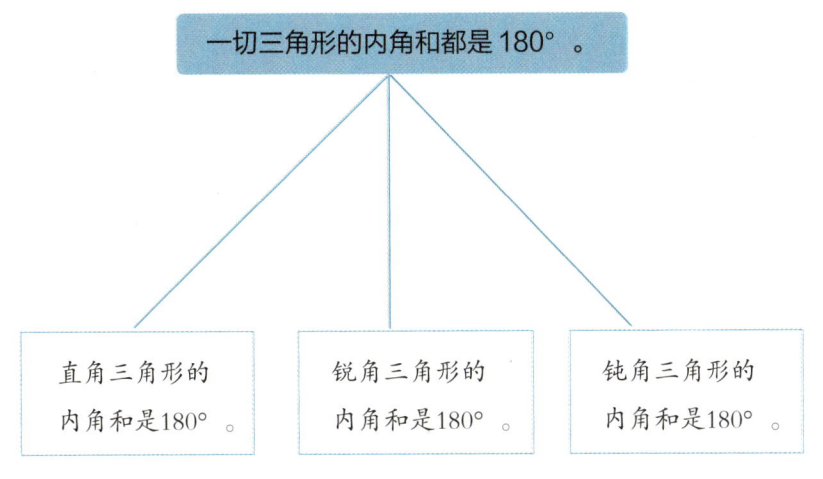

图 9-7　用金字塔结构表示三角形的内角和

成功的汇报，是连接你和汇报对象之间的桥梁。汇报要尽可能清晰明确、令人信服地向汇报对象传达观点。麦肯锡花费大量时间来培训咨询顾问掌握金字塔结构以实现系统性及富有逻辑的组织汇报。对此，可以从以下几点实现金字塔原理在汇报中的应用。

首先，开始就展示结论或建议。许多汇报想要保持悬念，于是先把所有的数据都说了一遍，最后才给出结论，这也是对金字塔原理中"演绎归纳"的应用。但是，这样很可能在没有展示结论之前，听众就已经失去了兴趣，或者一头雾水，不知道汇报到底要表达什么。从结论入手，就可以避免这种情况。

从结论入手，就是我们前文所说的"归纳推理"。例如，"我们认同××观点，原因有三条"。麦肯锡汇报工作或者与客户沟通时，更偏向于归纳推理。归纳推理能够快速抓住要点，精准地表达自己的观点，汇报对象理解所需的时间也更少。

其次，事先沟通，避免出人意料。事先沟通，就是在进行汇报前让对方了解你的研究结果。提前表达你的观点，以便对方了解了你掌握的事实，便可以就你的观点展开辩论，而不用再对每一个要点的相关事实争论不休，如果发生突发情况也不会手忙脚乱。

最后，量体裁衣。量体裁衣，就是在汇报前根据对方的意见调整自己的汇报。一个优秀的表达者，会了解自己的听众，知道如何适应他们。不同的听众、不同的预期、不同的目标甚至不同的语言，就需要我们量体裁衣，强调不同的内容，适应不同的情况。

有时也会一边汇报一边量体裁衣，也就是不拘泥于原来撰写的内容，根据听众的反应灵活调整自己的汇报内容。同时，还要了解汇报的客观环境，可以根据场所的情况，采取不同的风格传递同样的信息。例如，如果是在礼堂，面对几十名甚至上百名听众，就需要使用一些设备，照顾到位置偏后的听众；如果是圆桌会议，只有几个人参加的话，可以不使用投影仪，用少量内容概述即可。

一个好的想法，不仅要获得公司的认可，还要通过实施才能产生效果。如果不考虑实施问题，汇报的完成就标志着典型的麦肯锡咨询项目的结束。客户也许会提出新的问题，但那将是一个新项目的开始。

量体裁衣

不同的听众、不同的预期、不同的目标甚至不同的语言，就需要我们量体裁衣，强调不同的内容，适应不同的情况。

开始就展示结论或建议

麦肯锡汇报工作或者是与客户沟通，更偏向于归纳推理。归纳推理能够快速抓住要点，精准地表达自己的观点。

事先沟通，避免出人意料

事先沟通，就是在进行汇报前让对方了解你的研究结果。

图 9-8　金字塔原理在汇报中的应用

第5节　明明报告写得很详尽，为什么上司还是不认可？

在职场中，向上司汇报工作进度或提建议，往往需要提交你的方案。除此之外，在很多情境下，也都需要进行提案，可以说每个人每天都会提交各种方案。以销售为例，销售人员为了证明其产品值得购买，需要做出企划方案便于向客户展示其产品；同样地，一名产品经理想要开发某种新产品，也需要制作方案以说明这款产品的价值及开发的必要性。哪怕是面试时的个人简历和自我介绍，也算是提案。

在麦肯锡，制作提案的能力是每个咨询顾问必备的基本技能。如果你的提案能力是高超的，事情很大几率会向着你的提案的方向发展。但一个缺乏制作提案能力的人，往往不具备说服他人的能力，总能轻易遭到别人的反对。

麦肯锡根据几十年的咨询服务经验，将文案制作总结为以下几个环节。

环节一：制作文案必不可少的"零件"——信息

信息是构成商务文案的零件。构成商务信息的所有文章，都可以称作信息。文案写作，就相当于组合零件信息。

职场中经常会遇到这样的问题：明明报告写得很详尽，为什么上司还是不认可？很大原因可能是你没有将信息分类处理。虽然你的信息罗列得很完整，但别忘了信息也是有类别的，上司无法直接从你的报告中获取他需要的那类信息。

麦肯锡精英们都有着卓越的信息分析能力，在他们看来，如果想对信息有更深刻的理解，想要灵活地运用信息，赢得上司的肯定，最好先能够辨别信息的种类。不过需要注意的一点是，辨别信息的种类，不等于辨别信息内容的正确性。

信息可以分为三种：记述信息、评价信息、规范信息。

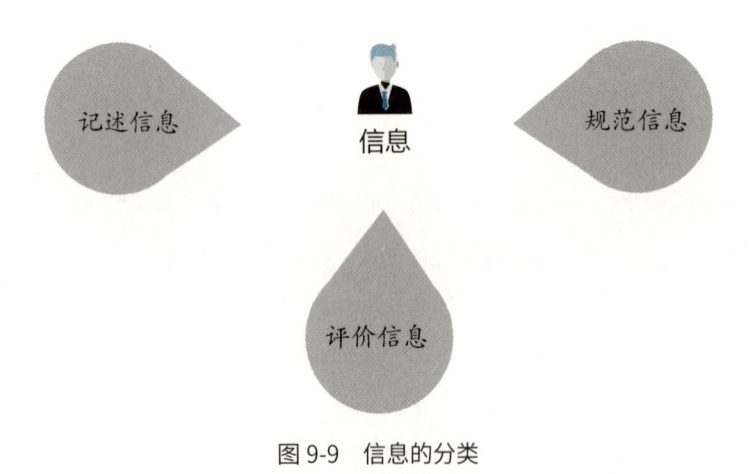

图9-9 信息的分类

第一，记述信息，即描述事物的情况和现象本身。

喜马拉雅山脉是世界上海拔最高的山脉。

现在正在下雨。

某公司员工有一万人。

法国的首都是巴黎。
……

以上都是记述信息,同时也是描述现象。即使"美国的首都是纽约"也属于记述信息。因为现在我们讨论的是如何辨别信息的种类,信息的内容正确与否,与信息的种类无关,虽然描述的内容是错误的,但它仍属于记述信息。

第二,评价信息,即表现出情况和现象的好坏。与记述信息不同,评价信息能够表现出情况和现象的好坏,每一条信息都包含对某种好坏的判断。例如:

这个水瓶耐用度高,是一个很好的瓶子。
某公司是优良的企业。
上海是一个很繁华的城市,去那里旅游的感觉一定很棒。
你的文案写得非常糟糕。
……

"记述信息"和"评价信息"这两个概念很容易混淆,我们可以用"这个水瓶耐用度高。"这句话来举例说明。这句话属于记述信息,因为"高"这个形容词,并没有清楚地表明对好坏的判断。不过信息接收者往往容易从主观上认为耐用度高就是好,但其实这两者并没有必然的因果关系,这句话本身属于记述信息。因此,我们要先排除传递者的意图以及接受者的理解,再来判断信息的种类。

第三,规范信息,即要求事物应有的状态以及人应该采取的行动。记述信息和评价信息虽然不同,但二者都是用来表示事物的状态,属于描述性的信息。而规范信息,则是表示"事物或现象应有的状态"以及"建议某人应该采取的行动"。例如,"这个水瓶的容量应该有500毫升才对。"表示事物应有的状态；"A应该本周走访五家客户。"则是建议某人应该采取的行动。

就像记述信息会被解读为评价信息一样，评价信息有时候也会被当成规范信息。例如，"本周走访五家客户是个不错的主意"，很多人会自主理解为"应该走访五家客户"的意思，当成促使行动和建议的规范信息。其实它属于评价信息，不过对大家产生了规范效果，信息本身还是属于评价信息。

环节二：文案的框架结构

文案不是把一堆信息和想法罗列出来就可以，急于把思考转化为文字，容易导致文案主张模糊、脉络不明，重新修改反而更浪费时间。文案的制作很讲究谋略，麦肯锡在制作文案之前，会先把整体框架构思出来，接着才制作文案。

金字塔结构，就是麦肯锡最有价值的工具，在前文对其结构已经进行了描述。

所谓"信息金字塔"，就是把最想传达的信息放在最上层，这则信息称为"主要信息"；紧接着是"关键信息"；关键信息再往下一层，是"次要信息"。假设文案以章构成，每一章的信息就是关键信息，次要信息就是构成章的分段信息。而所谓"主题金字塔"，从上而下的序列为主要主题、关键主题以及次要主题。但是一般我们用金字塔结构呈现文案时，最终的形式往往同时包含主题和信息，不能只有主题而没有信息。

麦肯锡在制作文案时，每一页都必须要有的三个要素就是标题信息（主题信息）、主题及支撑信息。

将主要摘要放在前面，先展示结论让人安心。当一份报告有很多页，包含的内容很多时，可以附上主要摘要。主要摘要可以传达文案的整体脉络，减轻阅读者从头阅读冗长文本的心理负担。

每一页都设定一个主题。所有的文案都离不开明确的主题，我们经常看到一篇文案连续数页都在说同一主题的内容，导致正文出现了不符合视觉体验的长度。这说明主题范围划分的过于宽泛，或者是在一个主题下阐述了过多的细节。每一页都像是信息的容器，把每一个页面都设计成一个容器最理想的状态，不要溢出来，也不能装得太少。

文案不是把一堆信息和想法罗列出来就可以，急于把思考转化为文字，容易导致文案主张模糊、脉络不明，重新修改反而更浪费时间。在制作文案之前，要先把整体框架构思出来，接着才制作文案。

图 9-10　文案的框架结构

环节三：文案的主题

学会辨识信息的种类之后，我们还需要再回顾一下主题是什么。主题是有基调的，集思想、内容、个性于一体，主题不是信息，但也一样重要。信息向我们展示传递者想"表达的是什么"，而主题则是传递者向我们透露文案是"关于什么的表达"。两者进行有效的搭配，能够立刻提升文案的理解度。

主题就像装着信息的容器，能够限制信息的内容范围。例如，"关于本产品"这个表达，就是主题，表明接下来应该会传达一些与本产品有关的信息，至于产品是什么，产品怎么样，这些信息完全没有传达。"关于本产品"这句话，就是信息的容器，装进去的都是关于产品的信息。

假如把"关于本产品"改成"关于本产品的优越性"，仍然是一个主题。但是主题作为一个容器，它开始限定包含的信息只能与本产品的优越性有关。所以，不管容器和内容物多么相近，在本质上还是不同的。主题限定了信息可以展开的范围，但是主题不是信息。如果将"关于本产品的优越性"改成"本产品是优秀的产品",这是一个完整的句子,就是一个信息了。而主题并不是包含主语、谓语的句子,尽量也不要把主题写成一个完整的句子。

主题与信息在数量上的配合度,是设定主题的关键因素。

为了让大家理解主题的概念,我们可以尝试着从信息推论出主题。请看下面三条信息,也就是内容物。

张女士毕业于上海的一所小学。

张女士毕业于广州的一所中学。

张女士从北京大学毕业后,进入一家国企工作。

能容纳这三条信息的容器,也就是主题,应该怎样设定呢?相信有的人已经很快将主题设定为"张女士的教育经历",但是也有的人认为应该设定为"张女士的履历"。

如果将主题设为"张女士的教育经历"较为合理。是因为这三条信息都在描述张女士的教育经历,虽然最后有一条突兀的信息"进入一家国企工作",显然这并不属于教育经历的范畴。那么就整体而言,"教育背景"这个容器,无法容纳"进入一家国企工作"这个内容物,这个容器似乎有些太小了。

如果想做到非常严谨,就只能换一个大一些的容器。所以,主题只能是"张女士的履历"这个选项了。换成这个主题之后,确实可以涵盖所有的信息。

还有一种容器和内容物不兼容的情况,有一个很大的容器,但在容器里只装了少许内容物,内容物和容器的容量不匹配,容器比内容物大太多了。这种数量上的差距,比只多出"进入一家国企工作"这个信息更糟糕。假设内容信息除了上面三条,还包括张女士之后的多条工作变动等信息,设置为"张女士的履历"完全没有问题,但就这三条信息来说,主题设定为"张女士的教育背景",主题和信息的配合度更高,这也是设定主题的关键因素。

除了考虑主题涵盖范围的大小，还可以从时间轴以及想要传达给别人的印象入手设定主题。用"时间"来为主题定调，不仅条理清晰，也更加引人注意，例如使用"未来的……""当下的……""预测……"主题与传达给别人的印象是否能与信息配合也非常重要。

除了考虑主题涵盖范围的大小、时间轴、印象等因素，还要确认信息的种类与主题的形式是否一致。

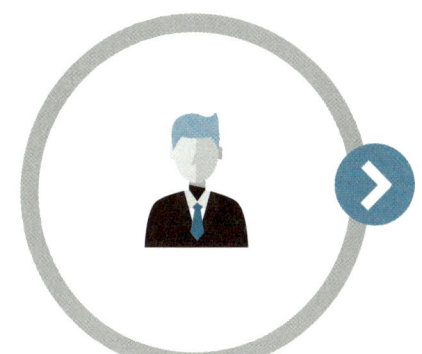

主题是有基调的，集思想、内容、个性于一体，主题不是信息，但也一样重要。信息向我们展示传递者想"表达的是什么"，而主题则是传递者向我们透露文案是"关于什么的表达"。

图 9-11　文案的主题

环节四：连接词——文章通顺的灵魂

每一位麦肯锡员工都是文案高手，根据他们的经验，如果文案晦涩难懂，可能是由以下几个原因造成的。

第一，信息种类模糊不清，使人无法在宏观上理解信息。

第二，构成文章的零件上，也就是个别信息出现了问题，对微观上理解信息也出现困难。

第三，宏观和微观上的意思大概都能理解，每个零件分开来看也都能看懂，但读完整篇文章仍然觉得难以理解，这时候的问题应该就是文章不够通顺。

通顺是对商务文案写作的基本要求。所谓通顺，就是指每条信息之间的前后关系。通顺是建立在正确使用逻辑连接词的基础上的，文章不通顺的原因就在于，没有将每条信息的前后关系明了地传达给对方。

每条信息之间的关系有多个层级。章节与章节之间、段落与段落之间，以及句子与句子之间等，整篇文章一环扣一环，无论哪一层级，都会和其他信息产生关系，并且密不可分。这些关系的准确表达，都要依靠逻辑连接词。所以，要想让信息之间的关系明了，减轻接收者的负担，就要正确地使用逻辑连接词。

正确使用逻辑连接词，接收者就能够轻松地理解上下文的关系。例如，只要出现"因此"一词，马上就能明白接下来会讲到结论，而"因此"之前的内容是引发此结论的根据；如果加入连接词"借由"，几乎不用思考，对方就能想到连接词之前讲的一定是方式方法，而之后则会讲到目的。

除了缺少连接词外，还有一种情况就是连接词模糊不清。用一连串关系模糊的句子来排列信息，根本无法连接意思。如果每一条信息之间的关系都模糊不清，上下文的关系自然也就变得模糊不明，阻碍了正确信息的传达。

检查完语句的衔接，要再重新检视一下全文的脉络，把多余的连接词以及冗余的信息全部剔除，这样别人阅读的时候才能够一气呵成，完美地理解文章的主旨。

文案的主题之文章通顺的灵魂

通顺是对商务文案写作的基本要求。所谓通顺，就是指每条信息之间的前后关系。通顺是建立在正确使用逻辑连接词的基础上的，文章不通顺的原因就在于，没有将每条信息的前后关系明了地传达给对方。

图 9-12　正确使用连接词

环节五：行文走笔

掌握了以上四个环节后，还要懂得如何将信息简明扼要地传达给读者，行文走笔流畅，才能最终呈现精彩的文案。

首先，要善用主语，让别人跟着你的思路走。说话没有主语，很容易造成误解。我们经常在说话时省略主语，一般情况下，可以根据前后文的脉络，自然地推论出支配谓语的主语。例如，在日常对话中听到"肚子好饿"，很容易推断出主语就是说话者本人；如果我们对别人说"很累吧"，这个人也能直接推断出省略的主语是"你"，也就是我们说话的对方。

但是在多数情况下主语并没有像上面的例子中那么清晰明了，尤其是在必须厘清关系的商务文案中，如果我们说话没有主语，别人可能就听不懂你要表达的意思，容易造成极大的误解。例如，"本公司非常重视与A公司的合作，但是最近开始与B公司合作，这让人非常担忧。"这句话就很容易造成误解，到底是谁最近与B公司开始合作，是A公司还是本公司？又是谁在担忧呢，是说话者本人，是本公司，还是A公司呢？

尽量多用主动语态，少用被动语态。在商务文案中，很多人因为想营造出客观分析的感觉，无意识地使用被动语态，例如，"……被认为是""……被称之为"，等等。接收者很容易迷惑，"被认可、被称之为，我明白。但是，到底是被谁认为，又是被谁称之为呢？"这时候，写作者才意识到这个问题，只能慌慌张张地回答"社会上一般都这么认为"。

为了让信息更加明了，清晰地表现出主语才是上策。

虽然有时候，省略主语是会比较流畅。但假如省略了主语，首先确定你想传达的内容会不会被对方误解，再视情况确定是否可以省略。

说话没有主语，很容易造成误解。虽然有时候，省略主语是会比较流畅。但假如省略了主语，首先确定你想传达的内容会不会被对方误解，再视情况确定是否可以省略。

图 9-13　善用主语

其次，委婉用法要慎用，写者有意，看者无心。所谓委婉用法，是指间接传递信息给对方，一般用来避免具体的否定。委婉用法可以说是一种语言现象，更是人们用于人际交流的一个重要手段，能够在最大程度上避免造成双方的不愉快，也是对社会现象和人们心理的一种反映，如忌讳、禁忌及礼貌，等等。

由于委婉用法是间接的，很容易造成意想不到的误会，所以应该谨慎使用。在使用委婉用语的过程中，要结合对象、话题以及环境等因素进行具体的变换。

当写作者和接受者双方处于不同的文化层次的时候，因为文化差异导致默契度比较低，委婉用法很容易造成误会，这时候最好直接具体说明，不要担心枯燥冗长。

最后，段落可以随性，分段不能随性。所谓"分段"，就是以完整的区块传递单一信息，是指在一个主题下，由整理过后的多个信息所形成的一个区块，其中一个区块可由几个段落形成一个分段。就逻辑表现力而言，其实就是反应"单一信息"的金字塔结构：主张、信息及事例。

我们来看看这样一条信息。

发生的原因是中心处理账单数据失误。以往部分数据库的使用费均延迟一个月请款。但是从今年四月起，我们改成在当月请款。因此，四月的请款单包含三月和四月的使用费。而五月的请款单，原本应该只有五月的使用费，可是却又算进四月的使用费中。

这条信息，一面暗示大家要说明原因，后面却只在事情发生的背景和内容上着墨，让人一头雾水，不符合传递单一信息的标准。分段一开始的第一句话，叫作“引导信息”或者“标题信息”，作用是提供传达分段的信息。有时候，引导信息会直接穿插在文中。但无论放在哪个位置，都是为了能够更详细地表达单一信息，而整个段落的叙述也是为了证明引导信息。

与“段落”的模糊概念不同，“分段”是传达单一信息的完整区块。分段中各项信息都要明了，更重要的是，“分段”本身也要明了才行。

与“段落”的模糊概念不同，“分段”是传达单一信息的完整区块。分段中各项信息都要明了，更重要的是，“分段”本身也要明了才行。

图 9-14　分段不能随性

环节六：总结句

聪明人做事不会半途而废，而且会把最精华、最震撼的内容保留在最后。总结句如果写得好，能够成为整个文案的点睛之笔，给读者留下深刻的印象。所谓总结句，就是高度概括，用一句话或几句话指明整个商务文案的思想主题以及最后的结论，也可以是决策或展望。

总结句绝对不能是长篇大论，应该使用具有说服力的语言，不但要为读者总结出想传达的内容，还要让读者产生一种恰到好处的感觉。

第一点，写好总结句的第一个关键，就是要明确行动产生的结果或目标。描述行动产生的结果或目标的句子一般可称作行动性词句。行动性词句是商务文案中较为常见的总结句，在制订行动计划、编写操作手册、介绍系统功能，或说明解决问题的方案时，都会用到行动性词句。例如，使用步骤、建议、措施、流程、目标或改革等名词表示的词句。

这个过程中，有几点需要注意。在将各个行动、流程、步骤等联系起来之前，先用明确的词句描述；尽量将每一组中的行动、步骤控制在五个以下；直接从这些行动、步骤、流程中总结、概括行动的结果和目标。

第二点，写好总结句的第二个关键，就是找出各结论之间的共性。结论，是最终被传递出去到达读者的信息，文案中表达的结论，都是为了告诉读者做了哪些工作，或是告诉读者关于什么事的情况。一篇文案需要我们明确说明这些语句之间的相通点所具备的普遍意义，也就是提出一个新的总结性的语句。

这个总结性语句，必须做到以下几点，分析出将这些语句联系在一起的结构上的共性；分析这些语句间更密切的联系；归纳总结，概括出能表现主题思想的语句。

第6节 怎样把PPT做得像麦肯锡一样专业？

有这么一个段吐槽歌词："工作累死累活，有业绩又如何？到头来还干不过写PPT的。"虽然是吐槽，但从侧面反映出PPT在工作中的重要性。

在做汇报的时候，一份好的PPT报告可以把你的工作成果清晰明确地展示给你的上司。但有一个很重要的前提：好的PPT才能发挥这样的作用。很多人崇尚绚丽的演示特效，例如淡入、淡出、溶解等切换效果以及各种音效。适当的动画和音效能提高观感、吸引眼球，但绝对不能过度使用，否则会弄巧成抽，分散听众的注意力，演示效果自然大打折扣。所以演示者一定要谨记最小限度地使用这些绚丽的特效。同理，演示的配色也应遵循这样的要求，无论使用哪种颜色搭配，都不能对观众造成过大的视觉冲击与视觉负担。

经常有麦肯锡咨询顾问开玩笑说"其实我就是做PPT的"，那这PPT可称得上是"天价PPT"了。之所以这么说，并不在于麦肯锡做的PPT有多绚丽，相反他们从不炫技，甚至很朴素，但在PPT中容纳了充足的信息、观点、结论和论据。真正有价值的，是PPT背后隐藏的高级思维。

一、应用"金字塔原理"制作PPT

麦肯锡的金字塔原理风靡全球，运用金字塔结构制作PPT，能将一个事物按照逻辑顺序层层分析，条理清晰、关系明确。第一章讲述了金字塔原理的四大基本结构，PPT的制作也需要围绕这四点。

第一，结论先行。在PPT一开始就阐述中心思想，PPT的中心思想只能有一个。

第二，以上统下。上一层的观点，是对下一层观点的总结和概括。

第三，归类分组。每一组的思想观点必须属于同一范畴。

第四，逻辑递进。每一组的思想观点必须符合逻辑顺序。

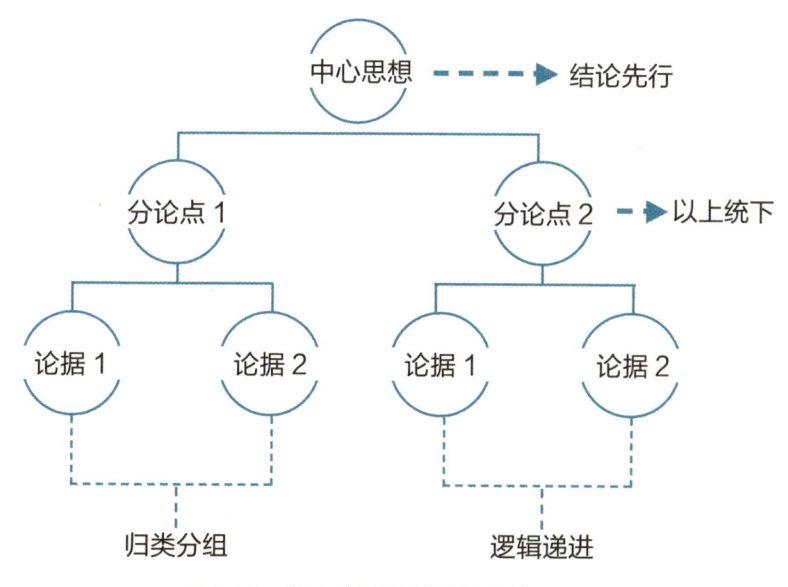

图 9-15 应用"金字塔原理"制作 PPT

例如，用金字塔结构自下而上分析一个品牌的定位——从消费者的需求出发，根据相应需求有针对性地开发出产品（也就是研发出产品的理性功能点），再上升到产品的感性价值，最终升华提炼出品牌定位。

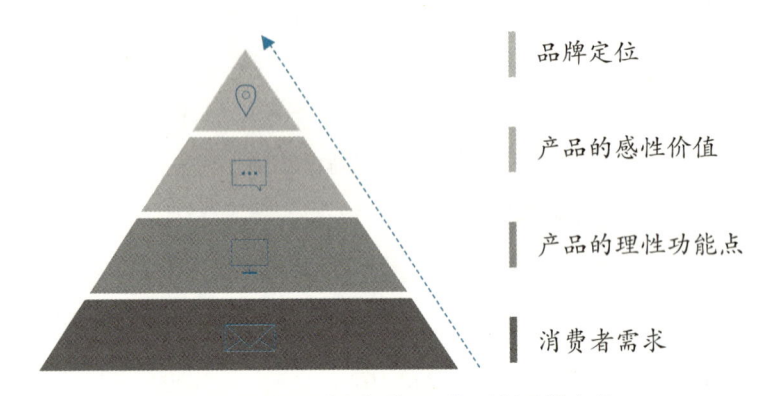

图 9-16　应用"金字塔原理"分析品牌定位

二、"五力分析"在 PPT 中的应用

对于五力分析，在工具箱那一章中已经阐述过。制作PPT的目的，就是为了解决问题。五力分析作为解决问题的工具，它的背后隐藏的是"先拆分，后总结的思维"，先将影响问题的核心因素按照不同属性拆分，再统一归纳。以同行业之间的竞争和求职市场的竞争为例，我们展示一下如何使用"五力分析"的思维制作PPT。

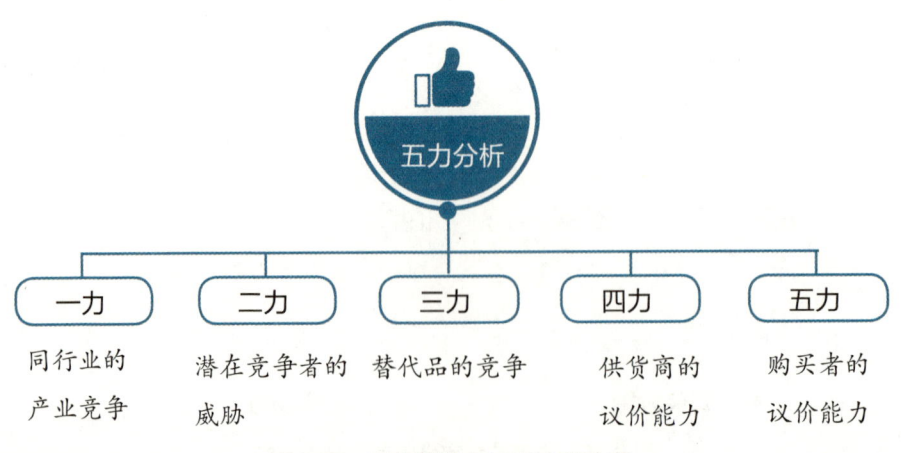

图 9-17　五力模型在 PPT 中的应用

```
                    求职市场的
                    竞争格局
```

现有竞争格局	新进入者	替代者	供应方	购买方
什么样的人受重视；什么样的人被冷落；你和别人比有什么优势……	新鲜的人才血液	非本专业，却能提供有价值的人或人工智能	求职人才整体概况	有招聘需求的企业

图 9-18　五力模型在职场中的应用

三、站在"帮助对方解决问题"的角度上

在麦肯锡看来，如果演示是用来报告项目进展情况，演示者应该希望对方在理解进展情况的基础上给予协助，并继续推进相关工作；如果演示是为了提出某种企划案，演示者应该希望获得对方的赞同和帮助。归根结底，演示的目的就是为了调动对方，促使对方发生行动。例如，如果希望消费者购买某种产品，需要让消费者对商品感兴趣，有想购买的愿望，最后做出购买的行为。

麦肯锡作为解决问题的专家，时时刻刻懂得站在"解决问题"的角度上进行任何工作。演示者同样应该站在"帮助对方解决问题"的角度上，让对方能在演示文稿中明确看出我们的提案对于解决他们面临的问题所能发挥的重要作用。

提案有利于对方解决其面临的问题，是促使对方接受我们意见的强烈动机，如果对方接受，就会自发采取行动。

那么，如何做出"帮助对方解决问题"的演示呢？

首先必须要深入了解对方，探究出其面临的问题，并设置相关课题，最终提出解决课题的最佳方案。

前面我们已经提到过，问题可以分为三类，即恢复原状型问题、预防潜在型问题和追求理想型问题。如果是恢复原状型问题，就围绕如何从目前发生的问题中恢复原状提出建议；如果是预防潜在型问题，就围绕如何将未来可能发生的问题消灭在萌芽状态提出建议；如果是追求理想型问题，那就围绕追求更高成效提出建议。

四、整体结构＝下位信息支撑上位信息

大多演示采取的是自下而上的顺序。但这种先从细节开始，最后阐述结果的"自下而上式"演示其实是与听众的思维方式为敌的一种演示方式。听众有听众固有的逻辑、经验以及判断标准等，即使看到了同一个事实，也无法保证听众会和我们做出同样的判断，想要诱导听众大脑的思考是非常困难的。所以采取自下而上的演示方式，先讲解细节的话，听众对演示的推进方向完全不知晓，就容易对演示者展现的内容进行随意解读，过早得出自己的结论。当演示者最后阐述结论的时候，如果与其预想的结果不一致的话，听众极有可能认为演示者说的完全不对。

对于商务演示来说，演示的基本要领就在于采用自上而下的方式，即一开始就阐述结论。

先告知最终结论，能够让听众吃下定心丸，有助于减轻听众的负担，不会过分解读，而是跟着演示者的思路进行，一旦听众能够轻松地跟上演示节奏，自然而然就会提升演示的说服力。自上而下式还具有规避风险的效果，一开始就告知结论的话，即使演示没有做得非常精彩，演示者或者听众在心理上也会变得更为冷静。

演示的基本要领就是采用自上而下式，也就是先阐述结论，然后说明理由对结论加以支撑。所以演示的整体结构就是下位信息支撑上位信息，即所谓的金字塔结构。如图9-19（见244页），即具体演示的整体形象及其结构与顺序。

自上而下式演示的基本结构是明确表达信息，阐述依据（支撑信息），再次对信息进行确认。

第一，首先要展现演示的结论，也就是最想表达的内容，还需要将"要点"和"摘要"明确提示出来。因为通常听众的注意力容易分散到演示者以外的各种事物上，可能不会专注于演示者所讲的内容，所以要让对方明白自己最想要表达的内容是什么。

第二，下面一层的页面，包括主要信息、主题以及支撑信息。主要信息，就是这次想要表达的内容，一开始就告知听众该页面最想传达的信息是什么；主题，就是告知听众接下来将围绕什么内容展开说明，将听众的心理带入到容易接受信息的状态；下一层罗列的就是多个关键信息，用来支撑这一主要信息的依据和理由。

第三，将多个关键信息具体展开，由多个副信息对各个关键信息加以支撑。还要在"主题"当中明确该页所要表达的内容。演示中的所有页面都是由多个下位信息支撑上位信息，要注意的是支撑信息最好有三条，最多五条。

第四，最后一个页面，再次提示结论（最想表达的内容），向听众阐述演示的主旨所在。因为听众是健忘的，并不会完全记住和理解演示的内容，需要最后再一次阐述结论加以强调。

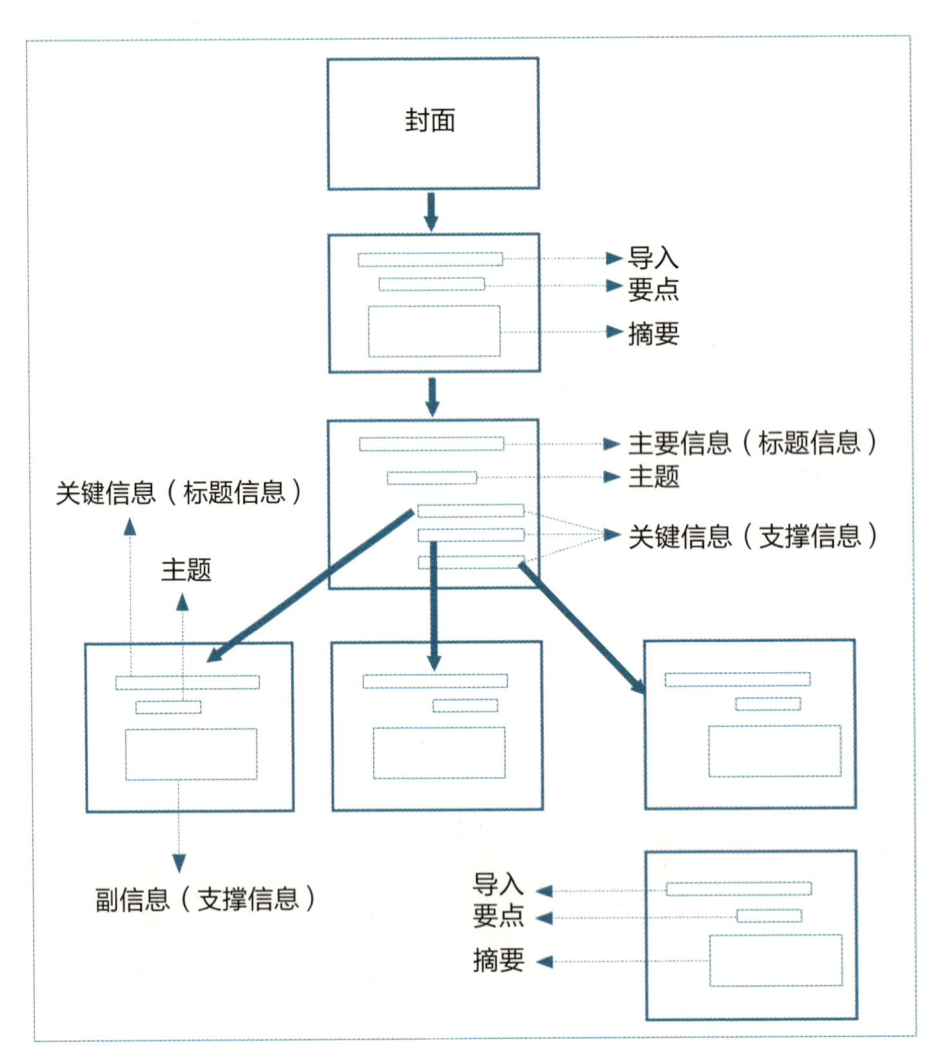

图 9-19　演示的整体形象及结构与顺序

第十章 管理赋能
——建立混乱中的秩序

很多时候，各种各样问题发生的根源，就在于领导能力的不足。人们缺乏的，不是专业知识或技术能力，而是充分发挥力解决当前问题的领导能力。

平时作风散漫的员工，在紧急时刻忽然像超人一样无所不能，这只是在电视剧中才会出现的情节。

——麦肯锡日本分公司首位专职 HR 部长　伊贺泰代

第1节　在混乱中建立秩序

最近，全球化人才的重要性一再被提及。所谓全球化人才，就是能够在全球范围内发挥能力的人才。这样的人才其实很大程度上指的是优秀的员工，而不是优秀的领导者。麦肯锡也常常说要培养全球化的领导者，但"全球化人才"和"全球化领导者"这两个词，存在很大的差异。

有的企业，明明拥有很多优秀的人才，企业却仍然陷入困境，无法盈利，甚至看不到未来，不是因为没有全球化的人才，而是因为没有优秀的领导者。麦肯锡服务过很多这样的企业，明明拥有许许多多的优秀人才，可是这些优秀人才的能力却没有被灵活地应用到提高企业价值上，这都源于企业缺乏对领导能力的重要性和必要性的认识，这样的企业在遇到紧急事件时会不可避免地手足无措，最后陷入混乱中。

一个人人都具备领导能力的团队，即使是面对未知的困难时，绝大多数成员也能够发挥自己的领导能力解决问题。可以说，领导能力不足导致的最大问题，通常表现在对突发事件的应对上。

有的企业，明明拥有很多优秀的人才，企业却仍然陷入困境，无法盈利，甚至看不到未来，不是因为没有全球化的人才，而是因为没有优秀的领导者。

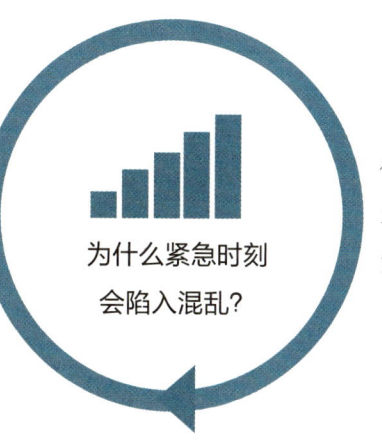

为什么紧急时刻会陷入混乱？

领导能力不足导致的最大问题，通常表现在对突发事件的应对上。

图 10-1　紧急时刻陷入混乱的原因

总是等待上司的指示才能开展工作、员工普遍都缺乏领导能力的团队，在遭遇紧急情况时，只能等待上司的指示，谁也无法做出决定，更无法采取行动，这样就会陷入混乱中。但在混乱的非常时期，需要有一个人能够挺身而出，根据状况做出判断。因为一味地等待可能会影响事情的进展，使事情发展不可收拾的地步，所以需要当机立断、主动出击，这时候的领导能力就显得尤为重要。

这种紧急时期处理混乱状况的领导能力，来源于日常解决每件事的处理能力。平时作风散漫的员工，在紧急时刻忽然像超人一样无所不能，这样的情节只有电视剧中才会出现。如果平时就不具备领导能力的话，在紧急时刻也没有办法"自己进行判断，再做出指示"。

除了公司的经营者要具备领导能力外，每个员工也要有"靠自己解决问题""靠自己改变现状"的意识，认识到自己也必须要发挥领导能力，才能使公司的状况发生根本性改变。当出现紧急状况时，很多员工都认为"领导可以凭借一己之力就能够改变困境"或者"只要更换领导，就可以在短时间内解决一切问题"。这个时候公司里的其他员工都会采取一种"袖手旁观、拭目以待、等待指示"的态度，总之就是对公司的问题采取一种旁观的姿态。但事实上，如果一个公司里都是这样的人，那么即使上司的领导能力再强，仅凭一己之力也无法做出任何根本性的改变。

很多时候，各种各样的问题发生的根源，就在于领导者能力的不足。人们缺乏的，不是专业知识或技术能力，而是充分发挥解决当前问题的领导能力。其实，除了那些具有卓越能力的领导者，绝大多数的普通人，在自己的业务领域和周围的交流范围之中，也能够发挥出自己的领导能力。

第2节　领导能力，与职位无关

在实际工作中，被问到领导能力的情况很少见，甚至有的人到目前为止，都没有被问到过领导能力。在大部分人的观念中，一个团队中有一两位领导就足够了，员工不需要太有主见，按照领导的指示认真完成工作就好，整个团队就能取得好的成果。如果领导太多，就会出现"船长多，航向错"的情况。

事实上，相比于只有一部分人具有领导能力的团队，人人都具有极强领导能力的团队，更容易取得优异的成绩。

所谓的"船长多，航向错"，往往是因为船长过于坚持执行自己的意见，而真正拥有领导力的人，与自己的意见相比，会优先选择能够达成目标的最有用的建议。船的航行目的就是抵达目的地，如果所有人都拥有领导力，能够判断出"为了达成目的，哪个意见最有用"，那么这条船一定会驶向正确的航向。真正的领导者，可以因为其他成员更正确的意见，而放弃自己的意见。

通常情况下，只有一位领导的团队，容易出现两种情况。一种情况是其他成员紧紧跟随在领导身后，没有异议地认真执行每一项工作；还有一种情况，员工认为自己不是领导，作为单独的个体只要发挥出自己最高的价值就好，至于整个领导团队的事情不是自己的责任。

如果人人都拥有领导能力，都有作为领导者的自觉，那么当问题出现的时候，就不会只是等待指令，或者说认为与自己无关，而是会进行判断，然后综合团队的意见解决问题。显然，在这样的情况下，无论是工作效率，还是个人以及整体的价值都会被放大。

麦肯锡的员工，以"所有员工都能够发挥领导能力解决问题"为前提，他们能够自由地提出自己的想法，能够毫无顾忌地向他人表达自己的意见。不管多么强势的合伙人提出的意见，他们会通过自己的思考来决定是否应该接受这个意见。正因为所有员工都拥有领导能力，大家才能够摆脱等级制度的限制畅所欲言。

领导能力不是某个职位名称那么简单，而是指实际的领导能力和统帅能力。一个人不是成了领导之后就能掌握领导能力，而是有了领导能力之后才会获得领导团队的机会。在麦肯锡，领导能力与职位无关，对于那些"没有一定的职位，就无法发挥领导能力"的人，不会给予他们一定的职位。因为如果没有职位就无法领导其他人，同样是不具备领导能力的体现。麦肯锡所有的晋升，都是业绩在先，职位在后。只有在发挥出符合经理人要求的领导能力之后才能升职为经理人，发挥出符合合伙人要求的领导能力后才能升职为合伙人。

第3节　领导者注重的不是维持和谐的人，而是创造成果的人

麦肯锡想要的是未来的领导人才，但是领导能力的界定是个问题。很多人对领导能力的概念是模糊的，他们认为领导能力仅仅是统筹和调整的能力。如果只是想要"玩得开心快乐"，可以只需要统筹和调整的能力，但是想要取得成果，所需要的就远不止于此。

领导能力不只是统筹和调整的能力，更重要的是取得成果的能力。例如，销售一件商品，如果没有定下成果目标，只要求员工销售商品，最终，大多数情况下都会少数服从多数，不需要领导能力。但如果大家都以获得尽可能多的利润为目标，那么就会提出各种各样的方案，但是在这种情况下，就算超过半数的人想要销售商品A，拥有不同意见的成员也会提出"卖这个的收益是最高的吗？""卖商品B会不会收益更高？""应该将销售额和成本进行比较之后再做决定"等观点。接着还会详细地比较和分析每一种商品能够得到多少利润，需要多少成本，等等。总之，所有的方案都会按照可能取得的成果进行评

价和讨论，最终实现利益最大化。

这样的讨论会在一定的时间内结束，最终决定团队的实施方案。这时，让包括持有不同意见的成员在内的全体成员都能够团结一致地按照最终方案来展开工作，就需要强大的领导能力。

领导者注重的不是维持和谐的人，而是创造成果的人。在职场中，绝大多数情况下，大家都会理所当然地认为"其他部门的事情应该交给其他部门负责""绝对不能对其他部门的方针提出意见""就算失败也是那个部门的人自己负责，外人不能指手画脚"。就算发现了问题也装作没有看见，一旦要发生冲突，大家都各让一步避免冲突的发生。可以说，有时候团队的和谐与规则比商业上的利益最大化这一成果目标还重要。

相比于保持沉默、多一事不如少一事，敢于对其他部门的问题提出自己看法的人，才是能够发挥领导能力的人。这既不是爱出风头管闲事，也不是不识相，而是为了实现企业利益最大化这一成果目标。

就算身处不同的部门，全体员工最优先的考量，应该是"提高企业整体的销售额和利润最大化"这一成果目标，当认为其他部门存在问题的时候，就应该主动地提出来。

有人认为，一旦成为领导者，就要为了团队而尽心尽力，甚至从事琐碎具体的工作。但实际上，这并不是领导能力，领导者并不是一个管家，不可能事必躬亲、任何事情都要冲在前面，领导者有更加重要的工作需要处理。

如果一个人有一定的领导能力，那么他就会说"这些工作我无法独自处理，请小A处理这部分工作，请小B处理另一部分工作，当然如果有什么问题，随时可以与我商量"，也就是所有团队成员分工合作，领导从琐碎具体的工作中摆脱出来，专心于领导者的工作。

"领导者只有一个人，这个人就应该做所有的事情"，这是一种错误的想法，领导能力是所有人都需要具备的能力。公司与个人永远是相互成就的，如果每个人都能够在自己力所能及的范围内发挥领导能力，就不会出现领导者一个人负责全部工作的情况，公司才能够有更好的发展，个人也才能实现自己最大的价值。

第4节 领导者的"四大使命"

麦肯锡想要的是未来的领导者,而领导者就是能够完美取得成果、快速达成目标的人。那么,为了取得最终的成果,领导者肩负着怎样的使命呢?

使命一:设定团队需要实现的成果目标

人之所以能够在困境中坚持前行,就是因为有一个目标在支撑着我们。人们知道只要达成这个目标,就可以获得极大回报。当然,回报因人而异,可能是物质的,也可能是精神的。

就像马拉松,正因为人们知道终点在哪里,大概还要多久能够抵达,所以才能够坚持下去。如果人们不知道终点的位置,又不知道什么时候结束,还要求人们要不停地前进,那任何人都难以坚持。

如果人们认为自己付出的努力得不到应有的回报,那么很可能就不会再努力。所以一家企业前进的道路越是艰辛、遇到的问题越是棘手,就越要让员工知道"目标是什么,一旦达成目标,将获得多大的回报"。

领导者的第一项任务,就是设定团队需要实现的成果目标,并将这一目标用简单易懂的语言向全体成员说明,鼓舞所有人朝着同一个目标努力。

一个成功的经营者,会提出一个让大家能够为之奋斗的远大目标。如果只是一个很容易就可以实现的目标,那么一开始就不需要领导者。比如,只要正常运转,一年后就可以实现的目标,就很难使员工产生动力。

尽管员工会经常抱怨公司总是设定难以实现的目标,但这也是领导者的重要责任之一。这些抱怨的人,当自己成为领导的时候,就会理解设定远大目标的意义了。

使命二:身先士卒,勇于担当

绝大多数情况下,领导者都比其他成员承担着更大的压力。在任何领域,第一个人的负担都是最大的,因为第二个人可以根据第一个人的结果,了解哪些方面需要注意、哪些因素是关键的部分。

领导者，就是这第一个人。在团队提出一个新想法，询问"有没有谁想试一下"的时候，不瞻前顾后，立刻自告奋勇地说出"我来做"的人，就是领导者。在讨论的时候敢于率先发言的人，在大多数人持相同意见时敢于提出异议的人，都属于具备领导能力的人。就算结果不理想，也敢于承担风险和责任，只有勇于担当的人才敢这样做。

使命三：在需要做决定的时候做出决定

很多人虽然拥有优秀的分析和思考能力，却迟迟无法做出决定，总是不停地讨论、开会，这是因为他们没有领导能力。领导者既不是参与讨论的人，也不是分析的人，而是做决定的人。

所谓领导者，是即使情报不充足、讨论时间不充裕，也能够在需要做决定的时候做出决定的人。当然，在这种情况下做出决定，有一定的风险，不过承担这种风险也是领导者的责任。

在现实中，经常遇到经营者迟迟无法做出决定，导致企业陷入长期消耗战的例子。这并不是因为经营者不求上进，而是因为在没有得到足够的情报之前，一直在详细地讨论，没有做出决定。

领导者的工作是做出面向未来的决定，而不是整理情报。如果总以情报不足为借口，那么永远也无法做出决定。因为如果真的拥有充足的情报了，那可能也不需要领导者了，任何人在那时候都可以做出决定。

即使不是最佳决定，做决定仍然很重要。因为一旦做出某种决定之后，问题就会随之浮出水面，从而知道应该做出何种改善。

使命四：用语言传达信息

领导者还有一项重要的任务，就是用语言传达信息。一个团队中的成员大多拥有多样的个性以及不同的价值观，为了团结这个多样性的团队，使团队向更高的目标迈进，领导者就必须具备"用语言传达信息"的能力。在发生问题时，用语言来激励员工，说明当前的情况、问题发生的原因以及应对之策。

"不用说也能明白"之类的想法是行不通的，因为人类本身就是多样性的存在。麦肯锡经常说："如果有两个完全一样的人，那么其中一个就是多余的。"正因为看到相同的事物时，每个人都会有不同的看法，这才是每个人存在的意义。如果两个人在看到同一件事物时，总是有同样的想法，那么这两个人就没有必要在一个团队中共存。

就算在同一个环境中工作多年，也不意味着这些人就会对同样的事物产生同样的看法。每个人的感受和思考方式不同，当接触同一个问题时，会产生不同的反应。也就是说，即使团队成员拥有相同的目标，并且理解实现目标的方法，但如果缺乏语言的交流确认，最终抵达的地点也有可能出现偏差。

身为领导者，需要反复多次地用语言来进行沟通，当然如果团队中的每个人都拥有领导能力和意识，所有人都积极地说出自己的想法，这将更有利于公司的发展。

领导者的语言是最有效的武器，除了传达必要的信息，还可以清除不怀好意的言论和团队中不协调的声音，使团队团结一心继续前行。

第5节　具备领导能力的人，拥有自己人生的控制权

如果人人都掌握领导能力，确实会使企业和社会发生大的改变，但影响最大的，还是个人的职场规划和生存方式。

最后，让我们将视点放回到个人身上。

几乎所有在麦肯锡工作几年之后的员工，都希望掌握更多的领导能力。对他们来说，发挥领导能力既不是义务也不是负担，而是一种渴望、一种令人激动的成就。

在掌握领导能力的过程中，思考方法和意识也会发生巨大的改变。

人们最初意识到领导能力的意义，是因为通过领导能力解决了自己关心的问题。比如，当你看到一位挂着拐杖的老人搭乘公共汽车，你请有座位乘客给老人腾个位置；你的同学因为遭到孤立不敢上学，你鼓起勇气和他接近，帮助

他融入集体，等等。

　　当身边出现某些问题的时候，如果你发现自己竟然没有解决这些问题的能力，肯定非常痛苦，渴望有能力解决这些问题。

　　通常人们认为自己不能解决问题，是因为没有掌握相应的能力，所以会学习解决问题的方法。但最终会发现，即使学习再多思考方法和团队框架，还是无法很好地解决发生在身边的具体问题。

　　这个世界上绝大多数的问题，都需要依靠他人、团队来解决，而领导能力也是如此。当然，要想解决问题，除了领导能力之外，技术、专业、预见性和分析能力等各种各样的能力也是必不可少的。但是，这些能力不必全由一个人掌握，只要具有领导能力的人，将拥有其他能力的人聚集起来，组成一个团队，就可以解决相应的问题。

　　不断积累领导能力的经验，自己的能力范围以及规模也会随之扩大，之前做不到的事情慢慢就能够做到。一开始只能解决身边小团队的问题，之后就能够解决整个部门、整个公司乃至整个社交圈中的问题。

　　具备解决问题的领导能力，就不会只是被动接受领导者的任务，而是积极主动地去解决周围的问题，这种变化会影响一个人的职业规划。

　　麦肯锡是一个人才流动非常频繁的企业，也许很多人认为是因为能力不足遭到解雇，但实际上很多人在麦肯锡工作的过程中职业规划发生了改变，决定选择了不同的道路。

　　很多员工入职麦肯锡之前，都对"Up or Out"（不升职就离职）的制度充满了不安和压力，但在麦肯锡工作几年之后，没有人会担心被解雇。如果你拥有领导能力，就算不依赖别人也能够凭借自己的力量改变现状。

　　语言问题可以通过翻译来解决，自己不具备的专业知识和洞察力、思考力等也可以聘请相应的人才帮助解决，但领导能力必须是自己拥有的，否则便寸步难行。

　　拥有领导能力的人，便拥有自己人生的控制权，希望每个人都能够认识到领导能力的价值以及重要性，并且通过掌握领导能力，用自己的力量拓宽职业生涯和人生。

第十一章　圈层突破
——全新蜕变的自我进化论

一个人的价值取决于他过往的经历和积累的总和，它不是一成不变的，随着时间的推移，可能会升值，也有可能贬值。升值还是贬值，取决于一个人是否具有自我进化和自我更新的能力。

> 无论前提条件发生多大的变化,都能够认清深层变化的本质,比别人发挥出更大的能力,这样的人才是专家。
>
> ——原麦肯锡亚洲太平洋地区董事长 大前研一

第1节 被误解的"麦肯锡用人标准"

麦肯锡作为世界顶级的管理咨询公司,汇聚了大量的优秀人才,还有人调侃"优秀人才"都去了麦肯锡。但事实上,很多人对麦肯锡所需"优秀人才"的定义,并不正确。人们对麦肯锡用人标准的误解,主要包括三方面。

误解一:天分至上

许多人认为"优秀的人都是天分好的人""麦肯锡录用的一定都是头脑聪明、有天分的选手"这是对麦肯锡用人标准最大的误解。

很多时候,"天分至上"几乎成为一种迷信,头脑聪明的人确实比愚笨的人有一定的优势,但是将优秀人才定义为"天分至上",这是一种误解。

许多人过度看重天分,头脑聪明当然会对工作有帮助,但光靠聪明远远不够,还是需要脚踏实地将工作中遇到的每一个细小问题一一解决。

一般大众还有一个与个人天分有关的误解,就是"思考力"。有些人认为思考力是天生的,但事实上,只要具备思考意愿和思考体力,思考技巧是可以通过训练加以培养和获得的。

思考意愿低的人通常不喜欢思考问题,他们认为"想这种事请有什么用呢?"所以有些人即使接受能力很强,能够轻松学会如何使用思考方法和工具,但是如果不愿意去思考,往往也于事无补。

相反，对于思考意愿高的人来说，他们的思考技巧或许不够好，但是他们喜欢思考，愿意花费时间和精力去思考，有时甚至为了一个主题花上好几年的时间去思考，自然也会具备优秀的思考力。

思考体力也同样重要，所谓思考体力就是持续思考的能力，能够深入探讨各种事物或现象。

优秀从来不是"天分至上"，而是"后来者居上"，需要正确的思考技巧以及持之以恒的努力。

误解二：麦肯锡需要"擅长分析的人才"

很多人认为麦肯锡需要的就是"擅长分析的人才"，但事实上，想要解决问题，分析现状只是这个程序的前半部分，还要完成后半部分"开处方"的步骤。前半部分只是找出了问题在哪里，后半部分才是解决问题的方法。

所谓擅长分析的人才，就是指具备高超的数字处理能力、卓越的理解力，以及借此认清事物本质的能力的人才。具备这些能力的确很重要，但这也只是具备了掌握与分析现状的能力，真正优秀的麦肯锡员工都拥有解决问题的能力，再加上强大的建构能力。

所谓建构能力，就是假设建构能力以及从零开始描绘并设计新提案的能力。无论在商界还是学术界，不管是作为一名管理者还是学者，既需要针对现状提出假设的建构能力，也需要针对总体改进方向提出"究竟该怎么做""该建立什么系统或模型才能解决问题"等新提案的能力。例如，很多世界认可的研究学者，就是先拥有优秀的假设建构能力，才拥有卓越的学术成就。

误解三：麦肯锡需要"什么都会的全才"

社会普遍重视各方面能力都在平均水平以上的"模范生"。在麦肯锡，即使一个人各方面能力不平衡也不是什么问题，只要能在某一方面特别优秀，也可以得到认可。这种人可以称之为"偏向型人才"。

当面临困境，需要发挥领导能力的时候，偏向型人才往往比全能型人才更有利，他们往往拥有专属的独门秘籍，然而各方面都很强的"模范生"，往往不具备克服某种程度以上难题的能力。

如果让偏向型人才一个人单打独斗，不一定能够取得良好的成绩，因为他们的能力不够平衡，缺乏很多方面的能力，所以大众对偏向型人才的评价并不高，但是如果是团队合作，团队中其他成员就可以弥补他的不足之处。

能在专业领域中获得优秀研究成果的人，多半属于擅长某个特定领域的偏向型人才，而不是各方面均衡发展的"模范生"。当然不是说全能型人才不好，只是需要你在某一个方面特别优秀才行。

图 11-1　定义错误的"优秀人才"

对麦肯锡来说，员工的成长潜力也很重要，未来能够成长的人，更胜于能力优异的人。

我们经常会遇到这样一群人，他们在公司工作了几年，感觉自己的成长遇到了瓶颈，但还是选择继续工作。他们不会选择从事具有挑战性的工作，而是会继续按部就班地做一些自己轻车熟路的工作。

人只有不断接受挑战，才可能持续接触到新的事物，在挑战或者是困难来临的时候，才有信心和能力迎接并战胜挑战。总是重复做一些简单的工作，害怕有难度的工作，长此以往会消磨掉一个人的意志。

一个人连续几年都在从事简单重复的工作，会在不知不觉中变得保守，视角也会变得很低。如果突然接手一项超出自己能力范围的工作，那将会变成非常困难的一件事。

不管在什么地方工作，做什么工作，一旦感觉自己的成长速度变慢了（当然，排除自身不够努力，就是想得过且过的情况），最好换一个工作环境，但不一定非得跳槽，可以尝试改变一下工作内容或者负责范围，追求一定的提升与成长。

当你感到成长遇到了瓶颈，却还是选择在同一个环境中继续工作，不去寻求突破或者改变，就很难突破现状。社会竞争越来越激烈，需要不断地学习和提升自己。未来能够成长的人，才有更大的可能性。

第2节 不可替代性，决定一个人的价值

在当今这个时代，很多年轻人会有这样的言论，"上班就是在浪费时间和生命""每个月总有那么二十几天不想上班""外面的世界这么美好，而我只能每天这么辛苦地上班"……

如今这个激变的时代，产业更新换代加快；工作稳定性降低；物质生活大幅度提高。一些人发现收入无法满足被刺激的欲望，随之而来的是强烈的不安和挫败。

他们不甘于眼前的工作，想追寻更高的价值，殊不知在物欲横流的社会中，他们已经迷失了自己。如果想生存于社会，立足于职场，那么就必须建立起自己的个人价值。

与其他企业相比，麦肯锡的独特之处在于——每个人都有其独特的个人魅力，个体都能在团队中找到存在感，最大化地发挥个自己的价值。

无论身处何地，担任何种职位，能做到最大化发挥自己价值的人，都可以确立自身的地位，做到独树一帜。

麦肯锡曾经对员工的平均任职年限进行过私下的探讨，最终得到的数字是——平均3～5年。大家也许会诧异"这么短吗？"但事实上，几乎所有的麦肯锡员工都渴望独立自强，在麦肯锡工作到退休的人反而会被称为"怪人"，而且这些工作3～5年的"毕业生"离开后，往往都能在各自的领域中大显身手。

在麦肯锡工作的每一个人，一直都在有意识地在思考如何更好地解决问题和发挥自己的最大价值，他们严于律己，追求完美，竭尽全力，每个人都想着如何做好工作，想着出色地完成任务，想着创造出更高的价值。每天与这样的一群人在一起工作，自然会见贤思齐。

麦肯锡的理念是"要么创造价值，要么离开"，因为如果不能继续为客户创造满意的成果，只能退出"团队"，这就是真相。

图 11-2　麦肯锡的理念

你的个人价值决定你的获利能力。在麦肯锡看来，一个人的价值取决于一个人过往经历和积累的总和，它不是一成不变的，随着时间的推移，可能会升值，也有可能贬值。

升值还是贬值，取决于一个人是否具有自我进化和自我更新的能力。

随着社会和经济的快速发展，对人的要求会越来越高，如果你不具备自我更新和进化的能力，始终停留在以往的水平，自然慢慢不被需要，跟不上时代的脚步；如果具备卓越的自我进化和更新的能力，不断学习和提升自己的技能，慢慢也就有了不可替代性，就会越来越有价值。

社会中的大多数人，都属于前者。在刚开始工作的时候，也许满怀热情，迅速掌握了工作的技能。随着时间的推移，热情不再，没有耐心和精力再提升自己。自身的价值，不但没有如自己想象一般产生飞跃，反而被时间消磨殆尽。

只有少部分人，他们持续不断地学习和拓展自己的边界和技能，实现了自我进化和自我更新，我们称他们为"社会精英"。

麦肯锡员工之所以被称为"精英"，也是这个道理。在麦肯锡，"不晋升，就离职"是其价值观之一，他们阅读、学习，不断拓展自己的边界，解决一个又一个新的难题，始终维持自身的核心竞争力。

正是这种差异，使得双方拥有不同的价值观，也有巨大的收入差距。那么，如何才能实现自我进化和更新，进而提升自己的价值呢？

一、终身学习的意识

学习，不是一个阶段性的任务，而应伴随我们的整个生命。学习包括宏观和微观两个方面，宏观指底层思维逻辑方面，掌握认清问题本质的能力；微观指具象的专业技能，以具备胜任工作的能力。

二、不可替代的专长

一个人的不可替代性，决定一个人的价值。在麦肯锡，即使一个人各方面能力不平衡也不是问题，只要能在某一方面特别优秀，也可以得到认可。不管你做什么工作，只要其中某一项是你擅长的，你就能做出有价值的贡献。

三、自我投资

优秀的人才都懂得自我投资。所谓"自我投资"，不光指金钱，还包括时间。他们会每天拿出固定的时间用于学习新的理论和技能，实现自我增值。

你需要拥有不可替代的专长，同时也不能忘记拓宽自己的视野。每一项新的技能，都能与你的专长结合，实现你的价值翻倍。

四、对工作尽心的责任感

精英和普通员工的区别在于，前者认为公司与自己是一体的，后者只是把公司当作为自己提供薪水的场所。当你把公司当成自己的，充分参与公司的事物，你就会全身心投入到工作中，会对自己严格要求，对公司负责，对自己负责，对每一项工作负责；如果你把公司看成完全脱离自己的存在，你就只会想着如何应付完今天的工作,老板什么时候涨工资,甚至怎么样才能偷偷懒。

前者在为自己工作,后者在为别人工作,这必然也会产生两种截然不同的结果。前者不断为公司创造价值,同时不断提高自己的价值,慢慢成为公司不可或缺的那个人;后者每天得过且过、不求上进、无所作为,慢慢只能被淘汰。

你的付出决定了你现在的水平,想要取得更高的成绩,那么就需要不断进行自我进化和更新,以提升自己的价值。

终身学习的意识
学习,不是一个阶段性的任务,而应伴随我们的整个生命。

对工作尽心的责任感
精英和普通员工的区别在于,前者认为公司与自己是一体的,后者只是把公司当作为自己提供薪水的场所。

不可替代的专长
一个人的不可替代性,决定一个人的价值。

自我投资
每天拿出固定的时间用于学习新的理论和技能,实现自我增值。

图 11-3　自我进化和更新

第3节　寻找自己的职场"生态位"

所谓"生态位",指的是生态系统中每种生物生存所必需的生境最小阈值,简单来说,就是每种生物所能适应的那个最小环境。生态位是现代进化论中的一个重要概念，进化论讲究适者生存，但事实上每种生物所能适应的环境（也就是生态位）并不相同，这也是为什么不同的动物会在一棵树的不同部位栖息。

职场"生态位"，就是指你在职场中所能适应的那个最小环境。每个人都要找到自己适合的那个生态位，而不必面面俱到去迎合每一个环境，这反而会失去自己的特色与不可替代性。

在职场中，有很大一部分人没有找到适合自己的那个生态位，这源于很多人对自己没有准确的认知，不知道自己想要什么、擅长什么以及能做什么。

根据麦肯锡的经验，想要找到自己在职场中的生态位，就要学会定义"自己的工作"。定义自己的工作，需要思考两个问题。

第一，你选择这份工作的出发点，也就是目的是什么？

第二，你能在这份工作中发挥什么作用？

对于这两个问题的答案，不同的时期会有不同的理解。如果我们仅仅思考一天、一周或是一个月内的工作，往往只会得到与某项具体工作相关的工作计划，没有办法看清对我们来说工作的意义到底是什么。但当我们以两年、五年、十年甚至是一生为期来思考这两个问题时，我们会不自觉思考"现在这项工作的发展前景如何""我在这项工作中能学到什么""我愿不愿意长期从事这项工作""我应该学习何种技能以更好地完成这项工作""我想要达到的职业目标是什么"等问题，我们开始探索工作对我们的意义，直至这些问题的答案变得清晰。

这个思考的过程，就是对自己的工作进行定义的过程。

所以，我们应该学会以长远的目光来定义自己的工作，而不是每天只顾埋头苦干于眼前的工作中。只顾埋头苦干，不懂得长远考虑自己的职业方向，那就只能原地踏步，无法实现成长与蜕变。

当我们对自己的工作进行了重新定义之后，就到了为自己设定相应目标的阶段了。具体应该如何设定目标，需要围绕两个指标：期望和现状。"期望"就是你想达到的职业目标；"现状"就是以你现有的水平能达到的职业水平。

目标就要以这两个指标为基准，制订切实可行、不好高骛远、又不会过低的职业目标。目标要尽可能具体和清晰，以多长时间为期限、分为几个阶段、每个阶段要达到什么程度以及具体采用什么方法和措施等，都要清楚明晰。

第 4 节　工作的现实，重复是本质

工作的现实，重复是本质。有时候，我们有可能一天内要重复很多遍同样的工作；有可能每天都只是前一天的重复；有可能虽然每天的工作不同但每周每月还是重复的；有可能做一个新项目但本质还是重复"旧的"项目。

但这不能代表"工作=例行公事"，所谓"例行公事"，是指按照惯例处理的工作。这里说"工作≠例行公事"，不是否定按照规定和方法工作，而是不认同刻板的形式主义的工作，否定的是过度拘泥、固定化的思维方式，这种情况会严重阻碍新的创意的产生。

当同样的工作反复出现的时候，有的人认为根据以往的经验处理就好，既省时又省力；"例行公事"，是人们在"平淡无奇、没有风险"的时候产生的观念。因为面对一项工作，为了减少错误以及避免风险，最简单的方法就是"过去就是这么做的，现在还这么做"，这也是为什么很多企业都喜欢"例行公事"的工作方法。

也有的人认为自己有上进心，不喜欢重复，于是单纯地认为工作只是例行公事，没有意识到每次重复都是绝佳的改进机会。

这些把工作当成"例行公事"的人，都有一个典型的特征，总是喜欢把现在同过去做比较。例如，"企业今年的利润比前年增加了5%，比去年减少了2%……"他们习惯通过对现在和过去数据的比较，来判断企业的盈亏情况。再举个例子，每当我们讨论、思考某一项工作怎么进行的时候，总会有人跳出来说："上次我们是怎么处理的，这次应该也要这样做才好。"

这种"例行公事"往往会成为企业以及自身成长的强大障碍，对重复的或

者是以前的问题，在改善的基础上重新思考，才是最好的解决方法。

如果凡事总提过去，总与过去做比较，那只能产生微小的改变，有时候甚至细微的变化也没有，更别提大的突破和飞跃了。麦肯锡员工每隔一段时间都会寻求改变，他们喜欢变化、勇于创新，讨厌形式主义和一成不变。

第5节　1.01^{365} VS 0.99^{365}：从差一点到多一点是质的飞跃

物理学家薛定谔说："自然万物都趋向于从有序到无序，即熵值增加。而生命需要通过不断抵消其生活中产生的正熵，使自己维持在一个稳定而较低的熵值上。生命以负熵为生。"

熵，是来自物理学热力学第二定律的一个词。"熵"代表一个系统的混乱程度，也可以说是无序程度。系统越无序，熵值越大；系统越有序，熵值越小。这也是薛定谔为什么会说"生命以负熵为主"。

比如，我们把房间收拾得非常干净，可是过了几天我们会发现房间乱成一团，这个过程就是熵增的过程。而我们收拾整理的过程就是对抗熵增的一个过程。

如果不去对抗熵增，我们的生命力就会逐渐变得毫无生气、死气沉沉，而负熵越高就意味着系统越有序，越充满活力。

很多人认为自己的一些能力和品质，比如不善于运动、脑子不够聪明、粗心大意，等等，是天生的、无法改变的。但是实际上，人的智力、创造力、运动才能以及其他品质，都是可以通过时间和努力去改变、去锻造的。麦肯锡的精英们也不是生下来就如此优秀，他们也是通过后天的努力和学习成长起来的。就像躺在书桌上的一堆油画颜料，是不会自动变成一幅美妙的油画的，只有你拿起画笔，打开颜料，开始画画，颜料才能变成油画。

从差一点到多一点往往是质的飞跃。巴菲特说，复利是世界第八大奇迹。而人的成长是遵循复利曲线的，成功对抗熵增，突破拐点，就能实现颠覆式成长。

大家都知道这样三个公式，"$1.01^{365}=37.8$" "$1^{365}=1$" "$0.99^{365}=0.03$"，假设1是你的现有水平，1.01代表比现有水平高1%，0.99代表比现有水平低1%。看似每天只是多了1%或者是少了1%，但是365天之后，37.8和0.03之间，是1300倍的差距。这每天1%的增长都是对抗熵增的过程，累积起来的力量是巨大的。

我们应该如何对抗熵增，让自己的工作驶向一个有序、充满希望的方向呢？首先要改变自己的行动，然后将这种改变作为自己的习惯。麦肯锡的精英们早就将高品质和高效率变成了和吃饭、睡觉一样的习惯。

第6节　优秀的员工懂得如何与上司相处

在职场中，很多人害怕与上司相处，甚至看见上司会绕道走。其实，他们没有那么可怕。学会与上司相处，是每一位职场人的必修课。

在麦肯锡看来，想要与上司相处融洽，有一项能力必不可少，那就是认清上司类型的能力。这样与上司的交流以及配合会更加顺畅，每天的工作也会非常高效、顺利。

在现实工作中，我们应该从中立的视角观察上司属于什么类型，以下就是几个比较有代表性的类型。

一、情感型 or 理智型。

（一）情感型

特征：不只追求结果，同样重视过程，性格直率、感性、重视共鸣。

谈话准备：在开始正式对话之前，通过适当寒暄拉近彼此的关系。

谈话节奏：把节奏交给上司，配合他的节奏进行交流。

谈话内容：坦白说出自己的工作任务，对于不懂的地方可以直接请教，谈话过程中也可以进行适当的闲聊。

情感表现：多一些"谢谢""很荣幸""没问题"等共鸣回应，让上司感受到你的情感。

（二）理智型

特征：讨厌找借口和浪费时间，自制力强、重视理论、准备周全、沉着冷静，偏向符合逻辑的讨论。

谈话准备：开门见山地说出工作内容和结论。

谈话节奏：自己把握节奏。

谈话内容：不要闲聊，按照顺序详细地描述要传达的内容。不要有"应该怎么办"之类的求助，但可以寻求评价和指示，如"您觉得这样如何""有没有什么建议"，等等。

情感表现：理智型上司不喜欢员工表现过多个人感情。

面对情感型上司时一味强调理由，会显得不近人情。而对理智型上司一味强调"干劲"，也会适得其反。在麦肯锡，几乎都是理智型的上司，但有的企业也不乏情感型的上司。

二、单独型 or 复合型

（一）单独型

特征：不擅长同时处理多项工作，通常集中时间在一件事情上。

应对：针对一件工作进行汇报，不要一次提问多个问题。

（二）复合型

特征：擅长在同事之间开展多项工作，但相对容易出现某项工作半途而废的情况。

应对：可以一次提出多个问题，甚至可以频繁与上司沟通，激发灵感与创意。

不管哪一种类型，都有各自的优势，不存在哪种类型比哪种类型优秀的问题。认清上司的类型，是为了更好地发挥自己的优势并提升工作的效率。"我和上司在工作上无法相处"，就是由于没有认清上司的类型，并采取相应的配合。

工作中的相处，首先要认清自己以及上司的类型，然后在与不同类型的上司接触时，采取相应的配合行动，当然与其他人的相处也是同理。

第7节　比能力更重要的，是正确的思维方式

麦肯锡非常认可思维方式的影响力，认为正确的思维方式可以对一个人的心理和行为产生正向影响。反之，错误的思维方式往往让人陷入困境。

麦肯锡专家最痛恨的"两大恶性思维"，一是必须式思维，一是随便式思维。前者会给人带来过于沉重的心理压力和负担，不能接受失败，一旦失败，往往无法承受，一蹶不振；后者反之，把工作当作游戏，片面追求自由放松，不负责任。

一、必须式思维

必须式思维，就是将要求绝对化，认为"必须要……"又称"死脑筋思考"。例如，"我必须成功，绝不允许失败""我绝对不能被否定""我必须时刻做到完美""我绝对不可以犯错误"，等等。

图 11-4　必须式思维

上述的"必须""绝对""不可以"等，这些想法实际上已经脱离了实际，虽然乍看上去很积极进取，鼓舞人心，实际上是一种偏执，是不考虑环境

与实际，认为自己无所不能的表现，个人色彩过于浓重。

"必须成功""不可以失败"都是绝对化的要求，把失败作为"绝不允许发生的事情"，意味着切断了所有的退路，只能不顾一切地往前冲。一旦"不允许发生的事情"发生了，"不应该发生的事情"也发生了，理想和现实这一巨大的落差会形成难以解决的悖论，使人背负上巨大的心理压力，很有可能因此陷入一种自我怀疑、自我否定的境地。

还没有展开工作之前就背负着巨大的心理压力，成功自然离你越来越远。人一旦对自己提出了绝对性要求，例如"一定要通过晋升考试"，不难想象，在成绩出来之前，会一直承受着巨大的不安，一旦失败很有可能会无法承受，从而意志消沉，画地为牢。

二、随便式思维

随便式思维又称"无所谓思维"，没有要求、没有期待，对一切都持无所谓的态度。这不是轻装上阵，而是连上阵的责任心都没有的虚无主义思维方式。例如"努力了也白搭""犯错误也没什么大不了的，无所谓""计划毫无意义""就那么回事儿，不值一提"，等等。

图11-5 随便式思维

一旦有了"无所谓""白搭""不值一提"这样的随意心态,很大程度上会造成积极性下降,懒得付出努力,没有耐心去认真发现问题和解决问题,但是问题就在那里,不会因为无所谓的态度自动消失,长此以往不但徒劳无功,还会更加不堪重负。

"随便式思维"产生的原理,源于无法忍受"必须式思维"造成的巨大矛盾,导致连目标、志向与价值都加以否定的将错就错的错误思维方式。拥有必须式思维的人,遇到挫折或失败时,内心深处希望自己从"不该发生的事情发生了"这一巨大矛盾中逃脱出来,却又觉得,无论怎么努力,都无法消除犯错误的可能性,干脆破罐子破摔,采取了逃避现实的最后手段——"犯错误也没什么大不了的,无所谓"。所以,随便式思维,其实是为了摆脱"必须如何"的束缚,从而产生的自我防御,本质上与必须式思维一样。这两种思维都过于绝对,脱离事实,都是降低胜算的、低效能的自我毁灭式的思维方式。

随着社会的迅速发展,竞争越来越激烈,很多职场人希望能在社会的浪潮中脱颖而出,对自己提出"必须取得成果"的绝对要求,却陷入了"必须式思维"的陷阱。在这种错误的思维方式下,很多人没过多久就承受不了这种重压,在现实和理想的巨大落差中丧失斗志,开始陷入"有没有成功其实无所谓,关键还是靠运气"的随便式思维的新陷阱中,最终放弃努力,自暴自弃。

三、正确的思维方式

这是一个努力了也很有可能会失败的时代,充满着不确定性,符合这个时代的动机激励方式是"愿望式思维",也可以称为"最好式思维",是处在"必须式思维"对立面的正确的思维方式,即在难以得出成果的环境下,向着目标顽强努力地尝试,坚持为公司提高收益概率,而不是信奉"只许成功,不许失败"的必须式思维。

最好式思维方式是"最好……""最好能够实现……"等的相对愿望。如果采纳相对愿望的思维方式,即使期待的结果没有实现,人们也可以继续珍惜并坚持目标、志向以及价值,持续顽强地发挥自己的实力。

正确思维的关键,首先在于肯定目标、价值和志向,将其定位为相对愿望，不做绝对要求，而且坚决否定绝对要求，这非常重要，一旦价值本身都否定了，就会陷入"随便式思维"。"凡事只做到60分"与"我必须完美"一样，是不可取的。

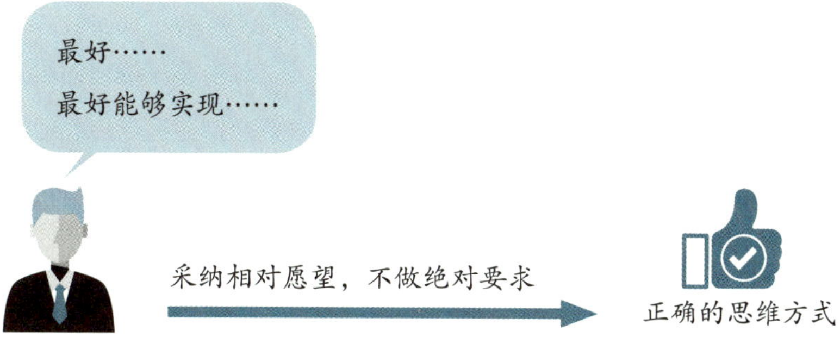

图 11-6　愿望式思维 / 最好式思维

接受"相对愿望也许无法实现"这一事实，也就是认识到坏的结果也有可能发生。世界上无法掌控的事情，很多必须式思维是一种不现实的思考，否定了坏的结果发生的可能性。

认识到坏的结果可能发生后，还要理性并现实地评价坏的结果。当你对设想的坏的结果进行冷静而现实的思考和分析后，就会发现其实这些风险都可以接受。所以面对坏的结果，不能一味地认为那是难以承受的悲剧，在设定的期限内可以得出成果，当然最理想了，但即使无法做到，太阳还是会照常升起，工作还要继续，仍需要我们不断努力。

第 8 节　看似突然出现的问题，事实上早就有迹可循

很多时候，我们的工作不可避免会遇到一些难以预料的问题和挫败，随之而来的就是各种负面的情绪，使人失去斗志、随波逐流，这源于我们还不具备抵抗压力的能力。想要实现自己的价值，就必须懂得如何在压力和挫折中找准

自己的方向并把握其中的机会。这种伴随压力和不确定性因素的机会，属于那些具有强大心理、目光长远的人，而麦肯锡正是聚集了这些优秀的人才。

麦肯锡之所以具备这样的品质，是时间和各种压力不断锤炼的结果。他们在一次次的压力和挑战中调整自己的心态并积累经验，渐渐地掌握了解决问题的方法，能够自如地应对那些不可预料的随机性事件的发生。

当工作中出现了意料之外的问题和事件时，不应该有不知所措的压力感，而应是无所畏惧的冷静。当我们沉浸在压力中，往往会产生逃避的心理，这无益于问题的解决。但如果我们拥有无所畏惧的冷静，就不会想着躲避，第一时间想到的会是如何控制事件的发展进而脱离目前的状态。

看似突然出现的问题，事实上早就有迹可循，只是我们忽略了那些小的征兆和细节。就像一辆被蹭掉一块漆的汽车，如果你忽略这个问题不解决，那么下次再出现这样的情况，你就会觉得反正之前就被蹭了，没必要在意，长此以往你就会越来越不爱惜你的汽车，这种随机性就会扩大化，从而最后一发不可收拾。所以，为了避免这种情况可能会给我们带来的更大的压力困扰，就必须在隐患发生之前控制它，而这就是远见。

当我们无法洞悉一个小小的事件背后可能引发的后果时，就无法控制事情的进一步扩大，最后带给我们的就是巨大的压力，如果到时候没有足够的能力抵抗这样的压力，我们就会被击垮。切实可行的方案就是不要放过那些看似微小的细节、不能宽容那些看似很小的疏忽，更不能心存侥幸，这样才不会轻而易举陷入困境，才能在一定程度上减少可能遇到的压力。

如果百密一疏，事情就是发生了，这时候巨大的压力袭来，应该怎么办？远见卓识和强大的心理缺一不可。当压力袭来，我们的心态和意志力就尤为重要。别逃避、别恐慌，冷静地思考和分析问题，大胆假设、小心求证，问题总会解决。当你学会把自己从混乱的情绪中拉回冷静的现实中时，就相当于拿到了解决问题的钥匙，把压力关在了门外。

第9节　工作永远做不完，别忽略生活的精彩

在麦肯锡工作，虽然会收获好的机会、好的待遇、有创造力的工作以及高水平的同事，等等，但工作也着实辛苦。麦肯锡咨询顾问的工作时间比较长，常常一周都回不了家，周末可能还要加班，很多时候都会面临工作和生活的冲突。

想在麦肯锡获得成功，协调工作和生活的能力尤为重要。这不是谁都能做到的，甚至有的麦肯锡员工因为无法平衡工作和生活而选择离开麦肯锡。

麦肯锡员工经常抱怨自己没有时间享受生活。为确保这些压力不会影响到身心健康，必须正确处理好工作与生活的关系。

坚守的那些麦肯锡员工如何在高强度的工作压力下保持身心健康、婚姻稳定的呢？

一、充分利用时间

工作就像气体，能够膨胀到占满你的所有时间。在纽约麦肯锡办公室，一周的工作时间很容易毫无节制地达到100小时。一位麦肯锡员工这样总结："工作永远做不完，我每天早上6点走进公司，可以一直工作到晚上8点，还没有做完。"但是他又这样说："我本来可以天天晚上待到8点，但我没有，只要是天没塌下来，5点就下班，充分利用我自己的时间。"他认为既然8点也干不完，那就为自己设定一个固定的下班时间。当为自己的工作时间设限之后，在一天的工作中你会在潜意识中以这个时间点为期限，合理规划在这个期间需要完成的任务，最后发现以前到了8点才能做好的工作，现在5点就能完成得很好。

珍惜自己的时间，安排好自己的日程，找到一个合理的平衡点。可以根据自己的抱负、公司的情况以及自己的位置，确定你投入的工作时间，确定周末是休息一天还是两天。

时间不光要自己珍惜，无论采取什么方法，还要确保让周围的人懂得珍惜

你的时间。

二、后退一步，全面审视

如果你经常在孩子还没醒来时就去上班，半夜才能休息，你可以扪心自问，"你对公司满意吗？与老板融洽吗？工作愉快吗？"如果答案是否定的，可以思考一下：现在的职位或者选择是否恰当？如果不恰当，该如何来改变现状？

换工作，不是唯一的答案。因为在其他公司，责任重大的职位也同样如此。可以尝试改变周围人对你的预期，让他们理性一些、现实一些，从而改变自己的生存状态。

工作中和生活中一样，有时需要后退一步，全面审视。如果你的配偶因为你的工作繁忙而气恼，你要向她证明自己这样做是值得的。如果老板期望你是超人，你需要把他的预期带回地球。

三、有人一起分担，会截然不同

分担责任，很重要的一点是预先说明情况。如果你今后的几个月每个周末都要加班，一定告诉你的另一半。如果对方有怨言，你一定要做部分让步。但是一旦做出承诺，比如说，"下个周末不加班"，除非有十万火急的大事，否则一定要信守承诺。

如果你是单身，朋友同样可以为你分担痛苦。当局者迷，旁观者清，有时候我们只是身在此山中被迷雾遮住了眼睛。当你把工作中遇到的烦恼和顾虑说给朋友听的时候，往往能听到和你看待这些问题截然不同的观点，有时候一两句话就能让你豁然开朗。

有人一起分担，一切都会截然不同。但记住，分担是相互的，你同样有责任倾听对方的烦恼并确保诚实可靠。

生活本身就应该是丰富多彩的，不仅仅是把下一份订单签下来，把下一份报告写完，还有很多的精彩需要我们去探索，这时候寻找到自己的平衡点并保持平衡，就变得至关重要。

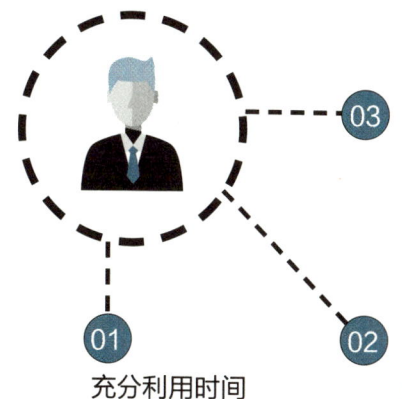

03 有人一起分担，会截然不同
但记住，分担是相互的，你同样有责任倾听对方的烦恼并确保诚实可靠。

01 充分利用时间
工作就像气体，能够膨胀到占满你的所有时间。

02 后退一步，全面审视
换工作，不是唯一的答案。

图 11-7　工作与生活的平衡